中国人民大学科学研究基金
（中央高校基本科研业务费专项资金资助）项目成果
项目批准号：13XNJ042
supported by
the Fundamental Research Funds for the Central Universities,
and the Research Funds of Renmin University of China

形象制胜
新闻工作者的形象管理

The Image Management
of Journalists

高贵武 著

图书在版编目(CIP)数据

形象制胜:新闻工作者的形象管理/高贵武著. —北京:北京大学出版社,2017.9

(传播学论丛)

ISBN 978-7-301-26316-7

Ⅰ.①形… Ⅱ.①高… Ⅲ.①新闻工作者—形象—研究 Ⅳ.①G214

中国版本图书馆CIP数据核字(2015)第229424号

书　　名	形象制胜:新闻工作者的形象管理
	Xingxiang Zhisheng: Xinwen Gongzuozhe de Xingxiang Guanli
著作责任者	高贵武　著
责任编辑	胡利国
标准书号	ISBN 978-7-301-26316-7
出版发行	北京大学出版社
地　　址	北京市海淀区成府路205号　100871
网　　址	http://www.pup.cn　新浪微博 @北京大学出版社
电子信箱	ss@pup.pku.edu.cn
电　　话	邮购部62752015　发行部62750672　编辑部62753121
印　刷　者	三河市博文印刷有限公司
经　销　者	新华书店
	965毫米×1300毫米　16开本　14.75印张　212千字
	2017年9月第1版　2017年9月第1次印刷
定　　价	45.00元

未经许可,不得以任何方式复制或抄袭本书之部分或全部内容。
版权所有,侵权必究
举报电话:010-62752024　电子信箱:fd@pup.pku.edu.cn
图书如有印装质量问题,请与出版部联系,电话:010-62756370

目录

引子:为何要学习记者形象管理 /1

第一章　形象概述 /9
　　第一节　形象 /9
　　第二节　形象的价值 /24

第二章　形象管理 /37
　　第一节　什么是形象管理 /37
　　第二节　形象管理的内涵 /46

第三章　新闻记者的形象管理 /75
　　第一节　新闻记者形象的特征 /75
　　第二节　新闻记者的公众形象 /86
　　第三节　新闻记者的形象管理 /101

第四章　形象管理与社交礼仪 /112
　　第一节　礼仪概述 /112
　　第二节　社交礼仪 /127
　　第三节　社交礼仪的价值 /129
　　第四节　形象管理与社交礼仪 /137

第五章　新闻记者与社交礼仪 /140
　　第一节　新闻工作是一种社交活动 /140
　　第二节　新闻记者掌握社交礼仪的
　　　　　　必要性 /143

第六章　新闻记者的社交礼仪 /149
　　第一节　新闻记者社交礼仪的前提 /149
　　第二节　新闻记者的社交(采访)礼仪 /153

第七章　中国记者的媒介形象变迁
　　——以《人民日报》的相关报道为例　/186

第八章　中国记者公众形象现状与构建路径
　　——基于调查研究的发现与分析　/199

附录1　《中国新闻工作者职业道德准则》　/212

附录2　美国职业新闻记者协会伦理规约　/216

参考文献　/224

后记　/230

引子:为何要学习记者形象管理

大学的新闻学院为何要开设"记者形象管理"课程?新闻学子为何要学习记者形象管理?要回答这个问题,必须从大学、新闻学院、记者以及形象等几个关键概念入手。

一、大学是什么

一直以来,人们对大学总有着向往、崇敬甚至仰视的情怀,大学生也被称为"天之骄子",备受羡慕。然而,随着社会的发展,人们对大学的看法开始悄然改变,昔日令人敬仰、羡慕的大学象牙塔也开始受到质疑;生活在象牙塔里的大学生,头顶上的光环正悄然褪色,人们不禁问道:中国的大学到底怎么了?

梁启超曾说:"大学是要为社会培养德才兼备的、有很强的专业技术,同时又有人文关怀的一种人,培养这样的人的才叫大学,如果不培养这样的人就不叫大学。"[1]大学教育的根本目的,是培养人格完善的科学人才。一个不容忽视的事实是,在当下中国的大学里,哪个专业比较热门,哪个专业比较好就业,学校便纷纷开设这个专业。以较受社会关注的播音主持专业为例,由于全社会对播音员、主持人的角色普遍存在认识偏差,目前,全国招收播音主持专业的学校或院系已达600多所,许多二本、三本学校每年招收播音主持专业的学生动辄数以

---

[1] 彭林:《礼乐人生:成就你的君子之风》,中华书局2006年版,第21页。

千计,致使教育部不得不在2014年年底对许多地方的播音主持专业亮起了红灯。由于新闻传播学专业学习起来相对容易,加之对应的就业面相对较宽,以至于现在几乎所有的大学(学院)都开设新闻传播学专业。在大学的课程体系中,往往也是偏重专业技能的培训,对于学生人文关怀和品德修养的培养则重视不够。人文关怀的培养,其中很重要的一个方面就是礼仪或形象管理的培养(礼仪与形象管理间的关系后文有专门论述),德是礼的灵魂,敬是礼的核心,礼仪或形象管理体现的是对于人的精神内核的关怀,体现的正是一个人的人文素养。

《礼记·大学》篇曰:"大学之道,在明明德,在亲民,在止于至善"①,开宗明义地道出大学乃是塑造心灵、培养情怀、培养善仁之地。尽管古语中的大学与今日之大学在概念上不完全一致,但作为让人接受高等教育的阶段却也完全配得上"多多学习"的含义。

在中国古代六艺"礼、乐、射、御、书、数"中,形象管理或礼仪(礼仪是形象管理的重要方面和操作路径之一)历来排在首位,而数、算等专业技术内容则排在最后,足见中国传统教育中对礼的重视。无论未来从事何种职业,对于礼的了解、学习和培养都是不可或缺的。对于记者而言,其工作需要传播理念、信息,进而影响别人、影响社会,礼仪的学习对于将担此重任的新闻学子们来说至关重要。

二、记者是什么

记者是什么?按照当下较为通行的定义,记者是新闻传媒机构中专门从事采写新闻报道的专业人员。另一种广义的解释认为,新闻界的从业人员,包括编辑、主笔、主编、广播电视播音员、节目主持人等均为记者。在没有明确特指的情况下,本书所使用的记者或新闻记者一词一般取其广义,即凡在媒体从事与新闻报道相关工作的人均统称为记者。

记者采写新闻报道的目的在于传播信息,传播信息的作用在于倡导、塑造正确的理念,传递正能量。有学者把媒体与记者的社会责任

---

① 多多学习的目的,在于彰明内心美善的德性,在于使人自新,在于使人处于最美善的道德境界。

总结为六个方面,即提供真实的报道内容、保障受众的知情权、维护社会稳定、捍卫社会公共利益、为公众发表重要的意见、正确教育和引导受众。① 因此,优秀的记者除了能够妙手著文章之外,还需铁肩担道义,勇于承担社会责任。如果说"妙手著文章"是指记者的专业技能与专业技巧,那么"铁肩担道义"无疑是梁启超所讲的人文关怀和社会责任感。记者的这些责任实践的情况究竟怎样?《北京青年报》2004年10月针对北京、上海、广州三地居民所做的调查发现,大约59.2%的受访者表示记者的使命完成得一般。②

尽管西方有新闻媒介乃"第四权力"之说,记者往往也被誉为"无冕之王",但是国人有时对其的理解却存在重大偏差。第四权力是指相对于公权的监督权,而不是个人便利、个人私权。2013年10月《新快报》记者陈永洲案发;2014年六七月间,央视财经频道郭振玺、芮成钢、李勇等多人被检方带走调查;2014年9月21世纪网"新闻敲诈"案发;2015年年初,一篇名为《记者们在病房外,焦急地等待着她的死亡》的文章,再次让公众对某些记者的所作所为感到愤慨,并引起了关于记者职业伦理的讨论。短短两年间,一系列的记者涉嫌"新闻寻租",这表明我国记者在形象管理和道德意识培养方面任重道远。

记者曾经是令全社会向往的光荣职业,报考新闻专业曾经是许多参加高考的学子们梦寐以求的第一志愿,现在,记者职业却被涂抹上了诸多负面色彩,高考志愿中不要填报新闻专业甚至成了某些专业记者对学子们的谆谆告诫。据《现代快报》2014年6月27日消息,2013年江苏省高考理科"状元"吴呈杰原本对北大新闻专业很感兴趣,但"这两天,所有采访我的记者都不建议我考新闻",于是小伙子矛盾了,"我在考虑要不要读金融"。③ 记者职业光环的褪去,有外在的客观原因,也有记者自身方面的原因。有人说中国的新闻工作者群体处于一

---

① 刘建明:《新闻学前沿——新闻学关注的几个焦点》,清华大学出版社2005年版。
② 《京沪穗三地调查:58.4%的人认为记者属高危职业》,《北京青年报》2004年10月14日。
③ 《记者为何劝高考"状元"莫报新闻学》,http://news.nandu.com/html/201406/27/1030278.html。

种撕裂的状态,他们是一个缺乏共同目标、共同操守、共同价值观的群体,更有人把当下中国的新闻从业者分成四类:体制内的既得利益者、体制外的理想主义者、犬儒主义者和权力寻租者。① 但无论哪一种类型,记者的形象都笼罩上了一层暗淡之色。

三、形象是什么

改革开放30多年来,我国的经济建设取得了举世瞩目的成就,大部分地区已基本达到小康水平,但当今社会的某些风气、精神文明状况却也存在与经济发展不匹配的现象,影响着整个社会的文明程度。

我国虽有礼仪之邦的美称,但当今少数公民的礼仪现状却有些令人难堪。《北京青年报》2002年10月16日报道:40万平方米的天安门广场上竟有60万块口香糖残渣。时至今日,媒体也有多次报道,中国游客出境旅游时,因不文雅、不礼貌行为而被贴上影响国家声誉的标签,这些"少数人的不雅行为,冲击了国际文明规范和文化氛围"。

2015年9月3日,纪念中国人民抗日战争暨世界反法西斯战争胜利70周年大会之后,手机微信朋友圈里广泛流传的一条微信透露:阅兵结束后,观礼台上人走后垃圾最多的方阵是媒体记者方阵,年轻记者的形象实在让人不敢恭维。

有学者指出,从某种意义上讲,对形象的追求与塑造已成为维系个体、群体、企业、政府、事业单位以及城市、区域、国家等社会组织生存发展的一种基本目标与手段;形象的触角已延伸到社会生活的各个角落,人类正在步入一个形象制胜的时代。② 早在2004年8月,我国有关部门就已宣布,对人的整体形象进行塑造的形象设计师正式成为我国社会的新职业。③ 当今社会,上至一个国家,下到普通百姓,大家越来越重视形象的设计与维护。习近平总书记强调,要重点展示中国历史底蕴深厚、各民族多元一体、文化多样和谐的文明大国形象,政治清明、经济发展、文化繁荣、社会稳定、人民团结、山河秀美的东方大国

---

① 《撕裂与弥合——中国新闻工作者的现状与出路》,http://www.fangkc.cn/2008/11/chinese-journalists/。
② 秦启文、周永康:《形象学导论》,社会科学文献出版社2004年版,封底。
③ 周光凡:《领导者的形象驾驭能力》,清华大学出版社2008年版,第165页。

形象,坚持和平发展、促进共同发展、维护国际公平正义、为人类作出贡献的负责任大国形象,对外更加开放、更具有亲和力,充满希望、充满活力的社会主义大国形象。中国日报网 2014 年 12 月 17 日报道,根据哈佛大学肯尼迪政府管理学院艾什中心官方网站当天公布的对世界主要国家领导人形象的全球公众调查结果显示,在受访者对本国领导人认可度、三十国受访者对十国领导人认可度,以及受访者对本国领导人正确处理国内及国际事务信心度方面,中国国家主席习近平都排名第一。

一个国家和民族的发达程度,并非只有科学技术和物质生产可以衡量,也并非只有 GDP 一个单向度的指标,国民精神生活状况也是重要的衡量指标,它包括国民受教育的程度、道德文明水准、人文关怀的有无、礼仪文化等,其中礼仪文化是至关重要的构成元素。没有礼仪的社会,不可能是和谐社会,不懂得礼仪文明的人,不是严格意义上的文明人。① 由于缺乏形象管理系统理论的支持,中国目前对组织形象的设计、定位、传递、修复等环节都没有相对科学的理论指导,致使形象管理几乎处于原始的非理论、非自觉状态。②

作为即将走向社会、谋求事业发展、迎接未来挑战的大学生,学会维护和管理个人形象,其意义更加重大。

四、礼仪是什么

中华民族是礼仪之邦,但当今中国社会保留的中国传统礼仪文明的东西已经越来越少。社会普遍缺少相互尊重和相互信任的氛围,老人摔倒后扶还是不扶,甚至成了一个颇具争议的社会话题。从礼仪的角度来讲,如果社会中的每一位成员都能够尚礼、知礼、懂礼、习礼,人与人之间就会多一些宽容,少一些摩擦。中国古代在对礼的本质和功能的认识上,有"不学礼,无以立""人有礼则安,无礼则危"的说法。中国古人很早便懂得,进入社会,成为一个社会人,不学礼,或者不知礼、不习礼,则难有立足之地。

---

① 彭林:《中国古代礼仪文明》,中华书局 2013 年版,第 91 页。
② 雍天荣:《形象管理:一个全新的领域》,载《中国商贸》2012 年第 6 期。

2001年12月16日上海《劳动报》上刊登了一篇题为《上海记者上虞"恶梦一日游" 宋元及其律师下周赴绍兴递诉状》的"焦点报道",报道了《新民周刊》记者在上虞采访时遭到该市地方法院副院长等人野蛮殴打一事。新闻记者在采访中遭到殴打确实让人气愤和同情。但"这里不得不提一下宋元当天的穿着:用在乡下收购的土布做的米白色的中式对襟外套,宽大无比的牛仔裤,另外宋元还剃了个光头,上唇留了短髭。上述多少有点另类的形象究竟在整个事件中起到了多大的作用,目前还不得而知。但上虞地方法院副院长徐孟勇事后对人说:"我一看他就不像个记者……"记者穿得"不像个记者"就得遭到殴打的说法虽属理屈词穷的辩解,但话说回来,近年来,我们个别年轻记者对自身形象确实很不在意。有的爱剃光头;有的爱留胡子,年纪轻轻的蓄着一撮山羊胡子,也真有点不伦不类之感;个别女记者还穿得很"暴露"。如果在家或休闲,如何打扮都无可非议,但是如此穿着打扮外出采访,总有些不太妥当!这里且不说军警对制服着装的严谨,即使是一家有"品牌"的企业、公司,也会十分注重员工的衣着和礼仪。为此,我希望媒体的老总们,在抓业务、抓稿子的同时,不妨顺便也关心一下记者的衣着和自身形象。因为记者毕竟是被公众所关注的一族。①

因此,基于新闻记者在社会上的声誉及形象的考虑,未来的新闻工作者需要从现在开始,有意识地培养良好的礼仪修养。

2010年的记者节,环球网做了一个关于记者形象在你心中是正面还是负面的在线投票,一共有8664名网友参与投票。结果显示,其中认为记者形象为负面的高达73%,远远高于对记者持正面意向者的27%。②

2012年,复旦大学传媒与舆情调查中心在《新闻记者》杂志上发表了上海市民眼中的新闻职业形象调查分析报告,报告显示,人们认为:新闻工作是一个很辛苦的职业;新闻工作是一个高风险的职业;新闻工作是一个令人羡慕的职业;新闻工作是一个很风光的职业。前两种

---

① 莫之:《请注意记者的形象》,载《新闻记者》2002年第6期。
② 《调查称七成受访网友认为中国记者形象"负面"》,环球网,2010年11月10日。

基本上带有某些负面色彩的情绪,其得分分别是 4.20 和 3.43,都大于 3,超过中间数,这说明记者的形象总体还是负面的。后两个指标得分分别是 3.09 和 2.73,分数亦不高,表明人们对于记者积极的一面并不十分赞同①(见表 1)。复旦大学的研究同时也针对新闻工作者的表现做了调查,结果是 3.61,亦属于及格线以上的中等水平,离优秀(5 分)似乎还有不小的距离(见表 2)。

表 1　上海市民心目中的新闻工作职业形象(%)

	不赞同	不大赞同	一般	比较赞同	非常赞同	均值(1—5 测量)
新闻工作是一个很辛苦的职业	1.7	2.0	9.8	47.5	39.1	4.20
新闻工作是一个高风险的职业	10.4	11.8	20.9	38.0	18.9	3.43
新闻工作是一个令人羡慕的职业	14.4	15.7	27.8	31.1	11.0	3.09
新闻工作是一个很风光的职业	20.0	22.0	29.3	22.0	6.7	2.73

表 2　上海市民对新闻工作者表现的评估(%)

	很差	较差	一般	较好	很好	均值(1—5 测量)
敬业精神	1.7	3.7	35.4	42.5	16.7	3.69
业务水平	1.7	1.7	46.2	40.0	10.3	3.56
职业道德	2.8	4.8	40.3	37.9	14.1	3.56
专业水准	2.1	3.4	44.5	40.4	9.6	3.52
公信力	3.5	8.3	43.4	30.9	13.9	3.43
总体评估	1.4	2.7	42.6	40.5	12.8	3.61

在一般人眼里,传统礼仪保存相对较好的我国台湾地区情况也不乐观。2007 年,世界经济论坛公布全球 60 余个国家和地区,针对 8 种职业的调查结果,"新闻记者"在台湾地区的不受信任人群当中,排名

---

① 复旦大学传媒与舆情调查中心:《新闻工作是一个很辛苦的职业——上海市民眼中的新闻职业形象调查分析报告》,载《新闻记者》2012 年第 12 期。

第二,而排在"第一位"的是政治人物。①

因此,无论从新闻学院的人才培养,还是从社会建设以及国家管理的角度,记者形象管理的问题都应该引起足够重视。作为"无冕之王"、舆论的监督者,记者本身的形象及公信力如果处于让人忧虑的境地,社会未来的发展则可想而知。

当然,对于那些已经走上工作岗位、已在各类媒体中担任记者角色的职业传播者来说,记者形象管理不仅是需要了解和掌握的基本职业素养,而且是每时每刻都应付诸实践的职业行为。

---

① 宋佳易:《社交媒体对政治传播的影响——以 2012 年美国总统大选为例》,上海师范大学 2014 年硕士学位论文。

第一章 形象概述

第一节 形　　象

一、形象

（一）形象的含义

形象一词，古已有之。形象一词的出现，最早可以追溯到《尚书·诰命》的注疏，其内容大意是：殷王武丁梦见天帝送给他一个助手来辅佐他，于是醒来后回忆梦中所见，令百工"刻其形象"，"使百官以所梦之形象"去民间寻找，这里的形象显然指的是人的样貌。提及形象，不同的人会给出不同的解释。有人认为形象是某个人在穿衣打扮过程中呈现出的外在状态，也有人认为形象是某个人的道德涵养等内在素质的外在呈现，是一个人的学识、修养等品质综合起来在他人脑海中所留下的印象。

形象，简言之，就是某人或某物在他者或自己心中所留下的印象。一个人如果对某人(物)印象好，说明某人(物)形象不错；印象不好，则说明某人的形象尚有不足之处，可能存在某些问题。这里的印象，就是人们在一定条件下对某人(物)的一种初步或大致的判断和评估。就一个人而言，形象包括先天、外在的方面。提及某人时，如果较为熟悉，只要闭上眼睛，脑海中就会出现其形象。此形象首先基于一个人的长相、穿着等外在方面。大体而言，人的直觉或感觉对于形象的理解有一定的准确性。形象当然也包括后天、内在的方面，如人们同样会对某些人形成诚恳、友善、勤奋的印象判断,等等。

1. 中国古代对形象的理解

众所周知,中国的古文通常都是单音节词,因此在中国的古文字当中并没有今天我们所使用的"形象"一词,古文中的"形"和"象"不论是单独出现还是联合出现都是作为两个不同的词汇。《说文解字》对"形"和"象"的解释是这样的:"形,象形也";象,有时亦写作像,"像,象也,从人从象。"《说文解字》对于形和象的解释,今天的人们已经不太容易理解,也很难把握其精髓,只能从一些实际的语境来了解它们的具体含义。如中国古人常说"兵无常势,水无常形",意思是说就像水不存在一成不变的形状一样,军队在作战时也不可能存在一成不变的态势。从中可以领略到,形即是一种形体、形貌,或一种形状、样态,是人们可以发现和审视的客观实在。而在另一个词汇"大象无形"中,则既出现了形,又出现了象。如果"水无常形"中的形指的是一种样态,一种面貌,一种可观察、可感知的东西,那么"大象无形"中的"象"则是一种非形非貌,只可意会、不可观察和感知的抽象物,是某种只存在于思维和意识领域里的感觉图景。

虽然"大象无形"一词中同时出现了"形"与"象"两个字,但实为并列关系,并不是简单地组合在一起使用。明代作家魏学洢曾写过一篇散文,名为《核舟记》,其中出现了"刻其形象"的说法,与前文《尚书》注疏中出现的形象完全一致。魏文中,"刻其形象"意指把船的样貌刻在桃核上面,这个意思与时下人们对形象的一般性理解已经非常接近。

通过《说文解字》的解释,以及以上所列古文中的常见词汇,基本可以总结出,中国古代对于形象的理解大致包含这样几个主要方面。

首先,形象是一种形状或相貌,是人和事物外在呈现的样貌。比如一条线是直线还是波浪线,线的状态、样子或相貌,就是线的形象。其次,形象又是能作用于人的感官,使人在意识领域和心理世界产生意识活动的某些物质。如中国古人经常讲观天象或星象,夜空中星辰的排列样貌谓之形;从星辰排列的样貌中所得关于未来或凶或吉的预知与判断,则称为象。以此来看,形象又是具体与抽象的统一。

由此可见,中国古代对于形象的理解,既强调具体的含义,又包括抽象的意味,既包括相貌和形状之类的外在样态,即水无常形中"形"的意思,又包括印象、判断、感觉等抽象的意蕴,即"大象无形"中之"象"的意思。同时,中国古代对形象的理解也强调形象乃是具象和抽象的统一,即形是象的基础,象是形的升华。

2. 当今中国对形象的理解

现代中国人对形象的理解跟古代的理解总体上是一脉相承的。有学者指出,中文的形象乃是形与象的结合。"形"即形状相貌,是一种实在的具体的表现形态。"象"即象征、印象,是一种虚在的、抽象的精神状态。[①]《现代汉语词典》对"形象"的解释则是:"能引起人的思想和感情活动的具体形状或姿势。"因此,形象在现代汉语语境中主要有以下两层含义。

首先,形象是能引起人的思想和感情活动的具体形状或相貌,即"天地自然之象"。比如说到一个人的形象,首先是说他的高鼻梁、大眼睛、小嘴巴等特征,这是一些外在的相貌。还有一些形状的东西,比如直线、曲线、方的、圆的,这也是对形象的理解。

其次,现代人对形象的理解也包括心理的表象,即古人所云"人心营构之象"。一些抽象的东西,即人们对感知过程的外在刺激在头脑中再现。如某些心理医生或催眠师,为患者描述一个花园,花园里面有小桥,有流水,有绿草、鲜花、蓝天、白云,这时患者脑海中是不是出现了一些形象?这种形象当然只能是你自己感知的,是别人无法体验的。

除了以上两层含义,形象在当今的中文语境里有时也指一些用艺术手段创造出来的存在于人的脑海中的人与物,如鲁迅在小说中塑造出来的阿Q、祥林嫂等文学形象在现实生活中并不存在,他们的具体形象人们在现实中也无法感知,但人们在读了鲁迅的小说,或者看了一些影视作品之后脑海中就会形成特定的影像。通过艺术再现达到的形象塑造,是形象理解所包含的又一层含义。

也有人从哲学的层面将形象的含义分为五个层次,即个体形象、

---

① 杨魁、李惠民、董雅丽:《第五代管理:现代企业形象管理与策划》,兰州大学出版社2007年版,第36页。

类形象、组织形象、艺术形象和创造形象等。①

3. 西方社会对于形象的理解

如果从翻译角度看,英文中有诸多词汇都可以对应中文的形象一词,如 image、figure、form、identification,这四个词在某种特定的情景和场合之下,都可以翻译成形象。但是,在英文中这四个词却是不同的词汇,每个词皆有不同的含义。如 image 在英文中一般指的是图像、图片,即由某种实物映照出来的一种图像,包含有影像、镜像等含义。figure 一词一般则指形状。form 指的是外在的形式。identification 则是指某种显著的、标识性的东西,或一种容易识别的东西。可见这四个英文单词都包括某些形象的意思。

从这四个英文单词可以看出,西方对于形象的理解大概集中在以下几个方面。一是把人、动物、事物的可视相似物视为一种形象,也就是 image 的含义,如事物可以通过照片的方式映射出来,可以形成一种形象,也就是说它跟实体是可以分开的。比如研究国家形象或者媒介形象的时候,一般用的是 image,这个词跟它的实物之间有某种等同关系,但是在表现和载体上是分开的,物体的图像可以说是以照片的方式描画出来的。除了图像之外,还有其他形式,比如一个模型、一个雕塑,或者一部动画或漫画等。二是指大脑的反映,或者人脑中所形成的观念、概念等。这一理解同时包括在 image 和 figure 的含义里。

一个非常有意思的现象是,关于形象的研究在市场营销学领域比较多,同时企业管理、经济管理研究领域(这从一个侧面说明了形象的经济价值)对形象的关注比较多,而对于媒介这样用于传播形象、塑造形象的重要载体和渠道,其对自身形象的塑造和管理却关注得极少,甚至几乎没有。被称为营销之父的科特勒说:形象是什么,形象就是指人们所持关于某一对象的信念、观念或者印象。② 虽然这是从市场营销和经济管理的角度给形象下的定义,但是,科特勒首先提到形象是一种印象,这种印象可能是直接的,也可能受到其他因素的影响。

---

① 罗长海:《关于形象五层含义的哲学思考》,载《社会科学辑刊》2002 年第 3 期。
② 转引自秦启文、周永康:《形象学导论》,社会科学文献出版社 2004 年版,第 3 页。

此外，形象也是一种观念，是人们对某个事物做出的判断，尽管这种判断有时跟实际情况并不相符。形象有时还包含某些信念的成分。正因为包含了信念、观念以及印象等不同范畴，形象才可能对人的行为、决策产生作用，才会影响人们的思想和行为。

形象到底是什么呢？

（二）形象的定义

秦启文、周永康在《形象学导论》一书中指出，就客体而言，形象是人们在一定条件下对他人或事物的总体评估和印象，人是形象的确定者和评定者。就主体而言，或者说站在主体的维度，形象是人和事物的内在特点所决定的外在表现。就主客体关系而言，形象是人们在一定条件下对他人或事物由其内在特点所决定的外在表现的总体印象和评估。[1]

也有学者提出，形象是主体与客体相互作用，主体在一定的知觉情境下，采用一定的知觉方式对客体的感知，即一种物体或一种事物留给关注群体的直观感觉与思想反映。从心理学角度讲，形象是人们反映客体而产生的一种心理图式，是一种针对具体对象在短时间里所形成的一种接受、认可、拒绝、排斥的心理过程。[2]

不难发现，形象的核心乃是印象和评估。形象的形成和构建则必须基于一定的主客观条件。尽管人们在对某一事物形成印象时首先接触到的是其外在表现，是形或貌等客观存在，但形象的构建并不完全取决于这些客观存在的形和貌，而是会受到一定主观条件的影响。比如，一个人心情好，走在路上，就会觉得所遇之人个个看上去都很美，忍不住要赞美几句。反之，如果一个人一大早刚起床就接到了一个恼人的电话，得知发生了一件不好的事情，那么他的心情就会特别沮丧，这时走到街上的感觉就会大不相同，甚至会觉得目之所及皆不顺眼，让人心烦。同样的人，同样的情景，会形成不同的印象和评估，显然是受到了特定主观条件的影响。

---

[1] 秦启文、周永康：《形象学导论》，社会科学文献出版社2004年版，第8—9页。
[2] 李毅：《视觉传达中的企业形象设计——CIS的深层揭示》，机械工业出版社2012年版，第55页。

因此，形象简单地说，就是在一定条件下人对他人或事物的评估和判断。

二、形象的特征

形象也并非上述界定那样简单，既非纯主观的评估，也非纯客观的属性或价值体现，而是在某种关系、情景、条件下产生或发生的互动性结果，这正是形象的重要特征。按照秦启文等人的概括，形象一般都具备以下特征。

（一）形象的主体性

形象的主体性，是指主体在与客体的关系中所呈现的区别于客体的那些主动性，即自觉能动性，具体表现为人的自主性、自为性、选择性、创造性。[1]

所谓自主性，是指作为形象主体的人或组织在形象塑造中的自主意识的外化，自主性既是形象主体（人）的一种内在要求，也是形象主体（人）的本质力量的一种感性显现，换句话说，人总是依据自身的内在尺度和内在需求来塑造自我的形象。自为性，则是形象主体的自觉性。这种自觉性一方面是形象主体对形象客体存在意义及规律性的自觉，另一方面是对形象主体形象塑造目的和使命的自觉，即人总是在遵循一定规律的基础上按照一定的目标来主动塑造自己的形象。选择性则是扬弃了的自为性，它是形象主体的意志自由或自由决断的性质和本质力量。创造性既是选择性的展开形式，也是主体形象塑造主体性的最高形式。在创造性里，形象主体能够将自身内在目的尺度和形象客体的需要结合在实际活动里，并最终塑造出一个全新的形象。

（二）形象的客体性

形象的客体性，是指形象的塑造要受形象评估者（客体）的审美观念、价值观等因素的影响，即客体对主体形象塑造具有能动的反作用，形象的客体性具体表现为主体形象塑造活动的他主性、他为性和他控性。[2]

---

[1] 杨金海：《人之存在的主体性三题》，载《中州学刊》1995年第5期。
[2] 参见符永雄、臧如金：《试论主体性原则与客体性原则的性质及其相互关系》，载《海南大学学报》（社科版）1995年第3期。

他主性,即客体是形象的评估者,主体塑造的形象只有在客体那里获得评估和认同才有意义,主体只有把握了客体的尺度,才能真正塑造出形象。他为性,是指主体在进行形象塑造的过程中必须考虑到客体的存在,他为性的核心就是要尊重客体的利益和需要,主动满足客体的利益和需要。他控性,则是说虽然主体的形象塑造活动具有自控性,但这种自控性无论有多么强大,也不能摆脱形象客体的约束。如果无视客体的需要,主体所塑造的形象将是不可能成功的。主体只有在掌握客体尺度的前提下,通过控制自己的活动,才能使其形象既符合自己的目的,又符合客体的需要。

(三) 主客体间的关系性

主客体间的关系性,主要是指在一定程度上可将形象视为主客体关系的状态和反映。在形象塑造活动中,主体和客体是互动的。主体性是主体对客体的作用,客体性是客体对主体的影响和制约,主体在形象塑造活动中既表现出主体性,即确立、维持其主体性地位,发挥其主导作用,同时又要受客体及环境状况的影响和制约。

如前所述,主体性是客体的印象好坏一定程度上取决于主体的主动性和能动性,客体性是主体的主观判断亦无法忽略客体的客观属性。主客体的关系性则是:除了上面两方面因素,主体与客体间的关系同样在印象的形成过程中存在并发挥作用,正所谓"情人眼里出西施"。之所以情人眼里出现的是西施,而不是"东施",就是因为情人与西施和东施之间的关系不同。换句话说,主体跟客体之间的关系为正向关系,主体在对客体的评估和判断上就难免会出现正面评估,反之,主体跟客体之间的关系为负向关系,主体在对客体的评估和判断上就难免会出现负面评估。社会心理学的研究同样发现,在印象形成中,由客体和主体相互作用所产生的各种效应——价值效应、首因效应、光环效应、近因效应,它们是有层次区别的,其中价值效应是影响和决定其他三种效应的高层效应,首因效应、光环效应和近因效应的出现则取决于主体的价值选择和价值评估的能力。[①]

形象的这一特征所带来的启示就是,在形象管理、形象维护的时

---

① 沙莲香:《社会心理学》,中国人民大学出版社1987年版,第115页。

候,一方面要真正认识、了解形象的客体,了解客体对主体进行判断和印象评估时的心理需要及评估情境。印象主体在努力打造客体客观指标的同时,亦不可忽视主客体之间的关系性,并要努力维系、建构良好的主客体关系。以记者形象塑造为例,一个记者即使各方面表现都很优秀,稿子写得好、职业精神好、品德好,但是如果他跟老百姓之间的关系出现了问题,那么老百姓对这位记者的评估就可能偏向负面。

形象到底如何产生?一般来说,形象的特征或者形象的生发过程,大体上可以用下面的图式(图1)简单体现。

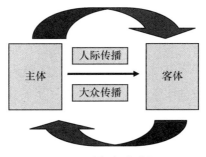

图1 形象生成过程

由图1可以看出,主体要形成一个简单的形象,或者说客体要在主体认知图景中形成一个印象、判断的话,大概要经历这样的过程:首先是主体,即人作为主体对一个形象怎么判断。人不是生活在真空里,会受外在因素的影响,特别是会受到客体的影响。

形象的产生还要通过一定的媒介和传递方式,比如口耳相传、大众传播,这样主体对于客体才产生一些印象。当然人们了解客体的时候也有一些途径,比如通过视、听、嗅、触等途径去感觉。另外也会受到客体变量的影响,如客体的年龄、教育、职业等,都会影响到一个人对某个人的判断和印象。

综上所述,主体如果要对自己的形象进行有效管理,例如记者群体或所在媒体对各自的职业形象进行管理,至少要从三个方面入手:第一要体现主体性,即记者作为形象塑造的主体,要有明确的形象目标;第二要真正了解形象的客体,即公众对记者形象的要求与期待;第三要努力建构形象主、客体之间的和谐关系,即努力维护记者与公众间的关系。只有主体、客体、关系三个方面都得以兼顾,才有可能建构起一个好的印象。

三、形象的主体

形象具有主体性的特征。就一个人而言,形象的主体是人,即人才是形象塑造活动的实践主体,形象是人在主体性作用之下的产物。如果对这里的人或形象实践活动的主体进行拓展和延伸,扩大到个体或社会组织的话,则形象主体基本上存在以下几种情况。

（一）个人主体

即每一个具有独立意识的人都是独立的形象主体,都是形象活动的实践者,因为每一个人作为独立的行为主体都在每时每刻观察和打量着包括自己在内的世间万物,都在随时主动而积极地根据个人意志、愿望来努力塑造理想的形象,在对其他的人和事物形成自己的印象。作为新闻工作者中的一员,不管是记者、编辑还是主持人、播音员,每一个个体都是在塑造记者形象的主动性主体。

（二）组织主体

在印象形成的过程中或在形成判断的过程中,还有一类形象的主体,不是以单独的个体出现,而是体现为由一定人员所构成的组织,这类形象主体通常被称为组织主体。比如一个班级、一个学校、一家企业或一家媒体,虽然不是以独立的个体形式存在,但这些组织同样可以成为形象塑造的主体,并在社会成员当中形成一定的印象。特别是在市场经济条件和新媒体环境下,由于竞争的存在,作为社会组织的媒体也不得不面对公众,以良好的形象赢得公众的信任与支持,从而促进自身的发展。

（三）群体主体

在人类社会中,形象主体还可按照类别划分为不同的类主体或群体主体。类是对同类事物的抽象概括,虽然人类未必都能够以直接相联系的实体方式存在,但因其共性仍可被归为不同的整体:如按性别划分为女性类主体、男性类主体;按职业类别划分为教师类主体、工人类主体、农民类主体、公务员类主体、警察类主体等。这些类主体的存在,一方面是自然或生理原因所致,如女性类主体、男性类主体,另一方面更多的则是按人类社会发展所引起的社会分工形成的。

人类社会是由各种类主体构成的整体。不同的类主体由于其不同的特点与行为规范,而呈现出不同的类形象。个体主体总是存在于某种组织主体中,并呈现出类形象的特质。以记者群体为例,记者形象既是某位记者个人主体的形象,也往往是记者群体的类主体形象。

四、形象的客体

客体是相对于主体而言的。在马克思主义哲学中,客体是指在一定社会历史条件下,进入实践领域从而与主体相联系的客观事物。具体而言,就是与一定的主体发生了现实的主客体关系,并随主体动作、行为而变化的特定事物。从根本上讲,形象客体是指作为主体的人的形象活动的客观对象。形象是人对于其他人和事物的印象判断,从主客体间的关系来看,其他的人和事物便构成了形象的客体。形象客体对于形象主体的意义在于:它要求主体在从事形象塑造活动时,要以客体的外在尺度为基础塑造形象,强调主体的形象活动必须受客体属性和规律的支配。[①] 从研究的角度来讲,形象客体大体上可以分为这样几种类型。

（一）自然客体

简单地说,自然客体就是一切不以人的意志为转移的自然对象。如人们对自然环境的影响的判断,对风景名胜的评估、印象,还有对于自然现象、自然存在的实体的印象和判断等。从人的生理存在来看,人自身其实也属于形象的自然客体。在人类社会出现之前,自然界都是自在之物,虽然它们的物质属性早已存在,但是这些自然物无所谓美丑,更谈不上形象,只有当这些自然物被纳入人的形象审美视野,作为人的客体而存在时,其形象的美丑才有意义。

（二）社会客体

在人的认识和判断对象当中,除了在自然界中本已存在的自然客体外,还包括那些本身不属于自然存在,但经人的创造产生之后便不以人的主观意志为转移的社会客体,即那些在人类的文明发展进程中

[①] 秦启文、周永康:《形象学导论》,社会科学文献出版社2004年版,第134页。

经由人的创造而产生的人类社会生活以及组成社会的人类自身。比如社会对中央电视台、中国人民大学这样的非自然却客观存在的实体同样存在某种判断,对中国人民大学的新闻传播学科也会有一个印象。中国人民大学新闻学院过去几年里在全国新闻传播学科排名中屡获第一,其实就是代表了社会成员或组织对中国人民大学新闻传播学科的一种判断,甚至是基于社会对中国人民大学新闻传播学科的印象和评估。学科也好,学院也罢,大学也罢,其实质都属于印象客体中的社会客体。

(三)精神客体

当主体把自己的思想活动及其产品作为认知实践的对象时,对象化了的思维活动及其产品就成了精神客体。对于本书的研究对象——记者形象来说,如果具体到某个记者个人形象的话,可以把它归为自然客体。这当然不是纯自然客体,因为纯自然的人要排除掉社会角色、职业角色,而这种纯自然的人实际上是不存在的。如果针对记者这个群体、这个行当的形象进行判断,它就成了社会客体。在某种程度上记者形象也具有精神客体的性质,精神客体即是对于某些精神层面的东西的判断。如对记者创作的作品及其职业道德等的评估,就属于精神客体。比如一个记者特别真诚、特别善良、特别友好,这种真诚、善良、友好,就是一种精神的客体。

当今社会正在进入一个精神时代,或者说进入一个精神形象时代。个人越来越重视精神形象的塑造,形象中所包含的精神形象要求也越来越具有决定性的意义。总之,随着人们的精神需要日益增加,精神形象塑造也就成了必然。

五、形象的类别

记者的形象管理,既有独立个体,如老百姓对于某记者的个体评估,有其他行业、其他组织的判断和评估,还有其他各类群体对记者的判断。在这些判断当中,包含和侧重的内容各有不同,即存在不同的形象客体。其中既包括自然客体的部分,如形貌,比如提及播音员、主持人,老百姓对其的印象可能首先是对其外在形象的判断——漂亮、优雅、潇洒等;还有社会客体的层面,比如记者职业角色完成得如何,职业技能、作品质量等社会客体;当然也包括记者的敬业精神、职业理念、职业操守等精神客体。实际上,形象管理中涉及的形象如果从不同的维度和层面来考量的话,包括各种不同的类别。

(一) 内在形象和外在形象

人们经常说一个人是美的,但如果仅仅被告知一个人是美的,那么人们很可能无法判断这个人到底美在哪里。如果进一步补充说这个人长得漂亮,这里的美显然指他(她)的相貌,是其外在形象。如果再进一步补充说这个人心地特别善良,这里的美指的就是他(她)的内在品性,是其内在形象。通常,所谓个体的内在形象,是指一个人的生理机能、心理特点与知识积累、实践经验及智能锻炼等综合表现,即一个人内在素质的总和。外在形象则是一个人的外在表现形式,包括仪表风度、谈吐举止、服饰穿戴等几个方面。由此可以看出,虽然形象往往是一个整体的评估,但也是由不同的元素和部分所构成的,形象同样可以分解、拆散,分解、拆散之后的形象既是总体形象的一部分,也可以在一定程度上独立存在。如人际交往心理学的研究表明,随着认知的深入,认知客体的人格特质将逐渐成为印象形成的决定因素。[1]

(二) 整体形象和局部形象

不论是个体形象还是组织形象,都是由众多形象要素构成的一个系统,都存在着整体形象与局部形象。整体形象是在各个局部形象有机综合的基础上形成的,局部形象只有通过整体形象才能发挥其功能。以人的形象为例,其中既包括人的能力形象、礼仪形象、服饰形象、语言形象等诸多局部形象,也包括人的整体形象。一个人在他人眼里可能各方面都不错,就是工作能力略为逊色。这说明人们对一个人的形象进行判断时是有区分和重点的。如在前文所举针对上海市民所做的记者形象调查中,记者形象就被分解为职业精神等诸多方面。整体形象虽由局部形象组合而成,但整体形象绝不是局部形象的简单相加,而是存在哲学意义上的局部与整体的关系,即整体形象大

---

[1] 高玉祥、王仁欣、刘玉玲主编:《人际交往心理学》,中国社会科学出版社1990年版,第57页。

于局部形象的总和。

（三）物理形象和精神形象

物质与精神，是哲学的一对基本范畴。物质通常是可见、可闻、可触摸到的实际存在，而精神则是看不见、摸不着却能从内心感知到的东西。因此，物理形象是以具体可感的实体所呈现出来的形象，而精神形象则是存在于人内心的观念，并通过组织的行为或物质载体而呈现出来。精神形象是个体或组织形象的灵魂，而物理形象则是个体或组织形象的载体。物理形象与精神形象具有内在统一性，二者密不可分。就一个人来说，物理形象是人的实体存在，是一个人的存在基础，精神形象则是人的本质存在，是人的形象的内核。组织和群体亦如此，例如我们对于"杀马特"这样一个亚文化群体的形象进行认知时，首先会想到其另类甚至是怪诞的外在形象，赤橙黄绿青蓝紫的头发，吹着各种突破重力学规律的"刺猬头"，描眼线化浓妆，挂铁链穿体环，满身山寨奢侈品LOGO，奇装异服，令人咋舌，然后会在内心构建出杀马特群体的精神形象——孤独、幼稚、有个性等，判断的依据亦是抽象的精神实体。

（四）个体形象和组织形象

每个独立的个体都有其个人形象，正如每个记者都有其个体形象，同时每个个体又都处于一定的组织框架之内，因而又构成其所在组织形象的一部分。个体形象存在内在与外在、整体与局部、物质与精神形象之分，组织的形象同样如此。组织的内在形象是社会公众对组织内在特点的看法和评估，包括公众对组织的理念、性质、构成、实力、社会影响等方面的认识和评估。组织的外在形象则是社会组织的外在表现或公众对组织外在的总体看法和评估，它包括组织的识别系统，如组织的名称、徽标、建筑式样、制服、名片等，也包括组织理念和组织行为的外显部分，如组织工作人员的状态、仪表、能力等。比如提到中央电视台的形象，既包括其外在视觉识别系统，比如建筑风格、台标、广告宣传语等，也包括其媒体理念、社会影响等，更包括中央电视台每一位记者的面貌、气质、能力等。一个组织的形象和任何一个组织成员的形象密切相关，作为组织成员，其个体的形象虽不能完全代表组织形象，却是组织形象不可或缺的因子。

(五) 真实形象和虚假形象

真与假既是日常生活中的常用语,也是哲学研究中的主要命题。所谓真实形象,是指一个人、一个组织或一件事物的外在表现(外在形象)与其内在内容、特征(内在形象)一致,反之则称为虚假形象。因此,真实形象是一种真实存在,不存在修饰、矫饰或者伪装成分,反映的是事物的本质,而虚假形象则是对事物本质的否定,有时属于判断和印象的误差所致。虚假形象的产生既与事物自身的特点、呈现方式有关,也与形象形成的阶段有关。假象往往出现在形象形成过程的初期阶段,也可能是受其他因素干扰。比如第一次上课的老师可能会对某位同学产生不好的印象,觉得该同学不积极、不热情,上课不够投入,在专业上不够进取等。但在一学期课程结束之后,老师的印象可能会出现一百八十度的彻底改变。这就意味着老师在学期初始时的印象是不正确的,也可以说是虚假的,而最终的印象才更为真实。

在现代社会,人们已越来越意识到形象塑造的重要性,但层出不穷的假象也值得警惕。比如一些企业和政府,由于缺乏对形象塑造的正确认识,仅把形象塑造看成是一种获利的工具和手段,或者把形象塑造视为一种仅靠吹嘘、宣传或利用公关手段便可获取的东西,从而背离了形象塑造的真实性原则,往往无中生有或树立虚假形象,长此以往,这类形象不仅不能给公众留下好的印象,却适得其反,最终失去了公众的理解和信任。

(六) 生活形象和工作形象

对于记者来说,如果是在工作中,记者的形象就是以职业形象出现,但记者也有休息和度假的时间,也有工作之外的生活形象。任何职业均如此。明星在后台的形象比较随意,我们看到"中国好歌曲"节目在彩排阶段,歌星张靓颖往往穿着十分休闲,而一旦进入前台,要登台表演,则很快进入了一种工作形象塑造状态,褪去毫无舞台感和明星范的形象。明星职业工作形象塑造的需要致使明星在后台的生活形象和前台的工作形象有着天壤之别,这也就是一般工作形象和生活形象的区别。

除了从以上角度对形象进行分类,还可以从形象的构成要素或形象主体评估的角度对现实生活中的形象类别加以区分。比如,如果形象的构成要素突显为客体的内在道德元素,或形象主体对客体的形象判断主要依据客体的内在道德因素,则此时客体的形象主要呈现的便是一种道德形象。同理,如果形象的主体对构成客体的知识、性格、才能、健康心理、人际关系、口才等进行评估的话,形象客体在主体的评估体系中则会出现知识形象、性格形象、才能形象、健康心理形象、人际关系形象、口才形象等。

之所以要对形象做具体的划分,跟形象评估客体具体的职业角色和角色期待不同有关。比如提到记者形象,只有了解受众群体、目标受众等对于记者的角色期待之后,记者的形象管理才有价值和针对性,而由于记者职业的特殊性,公众对记者的形象判断的着力点也会有所不同。而在实际的社会活动当中,任何记者的形象都不是一种割裂状态,而是一种具象形象与抽象形象、形体形象与人格形象、物理形象与精神形象的统一。

六、形象的构成

形象由什么构成?目前对此问题的研究在新闻传播学、社会学方面所做的探索尚不多,现有的研究大多集中在一些经济学以及企业管理领域,这里借鉴管理学已有研究成果,将形象构成划分为视觉(AI)、听觉(VI)、行为(BI)、观念(MI)等几个方面。

(一)视觉识别:VI(Visual Identity)

视觉识别是市场营销、企业管理、经营管理方面的主要课题。VI通常是企业识别的形象呈现,VI指的是视觉系统。就个体而言,VI首先是指人的相貌和仪容,过去中国社会有专门从事相面职业的人,打着布幡走街串巷给人看相算命,民间也有着诸如富贵相、克夫相、帮夫相等说法。今天看来,相面的行为未必有真正的科学依据,但相面依据的正是一个人的VI系统,即构成个体形象的视觉特征,可见VI确实是构成个体形象的重要组成部分。形象本身也是一种整体认知的过程,先有外在视觉认知才有可能上升到内在的概念认知,因此,VI是形象构成的基础性元素。

(二)听觉识别:AI(Audio Identity)

所谓AI就是听觉的外在特征,是形象主体对一个人的言语和谈吐所产生的印象。一个人说话声音动听,话音纯正标准,往往容易引起他人的注意,使人产生好感。研究人员发现,声音有吸引力的人往往被视为更有权力和更为真诚。① 新闻实践中也常有这样的例子,特别是在收听广播的时候,听众一般借助从广播里面听到的声音想象说话者的形象,并根据声音做出一个人是文质彬彬、谈吐文雅,还是高大硬朗、阳光洒脱等判断。有时候广播电台为增进与听众的互动会组织一些见面会,而一旦见面让说话者的 AI 和 VI 关系失衡,往往会破坏听众根据声音而对说话者形成的美好印象。

(三) 行为识别:BI(Behavior Identity)

另外一个是 BI,即一个人通过行为留给他人的印象。一个人如果在行为举止上大方得体、彬彬有礼,是友好、亲善、亲和的状态,人们自然会对其产生一定的好感。相反,有的人尽管没有开口说话,但他的眼神、动作、姿势也会成为人们进行印象判断的根据,人们据此同样可以推断出其个人修养、职业背景方面的情况,这都是由于 BI 也是构成个人形象的重要部分所致。

(四) 观念识别:MI(Mind Identity)

MI 就是人的思想和精神、观念等,比如气质、风度、道德、品质就属于 MI。除了相貌、声音、言谈、行为、举止之外,气质、风度、道德、品质同样是构成一个人形象的重要因素。

第二节 形象的价值

一、形象是人存在的基本方式

形象到底有什么样的价值? 从哲学的角度来讲,或者从更为抽象和形而上的角度讲,形象是人存在的基本方式,这主要体现在如下几个方面。

(一) 形象是人类掌握世界的基本方式

从哲学层面来看,认识是主体通过一定的中介而观念地掌握客体

---

① 〔美〕桑德拉·黑贝尔斯等:《有效沟通》第 5 版,华夏出版社 2002 年版,第 99 页。

的一种自觉能动活动，①根据这一认识规律，人的认识不仅需要从感性逐渐上升到理性，还需要通过一定的中介来加以实现，形象便是这种中介之一。人类对于世界和他人的认识最初都是从感性形象开始的，如果没有对形象，如对形状、颜色、体积等的认识，人类不可能对世界产生认识，更无法把握大千世界。因此，人类认识和掌握世界的基本方式就是通过形象。比如社会公众对于某位记者的认识和把握也首先离不开记者的形象，没有对记者形象的把握，人们可能分不清到底是哪位记者。更进一步，通过外在形象人们对记者可能形成一种友好、亲切的印象，而通过内在形象，人们可能会得出结论：该记者是一个比较正直或对公共事务比较关切的人。正是通过对记者的形象的认识和把握，人们才有可能真正地了解和认识某位记者，而如果缺少友好、亲切、正直、热心等形象构成因素，人们对于记者的认识和把握也就无从谈起。所以说，形象首先是人们认识世界、认识和把握事物的开始。

公众只有对记者的形象有了一定的把握和认识，才可能进一步认识媒体，并通过媒体达到对社会的认识。以 2015 年 2 月 28 日播出的"穹顶之下"为例，柴静虽然已经从中央电视台辞职，但是她的记者形象深植大众内心，不同的人出于对柴静记者形象的不同认知，做出了不同的评估，甚至出现了"倒柴派"和"挺柴派"。大众对"穹顶之下"也进行了不同的解读，妥协性解读也好，对抗性解读也罢，如果没有对柴静记者形象的认知作为前提，公众其实也难以真实解读"穹顶之下"所传递的信息，更无法深刻体会雾霾问题的复杂性。因此，形象成为公众开启世界之门不可或缺的一把钥匙。

(二) 形象是人对自我的认识与肯定

形象是人类存在的基本方式，形象同样是人对自我的认识与肯定。通常，人们对自己的认识有两种途径，即自己眼中的我和他人眼中的我，而无论自己还是他人眼中的我实际上正是自己、他人对个体的印象或评估，说到底也是人的形象。一切传播活动的首要目的都是

---

① 欧阳康：《社会认识论：人类社会自我认识之谜的哲学探索》，云南人民出版社 2002 年版，第 45 页。

为了回答"我是谁"这个问题,如果对自己的形象没有任何肯定,缺乏清晰的自我形象定位和认知,人类甚至连睁开眼的勇气都没有。人之所以能开心地活着,能进行各种社会活动,交友、工作、学习等,都是基于对自己的认识和肯定。以儿童的成长为例,儿童在成长期,前期主要通过父母和初级群体建构自己的形象认知,处于形象认知构建的非成熟阶段。到了青春期,由于处在形象认知的过渡期,一些少年会出现严重的迷茫,不知道该如何应对角色变化带来的形象认知问题。由于缺乏稳定的形象自我肯定,许多未成年人模仿成年人的形象,把吸烟喝酒的形象当做是潇洒的形象认知,这种对自我形象的否定和随意改造导致了一系列社会问题。由此可见,如果缺乏清晰的形象认知,就会导致对自我认知的不准确,从而导致问题的产生。

（三）形象对个人及组织的价值

由于万事以形名存在,无形无名,世界则陷入混沌状态,形象对于生活在现代的个人和组织同样具有非凡的价值。

1. 形象塑造给人带来自豪感和幸福感

人的自豪感和幸福感一方面来自于主体以外的对象世界,另一方面则来自于主体自身。正如前文所述,每个人对自己的形象都有一种判断。尽管生活中人们时常会对自己的形象有些不满和挑剔,但这种不满并不构成人对自己形象的彻底否定,有时这种小小的不满恰恰是自我肯定的一种流露。对自身形象感到满意的人,容易形成良好的自我感觉。对自身形象不满意,则常常缺乏自信、感到沮丧,甚至形成羞怯、自卑的负面心态。当人们塑造的形象得到他人、社会的认同时,就会在内心世界产生一种自豪感和幸福感。例如,由于地理位置的独特,盎格鲁—新教文化的重要性和自由民主的美国信念给美国人带来自我形象认知的高度自豪感和认同感,于是美国的新闻媒介和新闻记者拥有了在全世界宣扬"美国梦"的自我优越感。近些年来,随着中国经济的发展,中国的国际形象也开始有了大的提升,大国形象的塑造,给走出国门的中国人也带来了无可比拟的自豪感和幸福感。

2. 具有审美价值的形象会引起人的心理愉悦

形象塑造与形象审美是对立统一的两个方面,即传者与受者的对立统一。当形象符合受者的审美需要,就会引起受者的形象审美愉悦;这便是美好的事物会给人们带来欣喜的感受的原因。形象也一样,如果一个男人外表年轻帅气,声音悦耳动听,举止优雅潇洒,不仅他自己倍感自豪,凡是与之交往的人也会为他风度翩翩的美好形象所倾倒,并在主观方面感觉很享受、身心愉悦。以中国古代美男子潘安为例,人们形容男性之形象美时常常会说"貌如潘安"。潘安年轻时,坐车到洛阳城外游玩,不少妙龄姑娘见了他,都会怦然心动,有的甚至忘情地跟着他走。因此,潘安常常被吓得不敢出门。而当他外出,有的怀春少女难以亲近他,就用水果来投掷他。他每每满载而归,于是民间就有了"掷果盈车"之说。可见,潘安不仅"姿容姣好",而且"神情亦佳",足见其形象魅力之大。

3. 良好的形象可以获得他人或社会的支持

根据马克思主义的观点,人是一切社会关系的总和,人的存在无法脱离一定的社会网络和社会关系,因此,人的存在又是关系的存在。在社会生活中,对一个人的认识往往都是从对其形象的评估开始的,当人们初次接触,捕捉到的第一个信息就是对方的形象。在人际交往中,人们总是倾向于与那些自己喜欢的人交往,而有意避开自己讨厌的人。具有良好形象的人,由于能够在自己的关系网络中为他人带来好感,因而可以改造、提升关系,得到他人的信任、支持和友情。研究信任的学者指出,信任一般包括三个理由,即反射的可信任性、行动者的信任倾向以及信任文化。其中反射的可信任性又可以划分为初级可信任性和衍生的可信任性两种类别,而初级的可信任性又存在三个基础,即声誉、表现和外表,①可见由外表及信誉等构成的形象是获得信任的基础。

有美国舆论曾指出,前美国总统克林顿充满朝气的"帅哥"形象,使他在1992年的大选中获得了不少选票。为此,一些政界、商界的领袖,为了能赢得他人的信任,获得政治上或经济上的利益,都会不惜重金聘请专门的形象设计师来管理自己的形象。据《新京报》报道,2004

---

① 〔波兰〕彼得·什托姆卡普:《信任——一种社会学理论》,程胜利译,中华书局2005年版,第95页。

年7月1日全国妇联甚至邀请国家一级艺术形象顾问于西蔓女士,在全国妇联活动中心为国务院和中央直属机关的80余位女部长讲解如何穿衣化妆,告诉女部长们如何将自己打扮得体。复旦大学则在2004年开设了旨在提升职业女性人格魅力的"卓越女性课程"。课程对象是可支配年收入在50万元以上或来自亚洲地区年营业额在500万元以上的优秀企业和政府、其他组织的女性高层管理人员。该项目除了社交技巧、色彩文化与服饰、女性战略思维等内容外,尤其注重"形体雕塑"与"体重管理"等"外在提升"的内容。开设这些课程的原因除了获取经济利益之外,更重要的则是基于形象对于社会资源分配的调度力的认知。

4. 形象是建立个人品牌的基础

由于真实环境日益复杂,人类凭直接经验、知识已难于应对,具有简化、概括与情感性的特质便成为一种"印象概念",由此,"形象"也就成了一种符号、一种脸谱、一种人格。在某种情况下,形象甚至是"刻板印象"的同义语,是印象、主题、意见、态度等的综合体,并由此形成一种全面性的代表意象。由于过去中国经济发展相对比较落后,像品牌,尤其是个人品牌近些年才被关注,而在西方发达国家,个人品牌建设的意义绝对不亚于一个产品、一个组织或者一个团队的建设。在媒体行业,一些名主持人,一旦形象打造成功会成为品牌主持人并给栏目带来名片效应和品牌吸引力。受众关注一个栏目不仅仅是为了看节目,更多的是希望与品牌主持人进行定期约会。江苏卫视"非诚勿扰"主持人孟非凭借自己独具个性的外在形象和幽默风趣的内在形象,获得了百万"粉丝"的追捧,这就是主持人形象塑造成功带来的品牌效应。

5. 形象是社会组织赢得公众好感与信任的基础

良好的形象不仅对个人意义非同寻常,对组织同样具有经济、政治、文化等方面的价值。从一般意义上来讲,良好的组织形象是组织"内求团结、外求发展"的根本保证。如果一个社会组织能够在公众心目中留下诚实、公正的形象,社会公众就会产生一种依赖该组织产品或服务的心理倾向,因而更容易在激烈的市场竞争中选择该组织的产品或服务,从而使这个组织立于不败之地。① 良好的组织形象不仅能使内部成员产生强烈的荣誉感和认同感,成为吸引和调动组织内人才积极性的重要方面,也有助于组织获得一个好的外部环境,容易使组织与各种协作部门、竞争对手等各类利益相关者形成良好的交往关系,从而为组织的发展赢得更多的资源和优势。就媒体而言,如果拥有良好的形象,不仅能够吸纳到更多优秀的记者人才,也可以赢得更多的关注和信赖,并在引导社会舆论和产生社会影响方面发挥更大的优势。研究证明,在受众对媒体的选择方面,媒体的形象起着决定性的作用。

二、形象是一种资源,也是一种生产力

英籍华人英格利·张写过一本书,叫做《你的形象价值百万》,张本人在西方社会给一些政界、商界的精英人物做过形象设计。从商界人物形象的角度来看,形象的确价值百万。道理非常简单,一位客户代表跟客户谈一笔生意,生意的价值可能不止百万。双方约好了在特定的时间、地点会面,但赴约时客户代表却迟到了五分钟。迟到五分钟不算太大的事情,但这五分钟可能影响了他的形象,给人留下他不守时、不能承担重任的印象。显然这笔生意是做不成了,不良的形象带来了巨大的商业损失。

形象成为生产力是现代社会经济发展的结果,也是形象在社会经济中的作用和地位日益突显的根本标志和必然趋势。今天,形象的意义比以往任何时代都显著,形象已成为当今社会的核心概念之一。已有学者提出形象经济的概念,并将其界定为"通过形象及其效应获取价值和利润的经济",②并明确提出,人类正在进入一个形象经济时代。形象的生产力性质体现在市场上就是形象与公众的关系。其中的关键点就是形象资源的开发可以获取稀缺的注意力资源。托马斯·达文波特等认为,注意力是对于某条特定信息的精神集中。当各种信息

---

① 秦启文、周永康:《形象学导论》,社会科学文献出版社2004年版,第51页。
② 居易:《形象经济与形象经济学》,载《苏州城市建设环境保护学院学报》2001年第4期。

进入我们的意识范围,我们往往只能关注其中最特别的一条,然后决定是否采取行动。① 什么是注意力经济的本质要素?当然是形象,因为有形象,才有注意力。有形象才有注意力效应和注意力经济,反之,如果没有形象作为前提,注意力也无从谈起。从这个意义上来说,注意力经济应该成为形象经济的注解。②

以记者云集、媒体竞争最为激烈的每年"两会"报道为例,每年的"两会"新闻发布会现场,各大媒体的女记者穿的几乎都是红衣服,白岩松在其报道中还将这种现象称为"两会流行红衣服"。女记者为何钟情红衣服?原因是红色的视觉刺激性更强,容易吸引注意力,并得到提问的机会,有了提问的机会,则意味着记者及所在媒体可以写出更多的独家报道,记者及所在媒体能够聚集更多的公众注意力,也意味着记者及所在媒体有了更多战胜竞争对手、走向成功的机会。著名记者吴小莉就是很好的例证,由于善于管理自我形象,在重要场合着装得体醒目,拥有了几次被提名向总理提问的高规格待遇。1998年"两会"期间被朱镕基总理点名提问,随后温家宝总理也给予吴小莉特殊待遇。吴小莉就如同人民大会堂里突然绽放的一株白玉兰,亭亭玉立,吸引了几乎所有人的注意力。她随后拥有了更广阔的发展空间,不仅担起了凤凰卫视资讯台副台长的重任,还被选为广东省政协委员。从这一点来说,记者的形象确实算得上生产力。

三、形象是一种软实力

实力,即对他人行为施加影响,并实现自己目标的能力。根据表现和作用方式,实力可以划分为硬实力和软实力。软实力的概念提出来的时间并不太长,在20世纪90年代由美国学者约瑟夫·奈提出。在《软实力》一书中,奈认为美国在此前的几十年中,利用文化和价值方面的实力成功地获得了很多的国际影响力,但后来越来越多地使用硬实力尤其是军事力量和经济手段,影响力反倒日趋式微。

---

① 〔美〕托马斯·达文波特、约翰·贝克:《注意力管理》,谢波峰等译,中信出版社2002年版,第29页。
② 秦启文、周永康:《形象学导论》,社会科学文献出版社2004年版,第64页。

就个人而言,同样有软实力和硬实力。根据奈对于国家软实力的定义,一个人的硬实力属于推动和支配他人的能力,而软实力则属于吸引和影响他人的能力,照此逻辑,一个人的形象、亲和力及品德等皆属于软实力的范畴。奈甚至直截了当地提出,软实力提升的关键之一就是形象建设。在我国古典名著《三国演义》中,如果从硬实力方面来讲曹操应该是很强的,而刘备则相对弱很多,但刘备为何能得人心而曹操却不能呢?这实际上体现出了刘备的软实力。硬实力是拳头有多硬,胆子有多大,武功有多高强;软实力则是形象好、有亲和力、能够吸引别人,能够使人来归顺。提升软实力的关键之一就是形象建设,作为一种力量,软实力同样可以发挥影响、制约作用。从个人角度来讲,一个人虽没有潘安貌,更没法去"拼爹",但仍可以通过个人努力塑造个人品牌,从而获得一种形象上的软实力。

1. 形象产生影响力

《辞海》对影响二字的解释是:一件事物对其他事物所发生的作用。"影之随形,响之应声",要有影响,就得有"形"有"声",从前文对形象的构成分析看,"形""声"都是构成形象的重要元素。所谓影响力,是指"文化活动者以一种自己所喜爱的方式左右他人行为的能力"[①]。纵观人类古往今来的领导行为和领导过程,欲使人"服从",大致有三种力量在起作用:一是权力力量,二是真理力量,三是人格力量。[②] 为什么把形象归结为软实力?因为形象可以产生影响力,而影响力是以一种自己所喜爱的方式左右他人行为的能力。影响力是一种控制能力,这种控制能力表现为影响力的发出者对影响力的收受者的认知、倾向、意见、态度和信仰以及外表行为等方面和目的的控制作用。

社会心理学家阿伦森曾和他的助手贾德森·米尔斯在实验室里做了一个简单的实验,实验证明:一个美女——仅仅因为她美丽——能在一个与其相貌毫不相干的问题上对观众的观点产生很大影响,而

[①] 冯利:《文化学辞典》,中央民族学院出版社1988年版,第725页。
[②] 秦德君:《领导者公共形象艺术——领导力建设与领导生涯成功策略》,研究出版社2009年版,第197页。

且当她公开表示想要影响观众的时候,其影响力达到最大程度。①

影响力产生的基础或者基本路径乃是形象建设。有研究者将媒介影响力的构成元素分解为三个层面,其中第一层面,即媒介产生影响力的基础层面包括媒介的形象、文化、理念、价值、创新、人才和信息。② 如果一个媒体有好的形象,媒介工作者在受众中间享有很高的声誉,那么不用强制,受众就会主动接近媒介,主动接触媒介的信息,并受到媒介信息所带来的影响,这就是形象产生影响力的基础。形象是记者及媒介组织一笔重要的无形资产。

2. 形象产生实力

形象固然是一种软实力,能够产生巨大价值,具有重大的意义,但在追求形象、塑造形象、维护形象的时候,也不能忽略形象和形象主体实力之间的关系。形象主体固然要在形象上,包括形象的视觉、听觉、行为、观念方面努力塑造良好的形象,但形象的塑造,不能为形象而形象,只追求形象层面的东西,而是要和实力结合在一起,并要以实力作为基础。

形象与实力间的关系首先是相互联系的,形象源于实力,实力决定形象,没有一定的实力基础,在一定程度上也不具备形象塑造的物质条件。如果一个个人或者组织在人们心目中形象好,在一定程度上便可以推导出这个人、这个组织是有实力的,如果没有实力的话很难有好的形象。实力的内容与形象反映的内容是一致的,形象和实力间的关系是相生关系,形象就是实力,实力就是形象。二者之间甚至可以画等号:实力越强,形象越好;形象越好,实力越强。

但有的时候形象对实力也存在某些反作用,又是相克关系,二者之间的关系并非完全对等,甚至会有所冲突。一方面,弱小的实力不可能在公众中产生强势的影响力,从而无法形成强大的形象,正所谓"人微言轻"。如果缺乏实力,对于个人与组织而言也不太可能在形象建设方面投入大的力量,这同样会制约其形象的建构。另一方面,弱

---

① 转引自冯平:《评价论》,东方出版社1995年版,第216页。
② 赵彦华:《媒介市场评价研究——理论、方法与指标体系》,新华出版社2004年版,第23页。

小或不良的形象也反映出主体在公众之中影响力的缺乏,并进而影响主体的实力生成和壮大,同时弱小的形象也会在一定程度上影响主体的积极,并最终影响到主体的实力。当然,形象塑造如果脱离实际,搞得"名不副实",也有可能使主体的实力毁于一旦。比如一个记者在维护个体形象方面下了很多功夫,言谈举止彬彬有礼,正义而富有责任感,但是恰恰该记者的专业能力不强,不能完成采访任务和基本的工作,这时他的形象和实力之间就是相克的,记者做得再有礼貌、周到,大家也不会觉得他的形象有多好,反倒觉得他只会弄一些形式主义的东西。

所以在发挥形象的优势的时候,不能为了形象而形象,要正确地了解形象与实力之间的关系。两者有时相生、有时相克,只有它们真正协调一致的时候,形象才能真正发挥作用。那种"金玉其表、败絮其中"的形象不仅无法体现形象的价值,反而只能为形象带来巨大的负面效应。

四、形象本质上是对真善美的追求

形象作为一种软实力、一种影响力,不是法律所赋予的,也不能依靠强制手段取得,因而只能是一种真理的力量或人格的力量。形象要产生作用不能靠权力,只能靠知识、人格和其他方面。因此,"形象塑造作为人类的基本活动之一,本质上就是对真、善、美的追求"。[①] 形象固然有价值,但片面追求形象的价值同样会陷入形象就是一切甚至其他形式主义的怪圈。这对于形象实际上是一种背离,如果塑造和维护的形象,和事实有出入、有差别甚至是相悖而行,这样的形象往往会起反作用。

崔永元曾在接受《南方人物周刊》采访时说,当看到电视上某位主持人哗啦哗啦地哭,他就在屏幕前哇啦哇啦地吐。为什么?因为荧幕形象和实际形象之间并不相符,这样的形象不是真实的,违背了形象本质上追求真善美的原则。

除了真,形象本质上还要追求善,简单来说就是有益。如果努力

[①] 秦启文、周永康:《形象学导论》,社会科学文献出版社2004年版,第15页。

塑造维护的形象是一种有害的东西,或者在形象塑造的过程中存在恶意、塑造形象的行为对他人或社会造成了伤害,就会跟形象塑造所追求的目标相违背。形象还要追求美,追求真诚,人性的本真才能最终在他人心中树立永久良好的印象。形象塑造作为人类的基本活动之一,本质上是对真善美的追求。实现了对真善美的追求的形象,是应该极力维护的形象,也真正会为社会和个人提供正能量。正因为如此,英国思想家霍布斯曾把"仪容"视为一种"权势",因为"它征兆着善,使妇人与陌生人见爱"。[1]

五、形象价值的可变性

形象固然具有非凡的价值,但形象的价值却不是永远不变的东西,而是会随着时间及环境的变化出现变动,这是因为形象作为一种主客体间关系的产物必然会受到人的价值体系的制约和影响。人事有代谢,往来成古今。形象的变化同样具有社会历史性,换句话说,形象是一定社会关系的产物,不同的社会关系状态,必然会使不同历史时期的人们具有不同的文化个性和审美理想,因而也体现出对于形象的不同的价值取向,"环肥燕瘦"便是中国不同历史时期审美价值标准发生变化的真实写照。

形象价值的可变性除了体现为各个历史时期的审美价值不同,也体现为不同环境、不同文化和不同群体形象价值观的不同。生活在不同地域的人们会由于长期的生活习性形成不同的文化,不同的文化则又影响着人们对审美价值的取向,对形象的判断也会不同,比如在中国人眼里未见得漂亮的一些细眼、阔嘴的时装模特在西方人眼里却是东方美人的代表。林黛玉的形象对于焦大这样的人来说也未见得能够欣赏和接受。一些在农村受到欢迎和喜爱的工艺品未必会得到都市白领们的青睐。这其实反映出了形象客体性特点的存在及其对形象管理的制约。一千个读者就有一千个哈姆雷特,形象的价值本就是仁者见仁、智者见智的事情,形象价值可变性是客观存在的。

---

[1] 〔美〕乔治·弗雷德里克森:《公共行政的精神》,张成福等译,中国人民大学出版社2003年版,第142页。

六、形象是一把双刃剑

形象正在改变着我们生存的世界,形象的价值也在得到更多的彰显,特别是大众传媒的介入更是为个体和组织的形象塑造提供了前所未有的空间和机会。无论是个体还是组织都把塑造形象作为展示自我、博取眼球、赢得好感和信任的基本途径,可以说当今社会形象无处不在,形象已经成了优化社会环境、推动社会文明进步的重要途径。在看到形象正向价值的同时,我们也不能不警惕过度或片面追求形象所带来的负面效应。

过度、片面地追求形象,最典型的表现就是过度包装,哗众取宠。所谓过度包装,实际上就是混淆和颠倒了形象与实力之间的关系,把塑造良好形象的目的完全诉诸形象而无视实力作为形象基础而存在的基本规律,误以为通过形象包装的捷径便可以达到提升实力和形象的最终目的,于是不惜力量在形象和包装上下功夫。这种掩耳盗铃式的买椟还珠最终不仅对提升个人和组织的形象无益,而且会因过于在意形象而引起人们的反感,破坏形象的构建,实属形象管理中的南辕北辙。

过度、片面地追求形象的另一种表现就是大搞形象工程或面子工程。所谓形象工程,就是那种为形象而形象的做法,这种做法背后的逻辑同样是无视实力的存在并将形象的生产力、影响力价值盲目地置于高于一切的位置。这种为形象而形象或刻意追求形象的结果往往也直接导致了形象的负面效应。《新闻晚报》2011年6月28日曾刊载这样一篇报道:

> 近日有网友爆料称,四川凉山自治州会理县政府网站发布的一则新闻中使用了合成痕迹明显的相片,在相片中,县领导"飘浮"在一条公路的上空,图片说明称这几位领导在"检查新建成的通乡公路"。26日上午,会理县委宣传部工作人员表示,那张相片确实是网站工作人员后期合成处理的,但通乡公路的建设和领导的检查都是事实。
>
> 26日上午,记者从搜索引擎的缓存中看到,该网站于6月16

日在首页发布了题为《会理县高标准建设通乡公路》的新闻,并把相片放至头条位置。网友发布的截图显示,3位县领导的图像"被贴"到了一条公路的背景上,看上去就像浮在公路的上空,PS合成的痕迹非常明显。相片下的图片说明称这几位领导正在当地某乡镇检查新建成的通乡公路,文字则对这次检查的情况进行了描述,记录了县领导对通乡公路下一步建设的"四点要求"。

不得不承认,报道中的这几位领导及负责新闻宣传的下属确实对树立良好的领导形象的价值有着一定的认识,也深谙形象管理的时机选择,但这些人在形象管理方面却犯了一个致命的错误,即树立形象不能为了形象而形象,更不能无中生有,甚至做假。否则,他们的行为不仅违背了形象塑造的实质是对真、善、美的追求这一要求,也将形象塑造的负面效应推到极至,其做法不仅没有为这些领导树立良好形象,反而严重损害了自己的形象,引起了社会的普遍反感。

第二章 形象管理

第一节 什么是形象管理

形象管理,顾名思义就是对形象的管理,因此对形象管理的理解应当从管理入手。管理一词,或管理作为一种行动、实践,在当今的社会可谓无处不在。随着社会的发展和进步,人们也越来越意识到管理的价值。

一、什么是管理

一般来讲,管理是指在一定的环境或条件下,为了达到一定的目的,运用一定的职能和手段,对管理客体施加影响和进行控制的过程。任何的管理都是有目的的。同时,任何的管理都受制于客观条件,如果脱离了客观条件,仅有主观目的和目标,管理也是行不通的。此外,任何管理都要讲究手段和方法,要讲究策略性和科学性。简单地说,管理就是谁在什么条件下,用什么方式来管理什么,这就构成了一个简单的管理系统(见图2)。

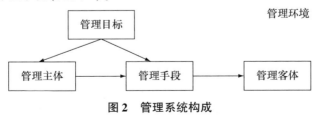

图2 管理系统构成

由图2可看出,任何一种管理活动,都由以下五个基本要素构成:
1. 管理主体;
2. 管理客体;
3. 管理目的;
4. 管理职能和方法;
5. 管理环境或条件。①

形象管理也不例外,其中管理主体当然是形象塑造者本人或社会组织;管理客体则是形象主体(个人或组织)在他人心目中的印象;管理目的当然是为了塑造和维护管理者的形象,使管理客体最终达到最优效果,实现管理主体的目标;管理的职能和方法,就形象管理而言则包括形象设计(计划)、形象塑造、形象传播、形象评估等诸多方面;另外就是管理环境和条件,即任何的管理行为都要根据具体的情境及条件因地、因时而动。

二、什么是形象管理

什么是形象管理?简言之,就是为了塑造和维护良好形象而采取某种手段和方法,在一定的环境和条件下,对个人、组织或团体形象进行管理的过程。形象管理也叫印象管理、印象整饰,意指人们在相互交往中有意地控制别人对自己形成各种印象的过程。② 有研究者将印象管理定义为:"这种有意、无意地控制别人对自己印象的行为就叫做印象管理。"③也有人对印象整饰的解释是:"以适当而得体的言语或非言语行为有意地控制别人对自己形成各种印象的过程。"④表面上看起来形象管理是一个人或组织对自己的形象所实施的管理,但实际上,管理形象的最终目的是要提升自己在他者眼中的印象,所以又叫做印象管理,或印象整饰。通俗地说,也就是一个人通过对自己内在、外在形象的维护和整饰,来获得社会正面评估的行为。

---

① 李兴山主编:《现代管理学:观念、过程、方法》,现代出版社1998年版,第3页。
② 陆卫明、李红:《人际关系心理学》,西安交通大学出版社2006年版,第102页。
③ 佘丽琳编著:《人际交往心理学》,光明日报出版社1989年版,第128页。
④ 高玉祥、王仁欣、刘玉玲主编:《人际交往心理学》,中国社会科学出版社1990年版,第68页。

关于形象管理的相关理论,能够追溯到公元十四五世纪马基雅维利所写的《君主论》。在《君主论》一书中,作者明确提出了一个论点:"一位君主,应当适当注意,千万不要从自己的口中流出污言秽语,不是洋溢着美德的话。并且注意使那些看见君主和听到君主谈话的人,都觉得君主是个非常慈悲为怀、笃守信义、讲求人道、虔诚、信神的人。"马基雅维利提到,要想当一个君主,当好一个君主,要想得到属下子民的爱戴和拥护,君主必须在人们心目中有好的形象。怎样才能在人民心中有好的形象?马氏提出,首先在说话上,君主不能使用粗俗、下流的语言,君主所说的话、所做的动作,要让人觉得君主是所有臣民的表率。马氏提出此论时尚无媒体,倘若在今天,君主们恐怕会对媒体上的照片、电视上的讲话格外在意,这实际上都属于形象管理。

20世纪中后期,有关印象管理的研究在社会学、组织学、管理学、沟通学和心理学领域得到迅速发展,成为几个交叉学科共同关心的问题。印象管理的理论探索可以追溯到美国著名社会学家戈夫曼(Goffman)的研究。

欧文·戈夫曼,美国社会学家,符号互动论的重要代表人物。他是加拿大人,1944年毕业于多伦多大学,后到美国芝加哥大学学习,1949年获硕士学位,1953年获芝加哥大学博士学位。1958年到加州大学伯克利分校任教,1962年升为正教授。其主要研究兴趣在于社会互动,注重分析互动时的状况。他专门研究了人们在日常生活中的面对面互动、互动时的角色扮演、互动中隐含的意义等问题。他的研究涉及人际互动中的诸多细节,标志着符号互动论走上了对社会更为微观的具体细节的研究道路。他注重分析个人在与他人的社会互动中如何获得社会效果及其策略,代表理论为拟剧理论和印象管理理论。其代表著作有《日常生活中的自我表演》《污名:受损身份管理札记》《框架分析》和《日常接触》等。

在《日常生活中的自我表演》一书中,戈夫曼引用了莎士比亚著名戏剧《皆大欢喜》中的一句话——"全世界是一个大舞台,所有男男女女都不过是舞台上的一个演员"来阐释形象管理的原因,即每个人都是舞台上的演员,都需要精心扮演好个人所承担的角色,因为"一种表演做出的现实印象是一个非常微妙的、非常脆弱的事情,任何微小的表演失误都可能把这种现实印象打得支离破碎"①。同时,戈夫曼也明确指出,人们"不会轻易地允许处于某种地位的表演者得到他所希望得到的特定待遇,相反,我们却时时刻刻准备着为揭穿他的假面具而攻击他盔甲上的裂缝"②。戈氏提出,"印象管理就像戏剧",互动中一方的兴趣在于控制别人的行为,使对方通过对自己行为的理解,做出符合自己计划的行为反应。然而,作为一个社会学家,戈夫曼关心自我表现在社会现实的建构中的作用,相对忽视心理因素在符号式的社会交往中的重要性。琼斯(Jones)及其同事则把自我表现扩大到包含企图控制他人对自己的个人特征的印象。这一思想引起了心理学家对印象管理的兴趣,改变了印象管理一直属于社会学范畴的地位,使这时的印象管理研究得到了稳定的发展。到20世纪80年代以后,人们对印象管理的概念进行了重新剖析,认识到印象管理与维持一种身份有关,印象管理问题引起了更为广泛的关注。如鲍梅斯特(Baumeister)认为,印象管理是"利用行为去沟通关于自己和他人间的一些信息,旨在建立、维持或精练个体在他人心目中的形象"。与之相似的泰特洛克(Tetlock)等认为印象管理是"人们使用了造成受赞许的社会形象或社会认同的策略"③。

到了20世纪70年代,研究者开始用印象管理解释许多行为,如认知失调、攻击、助人、服从、归因、资源分配、群体决策过程、任务完成、投票、健身行为和领导行为。20世纪80年代,印象管理还被用来解释情绪和行为问题。随着印象管理理论被不断用于解释心理问题的研究,印象管理的研究也渗透到临床和咨询心理学领域。到80年代中期,已很难找到一个与印象管理无关的人际行为。④

---

① 〔美〕欧文·戈夫曼:《日常生活中的自我表演》,徐江敏译,云南人民出版社1988年版,第39页。
② 同上书,第42页。
③ 转引自张爱卿、李文霞、钱振波:《从个体印象管理到组织印象管理》,载《心理科学进展》2008年第16卷第4期。
④ 肖崇好、张义泉、舒晓丽:《印象管理模型的建构》,载《惠州学院学报》(社会科学版)2011年第4期。

三、形象管理的价值及功能

传统观点认为形象管理是职业政治家、商人等惯用的伎俩,并将其与假装、欺骗画上了等号。在当今世界,无论是技术产品还是社会产品,适度的包装不仅不可避免,而且非常必要,甚至是一种"文明"的特质,而形象管理也可以被理解为在一定程度上的包装。人际交往心理学研究指出,在现代社会,一个不懂得对自己进行印象管理的人,不仅无法获得别人的好感,而且往往会使正常的人际交往无法有效、顺畅地进行,因而是不能适应社会发展需要的。这实际上指出了形象管理的价值。也有研究发现,能控制自己生活的人无论是精神上还是身体上都更健康。显然,形象管理也可以被归为控制生活的一部分。形象管理的价值一方面通过形象本身的价值得以体现,另一方面则体现在形象管理对管理者的影响和管理成果上。

(一)形象管理可以帮助人们树立良好的社会形象

美国一位心理学家的市场调查发现:一个把自己的形象管理得非常好的人,通过附加值的产生,收取的回报多达20%。而在同等条件下,形象管理不好的人,损失则为5%。[①] 实际上,无论从事什么职业,有一个良好的形象,都会赢得别人的好感和信任,也更容易得到别人的支持。在现代社会中,一个不懂得印象管理、过于直率的人常常给人以威胁感和无教养感,人们不喜欢和这样的人待在一起。而适当地运用印象管理则可以调节和润滑人际关系,使人际关系能顺畅地维持下去。[②]

(二)形象管理可以帮助人们赢得社会尊重

作为社会化的动物,人的生存方式要求人必须与一定的同类生活在一起。人的发展需要交往,人类的各种需要的满足也离不开交往。以著名的马斯洛的需要层次为例,马斯洛把人的需要由低到高划分为五个层次:生理需要、安全需要、归属和爱的需要、尊重需要和自我实现的需要。这些需要的实现,特别是归属、爱等高级需要的实现更是

---

① 窦春河:《领导者要有新形象》,中国经济出版社2007年版,第125页。
② 佘丽琳:《人际交往心理学》,光明日报出版社1989年版,第129页。

离不开人与人的交往。前文已提及：当今社会经济形态已越来越体现出注意力经济和影响力经济的特点，注意力经济、影响力经济都离不开形象，如果一个人的形象不引人瞩目，就很难聚拢社会资源和影响力资源。一个好的印象被人注意到了，形象主体自然就会在注意力经济上取得先机，同时也可以赢得社会的尊重。

（三）形象管理可以帮助人们提高生存质量

亚里士多德曾说，人类所有活动的目标都应该是快乐。[①] 从某种意义上说，人类生存及所从事的各种活动最主要的目的就是创造快乐、改善生活质量。快乐的来源通常有两种：一种是对自己有信心，天性乐观，善于在生活中发现和制造快乐；另一种则来自跟他人的交往。在交往中，来自他人的由衷赞美，来自他人的尊重，来自他人的友好表示，都会成为一个人建立起自信的基础，也是一个人快乐的源泉。而要得到来自他人的赞美和尊重，首要的是能够给他人留下好的印象，即通过主动的形象管理对自己的形象加以整饰，着力塑造良好的个人形象。这样，形象管理便成了提高人们生存质量的间接源泉。

（四）形象管理可以帮助人们树立信心

形象是向他人传递信息的重要方式，一个人的性格、价值观念、兴趣爱好、在社会上扮演的角色都会通过形象传递出去，在一个人开口讲话之前，就已经通过形象向外界输送了关于其自身的大量信息，正如《红楼梦》里写的：当林黛玉第一次进入大观园时，"未见其人，先闻其声"的王熙凤，通过一系列的外在声音形象已告知林黛玉，她是一个具有信心和能力的重要角色。

目前国内就业环境越来越国际化，谋求理想的职业，发展事业，扩大影响，很大程度上取决于一个人的言谈举止、仪表风度，因为这些形象往往反映其精神面貌、文化修养和道德水准。形象不佳、社交礼仪的缺失，在很大程度上限制了人们自信心的树立，限制了个人在激烈的社会竞争中立足的机会。

一个人，由于有着良好的形象，所到之处便容易得到他人的接纳

[①] 转引自李汉昭编译：《帕累托80/20效率法则》，海潮出版社2001年版，第291页。

和欢迎,久而久之便树立了生活和交往的信心,反过来,那些在工作和生活中缺少信心的人,首先是对自己的形象缺乏自信。

(五)形象管理可以促进人们的事业发展

马克思指出:"一个人的发展取决于和他直接或间接进行交往的其他一切人的发展。"①管理学大师德鲁克则指出,越来越多的普通劳动者和知识劳动者必须进行自我管理。② 管理自己的方面很多,不可否认的是,形象管理也是一个人管理自己的一部分。有研究表明,员工的印象管理策略会影响到绩效评估、晋升以及社会地位。正如卡耐基所言,一个人的成功,只有15%归于他的专业知识,还有85%归于他表达思想、领导他人,以及唤起他人热情的能力。③ 也就是说,一个人除了要学习科学知识、学习技能,更要学习一种能力,一种与社会交往的能力。有了这样的能力,才能在社会上有更好的发展。如果一个人一味地专注于知识和技能的学习,就算其专业水准无人替代,但大家对他的印象不好,这个人在生活中,或者在事业上也很可能得不到好的发展。反之,一个人如果能跟他人建立良好的人际关系,在大家心目中留下美好印象,即使他在知识、技能上略逊一筹,也同样能在社会上受到欢迎,并有着广阔的发展前景。

四、形象管理的原则

怎样进行形象管理?在进行形象管理之前,首先要明确形象管理的原则。通常,形象管理的原则包括这样几个方面。

(一)主动性原则

常言道:"酒香也怕巷子深"。形象管理需要主动性,主动把自己的优点、优势展现出来,是形象管理的重要原则。尽管韬光养晦、不过分张扬、不锋芒毕露也是形象管理的一种策略,但绝不是说,要完全把自己裹在一个壳里,使自己完全不被人了解。不采取主动,而想在别人心目中塑造良好形象,让他人产生好感,这只是天方夜谭。形象是

---

① 《马克思恩格斯全集》第三卷,人民出版社1960年版,第515页。
② 〔美〕彼得·德鲁克:《个人的管理》,沈国华译,上海财经大学出版社2003年版,第141页。
③ 转引自窦春河编著:《领导者要有新形象》,中国经济出版社2007年版,第159页。

一个主客体相互作用的产物,只有两者进行接触、交往,才能产生形象。没有展示和接触,形象管理无从谈起。所以,形象管理需要把握主动性原则。

(二) 系统性原则

形象的特点之一是它的整体性,形象是一个复合型的集合概念。尽管形象可以分成不同的局部,但从整体而言,形象仍是一个整体。中国古代思想家张载说过"充内形外之谓美"。内在充实了,外在表现出来,才是美。这实际上强调的就是形象的系统性。古人所讲的绣花枕头亦是典型的反例,绣花枕头外表虽美,但它里面装的是一包草,其整体也算不上美。形象管理不是一个局部的突出,而是各个局部的平衡。现在有些年轻的主持人拥有姣好的面容,但是由于缺乏内在的人文修养和文化素养,很难支撑起系统的形象建设。所以,形象管理不只是单向度的维护和塑造,而是内外兼修、全面提升的过程。

(三) 适度性原则

正如一位学者所说,探讨、研究和实践领导者公共形象艺术决非是倡导领导者形象作秀、形象作伪,而是为了在正义原则下通过整理形象,扬长避短,凸现和展现"真、善、美"的一面,以扩展其社会影响力和达到特定的目标。[1] 同样,印象整饰同不诚实的交际原则完全是两码事。相反,它指的是一种基本的人类倾向性,即构想、谋划和调节自己的社会行为,以使我们展现在别人面前的行为,能够表达我们对自己和他人的看法。[2] 因此,形象管理的另一个原则就是不鼓励作秀,更反对做假。"这是因为,如果个体在形象管理中有一个足以使他名誉扫地的假面具被人识破,人们就会对他本来无须隐瞒的其他活动领域也产生怀疑。"[3]通俗地说,形象管理追求的是一种正面的形象,或者是一种正向积极的、符合人类社会终极目标的真善美的形象,那些形象

---

[1] 秦德君:《领导者公共形象艺术——领导力建设与领导生涯成功策略》,研究出版社2009年版,第262页。

[2] 丁庆新、窦春玲:《人际关系心理学》,清华大学出版社、北京交通大学出版社2008年版,第181页。

[3] 〔美〕欧文·戈夫曼:《日常生活中的自我表演》,徐江敏译,云南人民出版社1988年版,第48页。

工程,面子活,过度包装,尽管也算是一种广义上的形象管理,但这种形象管理已经背离了真善美的实质,超越了形象管理的适度性原则。尽管形象管理的主动性原则需要形象主体把好的形象表现出来,但绝不能过分。过度包装、锋芒毕露可能会在短时间内赢得一定的关注度和好感,但是从长远角度来看,这种杀鸡取卵的做法必定会使得辛辛苦苦经营起来的形象工程毁于一旦。

（四）持续性原则

西方有句谚语:"声誉之巅,没有休息"。有研究者明确指出:"赢得声誉是一个艰苦而漫长的过程,一旦赢得,它是一件过于精致的易碎品,我们必须时刻保卫和照顾。"[1]在形象管理的路途上,即使有一天印象得分已经达到了100分,管理者也绝对不能懈怠。形象管理是一个持续性的过程,越是在获得尊重、印象得到高分的时候,越要注意不能停歇,否则将前功尽弃。即使是从软实力的角度讲,形象管理也不容停歇。约瑟夫·奈在其《软实力》一书中明确指出,"软实力不是个恒量,它会随时空的转换而变化"[2]。形象管理,或者说形象的整体建立也是阶段性的。人们要通过自己的一点一滴,主动、持续地完成形象管理的过程。形象的建立,尤其是外在的形象的建立,可能存在瞬间效应,或者说第一眼效应,但是整体形象的建构需要长期的不懈努力,也必然会经过不同的阶段。

一般来说,整体形象的建立要经过这样几个阶段。

第一个阶段是感觉阶段。在这一阶段,印象形成的依据往往是个人的某种直觉性的感受或某些外在的显性线索,此时形成的印象往往较为模糊,也容易受到其他因素的干扰和影响。比如有人欲应聘电视台的出镜记者,把自己的照片及出镜的视频资料寄送出去。电视台要看几百张照片,几百个视频,在这个过程中,感觉阶段确实存在。感觉虽然不一定准确、客观,不一定是最后的结果,但第一判断对形成印象确实很重要。感觉阶段形成印象的线索可以是直接的感官接触,也可

---

[1]〔波兰〕彼得·什托姆卡普:《信任——一种社会学理论》,程胜利译,中华书局2005年版,第103页。

[2]〔美〕约瑟夫·奈:《软实力》,马娟娟译,中信出版社2013年版,第61页。

以是某些间接的道听途说。如一个人可能并没有跟某个记者有正面接触，但仍然可以根据以往的经验或其他间接的传闻，以及某些社会中流行的刻板印象对该记者形成一定的正面或负面印象。

第二个阶段就是沟通阶段。在这一阶段，印象的形成不仅依靠某些外在的显性线索，也不仅依据某些间接传闻或主观想象，而是在与形象客体有了直接接触和交流之后，通过交流的实际体验和感受来形成某种印象和判断。这一阶段印象形成的特点是在形成判断中有了某些直接的感受和依据，较之前一阶段的印象更为全面、客观，并有可能修正和完善在感觉阶段形成的某些印象，但此阶段形成的印象本质上仍属于感性阶段，仍存在印象不够真实和不够理性的可能。

第三个阶段是行为阶段。在这一阶段，形象的主、客体之间发生某些直接的接触和交流，双方均进入到更为频繁的接触或更为实际的交往互动之中。此一阶段的交往表面上似乎已经超越了单纯的形成印象或树立形象的目的，而是进入了更为日常的工作状态或社会交往状态。通过此一阶段的合作行动，潜藏在印象客体内部的隐性素质，如能力、品格、学识、思维等会真正显现出来并成为印象形成的重要依据。与前两个阶段相比，此一阶段的印象形成更为深入，也更为全面、更为真实。

最后的阶段是心灵阶段。在这一阶段，交往对象在前几个阶段的基础上进入真正富有深度的精神交往阶段。此一阶段的印象形成是形象主体在综合各种感知和各种依据之后作出的理性判断，这种通过深度交往而最终得出的印象，不仅更为理性、客观和真实，也更接近于形象客体的全貌，而且往往不会轻易改变，也不容易受到其他因素的干扰和影响，因而是形象管理的理想和目标所在。

第二节　形象管理的内涵

在印象管理的研究中，学者们除了探讨形象管理的定义，也逐渐将研究的目光投向形象管理的内涵及策略路径。利里和科瓦斯基在对印象管理的二成分模型评估的基础上提出了印象管理的三成分模型。① 他们认为,印象管理是指人们试图控制他人对自己形成的印象的过程,包括印象监控、印象动机和印象建构三个成分或过程。印象监控是指个体有意识地想给他人留下某种印象,并留意他人对自己的印象;印象动机反映的是个体控制他人对自己形成的知觉和印象的愿望;印象建构是指人们如何"改变自己的行为以影响他人对自己的印象",是用来产生具体印象的策略。这一模型提供了对有关印象管理行为的综合理解,并且为后来学者对印象管理的研究提供了理论框架。

印象管理策略的研究也始于个体层面,而且与情境关系密切。如应聘中的印象管理策略、工作中与绩效评估有关的印象管理策略、与客户接触以及推销中的印象管理策略、还有员工在出现工作失误时常使用的印象管理策略等。罗斯费尔德将这些策略概括为两大类:(1)获得性印象管理策略,像迎合、自我宣传、威慑、例证、请求帮助、间接印象管理和非语言印象管理;(2)保护性印象管理策略,像恢复名誉、合理化、借口与辩解、事先声明、自我设障、道歉等。② 穆罕默德等在罗斯费尔德等人研究的基础上从直接与间接、获得性与保护性印象管理两个维度对组织印象管理策略进行了分类,并主要阐述了组织层面使用较多的直接的获得性印象管理策略和保护性印象管理策略。③ 获得性印象管理策略主要包括:迎合、威慑、组织提升、例证以及请求帮助;保护性印象管理策略主要包括:找借口、事先声明、组织设障、道歉、恢复名誉以及亲社会行为等。④

随着研究的不断深入,对印象管理过程的建构也越来越完善。到目前为止,影响比较大的印象管理模型有四个:关系沟通理论、综合印象管理模型、自我呈现过程模型、印象管理控制论模型。印象管理过

---

① Leary M R, Kowalski R M, "Impression Management: A Literature Review and Two-component Model," *Psychological Bulletin*, 1990, 107(1): 34—47.

② Rosenfeld P., "Impression Management, Fairness, and the Employment Interview," *Journal of Business Ethics*, 1997, 16: 801—808.

③ Mohamed A A, Gardner W L, Paolillo J P, "A Taxonomy of Organizational Impression Management Tactics," *Advances in Competitiveness Review*, 1999, 7(1): 108—130.

④ 张爱卿、李文霞、钱振波:《从个体印象管理到组织印象管理》,载《心理科学进展》2008年第16卷第4期。

程则被分为五个组成部分:印象管理动机、印象构建、自我呈现行为、印象评估及反馈调节、印象监督。[①]

如前所述,管理,一般在职能和方法上包括五个方面:计划、组织、指挥、协调和控制。同理,形象管理也可以分解为几个具体的措施或步骤来加以实现。结合具体的形象管理,可以把形象管理分成这样几个方面:一是形象规划,二是行动计划,三是形象传播,四是形象危机的应对,另外就是形象评估(见图3)。从某种程度上讲,形象管理的这五个方面既包括了印象监控、印象动机和印象建构三个成分或过程,即包含了获得性的印象管理策略,也包括了保护性的印象管理策略。

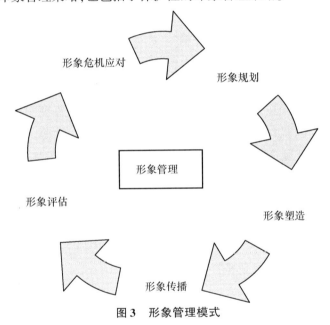

图3　形象管理模式

形象的塑造,光有计划、规划还不行,还得去努力实践。比如,电视台需要一名亲切、友好、有亲和力的主持人,如果主持人整天板着面孔,说话冷冰冰,在着装上老是暗色调,那就不行。另外还要有形象传播,传播可以借人际传播的途径,也可以通过大众传播媒介的途径。此外就是形象危机的应对,如果在形象塑造过程中出现形象危机,如

---

① 肖崇好、张义泉、舒晓丽:《印象管理模型的建构》,载《惠州学院学报》(社会科学版)2011年第4期。

何修补、应对，就成了形象管理的一部分。形象评估需要调查和收集反馈。

一、形象规划

形象规划，也叫形象设计或形象策划。从2004年开始，我国又多了一种新的职业，叫做形象设计。① 形象设计成为一种职业，进入国家职业名录，可见形象管理或形象设计在社会中已经产生了大的影响。按照一般的理解，规划是对于未来行动的结果或者目标的预期所做的当下决策，是一种运用脑力的理性行为程序，是为实现行动的预先目标而做的安排，是针对行动过程不断确定目标的努力行为。简言之，就是做什么（what）、为何做（why）、何地做（where）、何时做（when）、如何做（how）、谁来做（who）、最好怎样做（how much）、应变的做（if not）以及做得怎样（how effect）。② 根据策划的含义，形象规划，就是为形象主体面向未来就形象管理活动做出计划和设计，并制定最优活动方案的过程，其同样包括做什么、为何做、谁来做等一系列的过程和内涵。

（一）形象规划的原则

1. 形象规划要有前瞻性

形象规划是面向未来的行为，因而形象的规划必须具有前瞻性，不能总是临时抱佛脚或得过且过。对于社会上那些盲目追求时尚、追求时髦的人而言，他们在形象管理方面可以说没有任何规划可言。他们不确定自己应该有什么样的个性，应该追求什么样的形象，应该塑造什么样的形象，而只是为了追求时髦。于是，看人家穿什么就跟着穿什么，人家弄什么发型就跟风弄什么发型，如此而已。

中央电视台著名化妆师徐晶一直强调，真正有品位，或真正成功的人士，在自己的形象管理，特别是在自己的着装上，尽管特别简洁，但却显大方、典雅。这种简洁、大方、典雅实际上是经过精心设计的一种品质。而国内的一些媒介从业者，特别是电视出镜报道者，在自己的形象管理方面鲜有前瞻性和规划性，往往也会出现盲目的跟风

---

① 周光凡：《领导者的形象驾驭能力》，清华大学出版社2008年版，第165页。
② 严辉武：《CI策划》，中南大学出版社2002年版，第11页。

现象。

2. 形象规划要有纲领性

形象规划要紧紧围绕个体或组织的形象目标来展开,形象活动是个体或组织在一定的目标指导下进行的有目的、有意识的活动,因此在进行形象规划时,也必须围绕形象目标进行,否则规划出来的形象方案同样没有价值。作为一种指导和目标,一种能指引方向和目标的行动计划、纲领也绝非静止不动,而是具有阶段性和灵活性。比如在中央电视台做出镜记者,就应该对屏幕形象有规划,不能人云亦云,亦步亦趋。规划也不能跟自己的个性、性格、品位、职业差距太大。如果差距太大,这样的规划、纲领,在方向上便是错误的。

3. 形象规划要有一致性

一些成功人士,包括那些真正有品位、有追求、有涵养的社会名流,在形象上都会有相对的一致性,其形象一般不会轻易改变,其着装、发型,基本保持一致,甚至几十年不变。这种不变中体现出的一致性其实也是形象管理的一大原则。凤凰卫视的女主持人鲁豫多年来一直保持着娃娃头的形象,而当2014年她参加北京电视台的《我是演说家》节目时却一改往日形象。尽管新发型让鲁豫显得更为成熟和干练,但观众还是不太容易接受她的新形象,随后鲁豫还是改回了原来的发型。现已退休的美国CNN主持人拉里·金在其几十年的主持生涯中,也一贯保持着穿蓝色系衬衫、着背带裤的标志性形象,并给人留下了深刻的印象。

形象规划的一致性也体现为某些组织成员在形象上的一致性。随着电视出镜报道方式逐渐被各个电视媒体所采纳,越来越多的电视记者从幕后走向前台,面对公众进行新闻报道。然而,即使在同一家电视台,甚至是同一家电视台的同一档栏目里,观众也常常能够看到形象迥异,甚至形成强烈对照的记者。这种在形象上缺乏一致性规划的现象不仅影响了记者在观众中的个人形象,甚至影响了媒体在公众中的组织形象。

(二)形象规划的方法

1. 系统性规划

因为形象具有整体性的特点,形象规划的方法首先要有系统性。

系统性规划作为一种策略，能在不确定的情况下，通过对问题的充分调查，找出其目标和各种可行方案，并通过直觉和判断，对这些方案的结果进行比较，帮助策划者在复杂问题中做出最佳的科学策划。系统规划的主要特征就是从整体的角度揭示出整体和各局部的相互关系，从而找出系统整体的运行规律。它通过明确一切与问题有关的要素同实现目标之间的关系，帮助策划者选择最为合理的解决方法。个人的形象规划也必须着眼于整体，并对整体之下的各个局部进行分析规划。试想一个人发型是娃娃头，穿的却是古板严肃的职业装，就会显得不协调。记者的形象要大气、真实、客观，其形象规划不同于一般文艺青年，不能只注重某个局部的规划，而必须进行系统的规划。

2. 跟进式规划

在形象规划过程中，可以根据每一阶段形象规划的实际效果对规划方案进行不断调整，不断优化形象规划方案，不断剔除那些不利于实现规划目标或实现效果不明显、不理想的方案，这种方式可以被称为跟进式规划或滚动式规划。这种调整之所以是滚动的，是因为形象规划的核心，即形象规划的最终目标应当保持基本不变，在不变中不断寻求变化。

3. 层级式规划

在形象规划的总体目标保持不变的情况下，形象规划行动可以采取跳板式的策略和方法，即可以将不变的总体目标根据行动方案实施的条件而分解成若干个小目标，并把实施行动方案的过程划分为不同的阶段。在实现了低级阶段目标、取得了一定成效的基础上再进入下一个行动计划，朝着更高的目标靠近，这种规划方式可以被称为层级式规划或跳板式规划。如果说滚动式规划是一直保持一个核心往前走，那么跳板式规划则是根据不同的目标体现出不同的核心和不同的阶段。当然，不同的核心之间应该是有延续性的，不同阶段的目标方向也必须是一致的，不能动辄出现一百八十度的大转变，这在形象规划中是比较忌讳的。

二、形象塑造

"塑"的本意是用泥土根据某人的形状造像，属于雕塑的范畴，后来,随着社会的发展,"塑造"一词被广泛地运用于艺术创作中,也被延伸到更为广义的社会行为实践当中。形象塑造就是形象主体在自觉的形象意识指导下,以公共利益为核心,借助传播活动所进行的一切实践活动。① 形象塑造本质上是人类特有的实践活动,反映的是人的自觉能动性。为了管理形象,为了在他人心中留有一个好的印象而所做的一切努力和实践都属形象塑造的范畴。比如一个主持人主持节目,恰好碰上世界艾滋病日,于是带着一些黄丝带、红丝带之类的标志物出镜,观众就会因为主持人的这种举动而将其与爱心、责任等联系起来,主持人便在观众心目中留下了热心公益、同情弱势人群的良好形象。

形象塑造,也不仅限于个人,组织、国家同样需要进行形象管理。近两年来,中国第一夫人彭丽媛在世界舞台上的亮相十分引人注目,她在随国家主席习近平出访时的形象都是专业形象管理团队长时间精心塑造的结果。从彭丽媛出访时所提的皮包、所系的丝巾、所穿的衣服,到彭丽媛走下舷梯时的微笑、与习近平的相扶相依,除了展现出她迷人的个人风采之外,也树立了当下中国自强、友善和充满爱意的形象。

(一) 外在形象塑造

1. 容貌

容貌是一个人的形象最为直观的体现,也是构成一个人的形象的基础。容貌俗称长相,包括一个人的头发、脸庞、眉毛、眼睛、鼻子、嘴巴、耳朵、躯体、四肢等外观,通常既指一个人天然的容貌躯体,也包括经装饰之后的整体呈现。个体的容貌对个体的形象塑造起着非常重要的作用。有研究发现,在约会情境中,长相是决定彼此吸引力的最主要的占绝对优势的因素,②可见容貌在人际交往中的独特价值。当然,在容貌方面具有优越的先天条件绝不意味着可以对容貌不做任何的修饰和维护,不需要形象管理。容貌修饰的总体要求是洁净、卫生、自然。容貌也不是天生而不可改变的,一个不可否认的事实是:知识

---

① 秦启文、周永康:《形象学导论》,社会科学文献出版社2004年版,第191页。
② 佘丽琳:《人际交往心理学》,光明日报出版社1989年版,第274页。

可以改变命运,知识同样可以改变容貌。有知识的人,其气质会带动容貌上的改变。日本经济学家、教育家小信三曾经说,精于艺或是完成某种事业之士,他们的容貌自然具有凡庸之士所不具有的某种气质和风格。①

2. 形体

形体通常是指一个人的体形及身体各部分之间的比例呈现。形体是人体结构的外在表现,形体美一般表现为人的体形美、动作美和姿势美等多个方面。形体美是外在美的基础,人只有在获得形体美的基础上,再加上精心设计的服装和良好的气质,才能突出个体良好的形象。彭丽媛随习近平总书记出访时,形体端庄,步履轻盈,站姿挺拔,给人留下了美好的印象。一个合乎标准的形体既有先天遗传的因素,也是后天锻炼的结果,通过适当的运动锻炼,可以在一定程度上改变人体的肌肉、骨骼形状,从而使个人形体趋向健美。

3. 举止

所谓举止,是指人的行为、身体的姿态、手势、待人接物的方式等,包括一个人的坐、立、行、神色、表情等各个方面。行为举止有时比一个人的容貌、打扮给人的印象更为深刻。记者的气质正是通过与采访对象交往时自身的姿势、神态和风度体现出来的。彭丽媛去看望一些妇女、儿童的时候,她友善的笑容、优雅的举止无不体现着她的爱心。而当她从飞机舷梯走下时,自然地把手挎在习近平的手臂上,则体现了她的温柔与体贴。

在记者的采访中,虽然记者和采访对象主要是用语言交流信息,但信息的准确传递和接受,有时还需要借助双方的表情、姿态、动作等无声语言。讲与听、问与答的过程是交替使用眼睛和耳朵的过程。因此,记者在与采访报道对象交往的过程中,必须十分注意自己的言谈举止。② 记者与采访对象谈话时,应该态度诚恳,语言平和,目光亲切,富于情感,让人产生亲切感。要注意倾听对方的讲话,有耐心,无怠慢敷衍之意。要说话时应面带微笑,可用适当的手势,但动作不宜过大、

---

① 秦启文、周永康:《形象学导论》,社会科学文献出版社2004年版,第84页。
② 李勤:《记者形象与人际交往技巧》,载《当代传播》2004年第2期。

过频,否则会令对方眼花缭乱。不要把目光聚焦于对方的脸上或身上的某个部位,以免给对方造成紧张感。要注意坐、站、行的姿态,切忌东倒西歪、半躺半卧、跷脚摇足,否则会给采访对象造成不好的印象。

4. 言语

言语,即一个人的说话方式与表达内容。美国前哈佛大学校长伊立特曾经说过:在造就一个有教养的人的教育中,有一种训练必不可少,那就是优美、高雅的谈吐。在日常生活中,人们运用语言来进行交谈,表达思想、沟通信息、交流情感,从而达到建立和调整人际关系的目的。中国人常说听其言,观其行,可见言语也是考察一个人的重要内容,因而也是形成一个人良好形象的重要组成部分,文明、得体的言语同样可以表现一个人的内心世界、品德修养、文化水平和个人志趣,也能使人与人之间的关系变得轻松、融洽。

5. 服饰

俗话说,"三分长相,七分打扮"。服饰是在人的自然躯体,即形体之上所添加的各种服装与佩饰的总称,是人的穿着、饰品佩戴、美容化妆等几个方面的统一。与人的容貌一样,服饰也是形成一个人形象的直观的显性因素。一个人的服饰不仅是构成其外在形象的重要方面,还是其内在品味、涵养的外在体现。服饰不仅是一种无言的介绍信,时刻在向他人介绍着主人的身份、职业、兴趣、品格,而且是人体的软雕塑,衬托和彰显着人在容貌和形体方面的良好形象。一般而言,服饰的选择应尽可能地体现主人的社会角色,符合人们所面对的社会公众的一般心理要求。

6. 礼仪

礼仪是社会个体的生活行为规范与待人处事的重要行为准则,也是个人道德品质、文化修养、教养学识等精神内涵的外在表现。社交礼仪的核心是尊重他人。个人对社交礼仪的掌握和运用,更是衡量一个人道德水平高低的标尺,因而也是构成个体形象的重要部分。孔子说"不学礼,无以立",一个不遵礼、守礼的人,不仅容易给人留下粗鲁、粗俗的不良印象,而且很难与别人友好相处,遑论获得他人的好感与信任。

（二）内在形象塑造

1. 气质

气质是可以感知的，但是要描述出来则较为困难。柴静曾经采访著名导演李安，问他选中少年派男主角的理由是什么，李安的回答是，在他面试了几千人之后，一眼看到片中的青年演员时，一下子就被他那种纯真的气质打动了。在李安所面试的演员当中，比这个演员帅的、聪明的、勇敢的、精明的大有人在，但李安要的却是真正纯真的气质。

从心理学角度来讲，气质是一个人出生时固有的较为稳定的心理特点，这些心理特点以同样的方式表现在各种活动中的心理动力上，它不以活动的内容、目的和动机为转移。① 心理学上所讲的气质与生俱来，人人皆有，而日常生活中所指的气质则并非人人都有，也不是与生俱来，而是要通过后天的培养逐渐积累和习得。心理学意义上的气质可以分为不同的类型，如多血质、胆汁质、黏液质、抑郁质等，不同的气质并无好坏之分，任何气质都有其积极的一面和消极的一面。在日常生活中，人们经常提及的气质多数时候是指一个人外在表现出的风度魅力。个体在塑造自身形象时，应该在弄清楚自己的气质类型的基础上，扬长避短，尽可能多地发挥出自身气质的长处，如胆汁质的人，就着重发扬开朗、豪放、果断、勇敢、进取等优良品质，而抑制粗暴、高傲等不良品质。

2. 性格

从心理学上讲，性格一般是指个体对现实的态度和习惯化了的行为倾向，也是一种通过人的行为方式表现出来的心理特征。根据不同的外部特征，性格一般也可以被描述为勤劳、善良、大胆、乐观、内向、懦弱等。作为一种较为复杂的心理现象，性格往往包括一个人的态度、认识、情感、意志等不同的层面，并通过在这些层面上的不同特征表现出来。性格的类型也不止一种，可以划分为内向型和外向型，也可以划分为理智型、情感型和意志型等，性格同时受到人的世界观、价值观、人生观以及社会环境的影响。在人与人的交往当中，性格或由

---

① 周冠生：《艺术创造心理学》，重庆出版社1994年版，第379页。

性格而形成的性格形象有时对人际交往起着决定性的作用,一种性格会因为符合了某种社会的文化需要而得到人们的格外推崇与喜爱。同时,性格往往也会被某种道德的标准来加以衡量,凡符合社会主流道德标准的性格往往更容易得到赞赏。因此,个体在塑造形象,特别是塑造良好的性格形象时应该树立正确的人生目标和崇高的道德追求,坚持不懈、持之以恒,逐步形成良好的性格。

3. 能力

一般认为,能力是一个人成功地完成某种工作或某些任务时具备的个性心理特征。能力按照其功能可以划分为认知能力、操作能力和人际交往能力等。能力既有先天的成分和因素,也有可以通过后天学习训练而获得的部分。根据不同工作或任务对能力的要求,能力通常也被划分为一般能力和特殊能力。一般能力是指人们完成各种活动所需要的基础性能力,而特殊能力则是人们为完成某些特定的专门活动而具备的专门性能力。与其他的人格特征一样,拥有良好甚至高超的能力不仅是胜任某种工作的必需,是取得工作和事业成功的保障,也是增加人际魅力、获得他人和社会认同的重要方面。特别是能力中的人际交往能力已越来越成为当今时代人们立足社会、生存发展的一种重要的能力。作为形象塑造的主体,通过不断学习和积累,培养或展示某个方面的能力同样是树立良好形象不可缺少的过程。

4. 意志

意志是人的行为调控的关键环节,人们的计划得以有效实施需要意志的参与。所谓意志是人们为了实现预定目的,在困难、挫折面前不断调控自己的行为的心理品质和心理过程。① 在意志支配下的行动称为意志行动,它实现了人的内部意识向外部行动的转化,充分体现了意识的能动性。良好的意志品质不仅有助于个体做好任何工作,而且有助于个体获得他人或社会的好感与认同。人的意志品质包含的内容很多,一般认为主要有自觉性、果断性、坚韧性和自制性等几个方面。自觉性是指人们对自己意志行动的目的及社会意义有着明确而理性的认识,能够主动地在行动上做出配合意志目的的行为。果断性

---

① 黄希庭:《心理学导论》,人民教育出版社1991年版,第549页。

则是指人能够较为迅速地做出合理的判断,并能够决然地采取实际行动。坚韧性是指一个人在面对困难或干扰、诱惑时,能够以坚忍不拔的毅力,顽强不屈的精神,毫不动摇既有的信念,坚持不懈地完成既定的目标和任务。自制性是指行动者在执行任务、完成目标的过程中能够排除干扰,勇于克制自己,对自己的行为加以约束的一种心理特质。具备这些意志品质的人不仅容易实现既定的目标,取得成功,也容易因为这些品质而获得他人的敬意和好感,从而树立较好的个人形象。

5. 品德

一个人的品德通常是其道德品质的简称,因而也包括道德和品质两个方面。所谓道德,说到底,就是关于有利或有害于社会与他人及自己的行为之应该如何规范,简言之,即害人利己的行为该如何规范。① 而所谓品质,则是道德在个体身上的体现,是指个体依据道德规范在系列行为中表现出来的比较稳定的心理特征和倾向。道德品质是在社会文化和教育的条件下在人际交往的过程中逐渐形成的。具有良好的道德品质,不仅可以对个体的行为自内而外地加以规范,使之更加符合社会的主流价值,也可以让个体在社会交往中不断获得他人或社会的认同与信任,树立良好的形象。在所有构成个体形象的内在因素当中,道德品质不仅是最为重要的筹码,属于印象形成中分量最重、影响最持久的特质,也决定着其他因素在形象塑造过程中的成败,正如英国哲学家弗兰西斯·培根所说:"把美的形貌和美的德行结合起来吧,只有这样,美才会放出真正的光辉。"②

6. 修养

对于个体的人而言,修养通常既包括其在个人道德品质上的所有积淀,也包括其在能力素质方面的锻造和其在文化知识方面所达到的水平。因为能力及道德品质前面已有涉及,故这里仅以知识为例说明修养在一个人的形象构建中的地位及价值。广义上来讲,知识是人类社会实践活动的所有经验总结,包括了人类对于外部世界及人类自身的全部经验和信息。从狭义上来说,知识是观念世界的数字符号系

---

① 王海明:《伦理学原理》,北京大学出版社2001年版,第83页。
② 〔英〕弗兰西斯·培根:《培根随笔·论美》,吴昱荣译,中国华侨出版社2013年版。

统,是思想、理论、工作、逻辑的数字符号系统。① 知识修养对于个体的价值在于,个体知识修养水平的高低不仅已日益成为决定其事业成败及其在社会中的生存能力与发展能力的关键因素,而且成为从根本上制约人的形象塑造的关键,正所谓"腹有诗书气自华"。

三、形象传播

传播是一种社会性的交往行为,是个人之间、群体之间、组织之间及个人与群体、组织和社会之间通过有意义的符号所进行的信息传递、接受与反馈等行为的总和。形象传播是指个体或社会组织为塑造良好的形象而与其相关公众进行的信息交流行为。形象传播是形象主体与形象客体的桥梁和纽带,形象传播是个体或社会组织形象塑造活动的基本内容和手段,决定着形象活动的效果。

(一) 形象传播的价值

应该说,人类的形象塑造与人类的传播是同步的,形象也是在人与人的传播互动中形成的。形象本质上是社会关系的反映,是一种关系形象,这与前面提及的形象的主客体间关系性密不可分。自从人类社会产生以来,人们就已经开始通过传播塑造自己的形象,只不过当时的人们尚处于一种不自觉的状态,形象的传播途径也主要依靠人际传播的方式。随着现代社会的发展,特别是现代大众传播媒介技术的发展,人类的生活空间和交往对象范围空前扩大,形象传播也越来越成为人们的自觉行为。形象需要传播、宣传和公关合力而为,越来越成为人们的共识。特别是一些特殊的个体、群体或组织更是把形象的传播当作展示个人魅力、获得社会支持的重要阵地。1961年肯尼迪当选美国总统即是最好的说明。在肯尼迪战胜竞争对手尼克松当选美国总统之后,就连他自己也承认是电视帮了他的大忙——尼克松的失败在很大程度上是其在电视上的形象显得疲惫、憔悴所致。1980年罗纳德·里根当选总统之后,《纽约时报》的评论干脆直截了当地指出:"里根这次当选的胜利,更多归功于他当年在屏幕上树立的正派形

---

① 李子卿:《知识经济学简明教程》,花城出版社1999年版,第2页。

象。"①2008年美国总统奥巴马在第一次参与总统选举的大选前夕穿着洗得发白的长裤和已明显磨损的皮带接受电视记者的采访,同样为他的获胜赢得了一定的分数。这些都足以证明形象传播以及形象制胜的理念在当今社会已经深入人心。

(二)形象传播的构成

1948年,美国学者哈罗德·拉斯韦尔在其著作《社会传播的构造和功能》一文中,概括了传播所具有的监视环境、协调社会、文化传承等功能,而且将传播的过程划分为五个部分:谁(who)、说什么(what)、经过什么渠道(which channel)、对谁(whom)、取得了什么效果(what effect)。由于此过程每个部分的英文首字母都是W,因此此模式一般也被称为5W模式。尽管后来有更多的学者从不同角度对传播的过程模式进行了探讨,并对拉斯韦尔的5W模式提出了不同角度的补充和完善,但5W模式还是因其简洁明了成为传播模式的基础。根据拉斯韦尔的5W模式,形象传播的构成也可以简单地划分为五个方面,即主体——内容——渠道——对象——效果,或形象传播者、形象传播内容、形象传播媒介、形象传播对象和形象传播效果。

1. 形象传播者

形象传播者即形象传播的主体,既是形象传播的起点,也是形象传播活动的中心之一。形象传播者可以是形象主体自身,可以是相关的职业传播者,如编辑、记者、主持人等,也可以是媒介组织,如报社、电台、电视台等。形象传播者不仅是信息的搜集者和把关人,而且对信息传播的效果起着至关重要的作用。一次形象传播活动的效果不仅取决于传播者所传播的信息,更取决于受众对传播者的态度,或传播者在受众心目中的形象。传播者的权威性、传播者的吸引力以及传播者的品质、态度等都是影响传播效果的重要因素。从这个角度来讲,新闻工作者的形象塑造价值更大,其形象不仅决定着其个人形象的传播效果,更是媒介组织所有传播活动传播效果的保证之一。

2. 形象传播内容

对于个体和社会组织来说,凡是有助于提高个体及组织知名度和

---

① 转引自秦启文、周永康:《形象学导论》,社会科学文献出版社2004年版,第235页。

美誉度、有助于树立良好形象的信息,都可以成为个体或社会组织形象传播的内容。因而,形象传播的内容信息是多方面的,既包括构成个体或社会组织独特形象的形象识别信息,如组织 LOGO 等,也可以是关于个体或社会组织的某些动态性消息,如新作品、新成就、新创造、新动态等,还可以是个体或组织在遭遇形象危机时为应对危机而采取的某些措施等。为了保证良好的传播效果,形象传播的内容必须是真实可信的,任何不真实或弄虚作假的传播内容不仅对形象的塑造不利而且贻害无穷。形象传播的内容也应该是新颖而富有信息含量的,是能够引起受众的关注兴趣、便于受众理解和记忆的。针对不同的受众,形象传播的内容在呈现的方式上也需要采取一定的技巧和策略,只有这样才能真正发挥这些传播内容的作用,产生预期的传播效果。

3. 形象传播渠道

形象传播渠道,或称形象传播的媒介或中介,是承载传播内容的载体。离开了载体,信息无法依存,更谈不上信息的交流与传播。麦克卢汉提出"媒介即信息",媒介的工具性和中介性作用有时甚至会比信息内容本身更加重要,在如今"渠道为王""平台为王"的时代,媒介的工具性和中介性作用更加不容忽视。信息传播的媒介有很多,常见的有新闻媒体,如广播电视,报纸杂志等,有实物活动媒介,如展览、展销等,还有群体传播方式,如论坛、研讨会等各种聚会。对传播媒介的了解有助于增强形象传播的效果,如广播、电视媒体具有声情并茂、吸引力强的特点,而报纸杂志则具有富有深度、耐人寻味等特点,在进行形象传播的时候可以根据这些不同特点来加以选择利用。在选择媒介进行形象传播的时候,还要考虑形象的目标,比如是为了提高知名度还是为了提升美誉度;要考虑形象塑造的对象,根据他们的兴趣或媒介使用情况做出选择;还要根据传播的内容及传播的具体条件来选择媒介,以便在资源有限的条件下尽可能多地发挥媒介传播的真正效应。

4. 形象传播对象

形象传播对象亦可称为传播的受众,其既是传播过程的接收端和目的地,也是传播效果最终实现的检验者和决定者。因此,要使形象传播的信息和传播方式能够被受众认可和接受,就需要对受众的思想观念、文化素质、社会特点、接受方式、兴趣爱好等进行研究。传播学者经过研究发现,受众不是被动接受来自媒介的信息,而是会根据自己的需要和兴趣,有选择性地接触媒介传播,并选择那些能加强自己信念的信息,而拒绝那些与自己的固有观念冲突或不一致的信息。因此,如何将信息有效地传递给公众,特别是传播者所确定的目标公众,并产生积极的效果,需要传播者对传播的对象进行深入的研究。

5. 形象传播效果

任何的传播都应以努力实现一定的传播效果为目标和先导,否则,失去了传播效果的传播既无意义也无价值。传播效果,一般是指传播者发出的信息经媒介传至受众而引起的受众在认知、观念、态度乃至行为等方面的改变。就形象传播而言,传播的效果既可以是受众对形象传播者的形象有了更多认知,在态度方面对传播者的形象发生转变,增强了对传播者形象的好感和认可度,也可能是受众在自身行动上采取认可和支持传播者形象的具体行动,还可能是受众与传播主体在关系方面的改善。

影响传播效果的因素很繁杂,既有传播对象方面的原因,如上文提到的传播对象在接触传播时的主动性选择,也有传播者方面的原因,如美国得克萨斯州休斯敦市贝勒医学院公共关系负责人拉尔夫·E.弗莱迪从传播者的角度列出了十二种影响传播效果的障碍,如缺乏明确的目的、缺乏明确的传播对象、信息与行动之间的冲突、编排不当、传播渠道选择不当、信息没有吸引力、时间选择不当、有用信息不足、前提或假设不正确等。[①] 这些都为科学而有效的形象传播提供了诸多借鉴,值得形象传播者重视。

(三) 形象传播的途径

根据现有传播的类型以及形象传播的方式和内容,形象传播的途径主要包括人际传播和大众传播两种。

1. 形象的人际传播

人际传播,一般是指个体之间(两者或两者以上)所进行的面对面

---

① 胡锐:《企业形象学》,浙江大学出版社1995年版,第30页。

的信息交流活动,其中的面对面也可延展到利用简单的通讯方式,如电话、书信、网上聊天等非大众传播媒介的信息交流,但最主要的还是面对面的方式。人际传播具有随意性强、传播手段多样、反馈及时等特点。

人际传播与形象塑造的关系主要表现在:个人在交往中所表现出来的外在及内在品质,如相貌、知识、修养、礼仪等会直接影响传播者的形象;人与人之间通过直接交往,特别是可以通过交流进入印象形成的沟通阶段和行动阶段,对传播者的形象可以有某些修正、巩固和完善的作用。

人与人之间的相互了解是人际传播关系建立的基础,人际传播活动往往从个体的自我表露开始。所谓自我表露或自我暴露,是自我披露信息的过程,即个体把关于自己的情况、状态、能力等信息传递给自己的交往对象。自我暴露可以用著名的"约哈里之窗"来说明。约哈里之窗(Johari Window)(图4)由美国心理学家约瑟夫·勒夫(Joseph Luft)和哈里·英格拉姆(Harry Ingram)在20世纪50年代提出,故以他俩的名字合并作为这个概念的名称。约哈里之窗中各区域的大小会受到时间、地点、交往对象等因素的制约。一般而言,扩大对他人的自我开放区域可以提高人际互动的效率,自我表露是扩大这一区域最为有效的办法。因此,增强人际信息交流互动可以通过扩大开放区域、缩小未知区域来实现。可以说,自我表露的过程实际上就是未知区域向开放区域过渡的过程。这一过程不但沟通了信息,也促进了

	自己知道	自己不知道
他人知道	Open 对自己和他人敞开	Unknown 对自己隐藏但他人可见
他人未知	Hidden 对自己开放但对他人隐藏	Blind 对自己和他人均未知

图4 约哈里之窗

个人对自身和他人的了解,从而促进了个体的形象塑造。当然,在自我表露的时候也需要遵循一些规律,如自我表露应该由浅入深、自我表露的对象应为亲近和值得信赖之人等。否则,在人际交往的初级阶段即向对方表露过多和过于私密的信息,不但无法让人感到表露者的坦诚与开朗,反而可能让交往者感到尴尬和不适。

2. 形象的大众传播

大众传播是区别于人际传播和组织传播的传播方式,特指由专门机构和技术所构成的传播活动。一般由专业化群体借助这些机构和技术,通过技术手段向人数众多、各不相同而又分布广泛的受众进行传播。与其他方式的传播相比,大众传播具有这样一些特点:第一,大众传播属于专业化的组织,其传播者是职业的传播者;第二,大众传播的信息是公开而广泛的,并且是快速而及时的;第三,大众传播的媒介是以某种物质技术为基础的机械化媒介,如报社、电台、电视台等;第四,大众传播的受众人数众多,分布广泛而不确定;第五,大众传播的反馈往往较为迟缓、延后。随着现代传播技术的发展以及专业化技术门槛的降低,大众传播与人际传播开始出现日益融合的趋势,致使大众传播原有的缺陷与不足在一定程度上得以弥补,也使大众传播的某些功能被人际传播所代替。

尽管如此,由于大众传播的独特地位和其已经在社会上所造成的影响,大众传播也是形象塑造最为重要的途径和领域。从大众传播与形象塑造间的关系实践来看,大众传播已经深入人们生活的各个角落。可以利用大众传播媒体传播信息的平台优势和专业优势,向广大公众提供和传递主体的各种信息,增强形象传播的效果。与此同时,基于大众传播媒介所具有的舆论引导功能,充分利用大众传播,通过摆事实、讲道理的传播方式,可以使形象主体的知名度、美誉度得以提高,并在不断收集反馈信息的基础上及时调整主体的行为。因此,在当今大众传播时代,个体或社会组织重视运用大众媒介向社会推销自己的形象已是塑造形象的重要形式。

(四) 形象传播的策略

1. 结合形象塑造的目标及媒介特点进行传播

如前所述,形象主体的形象塑造在不同时期会呈现不同的特点和重点,同样,形象传播可利用的各种传播媒介和传播方式也各有特点和各有侧重——广播电视媒体长于声画展现,报纸杂志媒体擅长理性说理,网络媒体互动性强、反馈及时等。对传播者而言,形象的传播并不意味着对所有媒介和传播方式不加区分的运用,而是应当根据形象塑造的具体目标,有选择性地来确定最有效的传播媒介和传播方式,确定最恰当的传播内容。例如,要想使媒体真正有利于形象传播,就应当在选择传播媒介时,充分考虑媒介的传播对象,了解他们的类型、特征、爱好、媒介的使用习惯等。只有把这些都弄清楚了,才有可能正确利用媒介并真正发挥出媒介的传播效应,达到理想的传播效果。

2. 针对形象主体不同时期的特点进行传播

对于形象传播者而言,其形象在不同时期会出现不同的特点,传播者在不同时期对形象的塑造也存在不同的诉求和重点,因此形象传播者应该学会针对形象传播不同时期的特点进行传播。例如在形象传播的初级阶段,传播者的重点应放在扩大传播者知名度方面,传播的目标宜定在加深公众对形象的认知方面,而在形象发生危机的时期,形象传播的目标则宜定在挽救形象或重塑形象方面,重在消除公众对形象主体的误解,澄清真相,增加与受众的沟通,并通过提升个体形象的美誉度来获得公众的理解和支持。

3. 重视对大众传播媒介(包括网络媒介)的利用

大众传播媒介由于专业性强、受众广泛而在影响社会公众方面有着巨大且不可替代的作用。对于形象传播者来说,与大众传播媒介建立良好的合作关系,积极与大众传播媒介组织进行充分合作,既是开展形象传播活动的重要内容,也是争取公众注意与支持的理想选择。当然,充分利用大众传播媒介,积极与大众传播媒介进行合作的前提是尊重大众传播媒介自身的发展规律,主动为大众传播媒介提供各种方便,对来自大众传播媒介的批评能够正确对待,积极加以改进。总之,只有在真诚坦率、相互尊重的基础上与大众传播媒介进行合作,才能最终取得良好的形象传播效果。

4. 综合运用人际传播与大众传播方式进行传播

实践证明,在形象传播中能否取得好的传播效果,很重要的一点在于能否将人际传播、大众传播等传播方式进行综合运用。先用人际传播的口碑效应发挥"意见领袖"的作用,再运用大众传播将专家、学者、名人的推介通过新闻媒体的报道介绍给社会公众的做法,往往能够取得较好的传播效果,因而也被称为有效的二步式传播。①

总之,形象传播应该在审时、审事、审人、审地的基础上进行,即要根据形象传播的具体时间、地点、对象、传播内容等采取灵活的传播技巧,制定因时制宜、因地制宜的传播策略,才能取得较为理想的传播效果。

四、形象评估

前文提到,利里和科瓦斯基在对印象管理的二成分模型评估的基础上提出了印象管理的三成分模型。他们认为,印象管理包括印象监控、印象动机和印象建构三个成分或过程。其中的印象监控是指个体有意识地想给他人留下某种印象,并留意他人对自己的印象,即个体在形象管理的过程中离不开对他人之于自己印象的监控。从形象管理的整个过程来看,这种监控的目的在于检视个体形象管理的成效,并为下一步的形象管理提供有针对性的反馈性指导。从管理学的角度来讲,这种监控实际体现的是管理的控制职能,属于形象评估行为。

评估,有时也被称为评价。评估是人把握客体对人的意义、价值的一种观念性活动。人们无时无刻不在评估着——对自然、对社会、对他人、对自己;同时又无时无刻不在被评估着——被他人、被自己。②在《评价论》一书中,冯平是这样给哲学意义上的评估下定义:评估是人类的一种认识活动。它与认识世界"是什么"的认知活动不同,它是一种以把握世界的意义或价值为目的的认识活动,即它所要揭示的不是世界是什么,而是世界对于人意味着什么,世界对人有什么意义,③重点强调和突出的是评估的目的性和客观性。只要存在评估的主体和主体的需求、评估的客体以及评估的标准就可以构成一个相对完整的评估系统。用冯平的话说,"对谁""就什么方面而言""与什么相

---

① 秦启文、周永康:《形象学导论》,社会科学文献出版社2004年版,第257页。
② 冯平:《评价论》,东方出版社1995年版,第1页。
③ 同上书,第30页。

比""以什么为标准进行衡量",这四个方面就构成了评估的参照体系的内容。① 在《评价论》一书中,冯平还根据评估的本质特征,提出"在人类活动中,评估具有四种最为基本的功能,其一是判断功能,其二是预测功能,其三是选择功能,其四是导向功能。"②

(一) 形象评估的含义

根据评估或评估的定义,不难得出形象评估的定义。所谓形象评估,实际上就是根据一定的标准,对形象规划、形象塑造过程及效果进行衡量、检查、对照、评估和估计,以判断其状态或价值。③ 形象评估不仅是对形象效果的分析,和任何评估所具有的其他功能一样,形象评估在形象实践的各个阶段也发挥着不可低估的作用,更是改进形象活动效果的重要环节。具体而言,形象评估不仅是开展后续形象活动的必要前提——任何一项新的形象活动计划的制订与实施都是以原来的形象活动及其效果为基础,而且是开展当前形象活动的重要内容和依据。因此,形象评估实际上是对整个形象活动过程的评估。

(二) 形象评估的程序

作为把握客观存在的价值关系的一种观念性活动,评估具有自己独特的运作方式和运作规律。评估活动一般包含两层关系,一层是评估主体与评估客体的关系,一层是价值主体与价值客体的关系。评估揭示价值主体与价值客体的关系,实际所把握的是价值主体的需要与价值客体的属性与功能之间的关系。因此,从逻辑上来说,评估活动就具有这样的操作程序:

第一,把握价值主体的需要。

第二,把握价值客体的属性与功能。

第三,以价值主体的需要衡量客体的属性与功能,判断价值客体是否能满足价值主体的需要。在评估活动中,评估的标准,就其实质而言,就是评估主体所把握的、所理解的价值主体的需要。

根据这样的操作程序,形象评估的运作过程实际上可以分解为以

---

① 冯平:《评价论》,东方出版社1995年版,第76页。
② 同上书,第2页。
③ 秦启文、周永康:《形象学导论》,社会科学文献出版社2004年版,第282页。

下四个主要环节:明确评估目的、确立评估参照系统、获取评估信息、形成评估价值判断。

1. 明确评估目的

评估目的,即进行评估的理由,所回答的是为什么要进行评估的问题。在现实活动中,人们之所以进行评估的理由是复杂的,但从理论抽象的角度来说,大致包括两类。第一类评估的目的是实践。这类评估是评估中最为典型和常见的一种,这类评估的特点是评估目的由实践目的决定。虽然评估的目的受到以往评估活动的制约,但它是该次评估活动的前提,是其先在的条件,同时是在评估活动开始前就预定了的。第二类评估的目的是自我反思。这类评估是为了揭示已形成的价值关系,是为了反省评估者自己已获得的价值感受。总而言之,评估目的的确立在评估活动中具有至关重要的作用,它制约着价值主体、评估视角、评估视域和评估标准的确立,从而制约着整个评估活动。评估目的的清晰明确,是参照体系合目的性的必要条件;评估目的的明确与稳定,是整个评估活动合理有效的必要条件。

2. 确立评估参照体系

在冯平看来,评估的参照体系由四个方面构成,即"对谁""就什么方面而言""与什么相比"以及"以什么为标准进行衡量",分别指的是评估中的价值主体、评估视角、评估视域和评估标准,简单地说就是评估者做出价值判断所参照的条件。评估首先需要确定的就是价值主体,即价值关系中的主体。价值关系是主、客体之间需要与满足的关系,在这一关系中,主体的需要是处于支配地位的,它是体现价值的尺度。评估视角指的是评估所采取的角度,评估视角的确立同样是评估可行的前提。在评估活动中,因评估者所选定的视角不同,价值客体向评估者所显现出的价值也会不同,评估视角的选取实际上确立了评估的方向,同时确定了评估的限度。评估参照系统的第三个方面即评估视域,是评估者根据评估活动的目的,基于自身的知识水平而对客观存在的价值属性与价值主体关系的可比较范围的观念性把握。因为在评估活动中,即使是从同一视角对同一价值客体做出评估,假若评估视域不同,评估的结论也将不同,甚至会相反。参照体系中的第四个方面即评估标准,作为评估活动的逻辑起点和核心,评估标准在评估活动中所起的作用是基础性的,评估活动中最深刻的差异往往就是由评估标准的差异引起的。评估标准的恰当与否直接影响到评估的结论。

3. 获取评估信息

所谓评估信息,指的是由评估目的所约束的、由评估参照系统所要求的,有关价值主体、价值客体及参照客体的信息。评估者只有在充分了解和掌握这些信息的基础上,才能对价值主体的需求、价值客体的属性与功能以及用来比较价值客体在同类客体中的参照客体的信息有准确的判断,并有可能形成合目的、合规律的价值判断。

4. 形成评估价值判断

价值判断,是评估主体经过一系列的评估环节而得到的关于价值客体与价值主体关系的结论。按照冯平的研究,价值判断一般存在三种实现形态和四个步骤。三种实现形态包括:以感觉为尺度的评估,即评估时所依据的标准是评估者的感觉;以观念为尺度的评估,即评估时所依据的标准是人们在一定社会中长期累积起来的世界观、价值观等更为理性的意识和观念;以意象为尺度的评估,则是指评估时所依据的标准既非一般的感性化感觉,也非更为理性的观念和意识,而是介于两者之间的主体情感与潜意识意念的集合物。

做出价值判断的第一个步骤是将评估标准具体化,确定评估标准的指标体系。所谓体系,一是反映评估目的、体现评估标准总原则的;二是多指标的,其按照权利要求是分层次的,如一级指标、二级指标、三级指标等;三是各个指标根据其在评估体系中与主体目的的关系,有权重之别;四是指它具有各指标的约束条件;五是这一评估指标体系在逻辑上是自洽的,即各指标的划分是不重合、清晰的,各层次的划分是整体包含关系的等。做出价值判断的第二个步骤,是以评估标准体系衡量价值客体,如将价值客体进行分解,以一定的计算方法得出关于价值客体的综合评估值等。做出价值判断的第三个步骤是以对价值客体的评估标准,对价值客体的参照客体进行评估,得出关于参照客体的综合评估值。做出价值判断的第四个步骤就是对前面步骤所取得的评估值进行综合比较,做出关于价值客体的价值判断。

(三) 形象评估的方法

为了实现更大程度上的美化效果,避免出现尴尬,印象管理学者也针对不同的侧重点提出了不同的形象监控和评估方法,设计出了不同的测量工具,常见的有:自我监控量表(self-monitoring scale),这是目前最流行的印象管理行为测量工作,它考察个体对于社会线索的留意和回应程度;社会称许行为均衡量表(balanced inventory of desirable responding),用于测量印象管理中两个非常不同的方面:印象管理(impression management,IM)和自我欺骗增强(self-deceptive enhancement,SED),IM 分量表测量的是人们有意地报喜不报忧的倾向,SED 分量表测量的是一种过于积极的自我倾向;自我呈现量表(self-presentation scale),测量的是个体使用归因技术或排除技术的倾向性;情景中讨好行为量表(measure of ingratiatory behaviors in organizations setting scale),针对的是印象管理中一个非常不同的侧面,即上下级关系中下属使用讨好技术的频率。[①]

具体到形象评估,评估的方法也不止一种,如形象象限图法、形象要素评估法等,在这些方法当中较为常见也便于操作的当属形象评估的象限图法。在形象象限图法当中,形象主体的知名度和美誉度是形象评估的两个最基本的指标。其中知名度是形象主体被公众认识了解的程度,其计算方法通常以调查对象中了解和知晓形象主体的人数所占的百分比来确定,用公式表示如下:

$$知名度 = 知晓公众/调查公众 \times 100\%$$

如果一个形象主体的知名度过低,说明公众对其并不了解或了解甚少。反之,知名度高则说明公众对形象主体存在一定的了解或较为熟悉。由于知名度通常仅能反映出公众对形象主体的知晓程度,并不能如实反映公众对形象主体的态度和判断取向,因此,对于形象主体来说,扩大主体的知名度固然重要,但更为重要的则是提高主体的美誉度。美誉度是社会公众对形象主体的赞许程度,因此,它是由对形象主体表示赞许的人数占了解形象主体人数的百分比所确定的:

$$美誉度 = 赞许公众/知晓公众 \times 100\%$$

[①] 房玲:《印象管理综述》,载《社会心理科学》2005 年第 3 期。

用知名度和美誉度作为两个坐标轴就可以构成一张形象评估坐标图,这便是形象地位四象限图,简称形象地位图(见图5),它是衡量形象主体在公众心目中的形象地位时经常使用的一种工具。

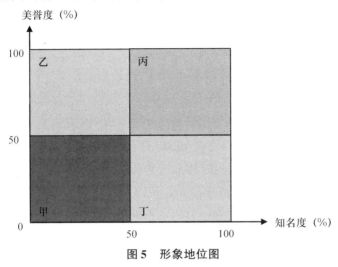

图5 形象地位图

显然,理想的形象应当位于丙区域,即既具有高知名度又具有高美誉度。而丙区域形象评估的结果则表明,形象主体未来的形象管理重点应当放在保持和提升这种状态上。乙区域表示形象的低知名度和高美誉度,说明主体形象较优良,有着较好的发展基础,未来形象管理的重点是在维持美誉度的基础上努力提高形象主体的知名度。丁区域表示形象的高知名度和低美誉度,说明主体形象的状态较为恶劣,甚至可以说是处在某种臭名远扬的境地,未来形象管理的重点是既要改善已存在的坏名声,又要着力提升形象的美誉度。甲区域表示形象的低知名度和低美誉度,说明形象状态还很不理想,需要在提高知名度和提升美誉度两个方面同时着力。形象地位图的优点是能够直观地显示一个人或一个组织已占有的形象地位,帮助个体或组织了解公众评估的好坏程度,确定主体形象存在的问题,为下一步改善形象的活动指明方向。

五、形象危机应对

对于组织而言,形象危机是指导致形象下降、品牌信誉受损、品牌产品销售量下降,甚至影响到企业形象的突发事件。① 同理,对个人而言,形象危机便是导致形象主体形象和声誉受损、严重影响形象主体美誉度的突发事件。危机,虽然在表现上往往属于突发事件,但对于任何企业组织及管理者来说,都应该被视作常态而非偶然事件。尤其是在当今的风险社会和互联网时代,声誉危机可谓一触即发。对于新闻记者来说,同样存在着形象危机和品牌危机。以广电媒介的主持人为例,主持人作为社会公众人物,在受到社会大众关注的同时也被所有人监督着。主持人说错一句话,做错一个动作,穿错一件衣服,甚至摆错一个表情,都有可能成为众矢之的,导致形象和声誉受损。如2007 年,中央电视台播音员海霞因为被指责在《新闻联播》中报道水灾时面带微笑、称群众的心情像"过年"而深陷"解说门"事件。其他如文静的"哈欠门"②、朱军的"家父门"③、段暄的"短裤门"④、郭志坚的"白字门"⑤等,有关主持人的形象危机事件可谓层出不穷。主持人如何预防危机,应对危机,维护和保护个人品牌,是主持人危机管理的核心内容。

(一) 危机预警管理

1. 强化危机意识

意识是行动的指南。记者及其管理主体培养品牌危机意识可以促使记者的行为更加警觉,思维决策更加缜密。所谓"生于忧患,死于

---

① 舒咏平、郑伶俐:《品牌传播与管理》,首都经济贸易大学出版社 2008 年版,第 303 页。

② 2008 年 4 月 17 日上午 7:57,央视早间新闻栏目《朝闻天下》进行到天气预报最后一个环节。在一段《天气预报》的片头之后,导播直接将镜头切给两位主播赵普和文静,赵普率先开口:"欢迎回来,现在是 7 点 58 分,我们先来看天气……"此时,坐在一旁的文静耷拉着脑袋,打了一个大哈欠,直到赵普把串联词说完,她才突然意识到自己已经挨帮,立刻端正了坐姿,并对着镜头微笑了一下,随后顺利地接过了话茬。网友称此为"哈欠门"。

③ 2007 年 4 月 19 日播出的《艺术人生》栏目中,节目下半场请出的嘉宾,是毛泽东的孙子、毛岸青的儿子毛新宇研究员。当毛新宇坐定以后,朱军深情地说:"在这里,首先对家父前些日子的过世表示深切的哀悼。"有人就其中的"家父"一词批评朱军错把人父作己父,媒体一拥而上,称之为"家父门"事件。

④ 央视体育频道主持人段暄在 2007 年 8 月 13 日播出的《天下足球》中穿着短裤上直播,被眼尖的观众发现,网友指责其"格调低俗",并将此称为"短裤门"。

⑤ 2008 年 4 月 26 日,《新闻联播》栏目主持人郭志坚在播报新闻时,把"圈(juàn)养大熊猫"念成了圈(quān)养,被网友称为"白字门"。

安乐",记者形象管理一定要从意识上加以灌输,从管理实践上加以预练,并制订相关的应对策略。

首先,管理主体必须深刻体会到市场竞争的残酷,加强对记者的教育工作,培养记者的危机意识。如每次录制节目前都严格检查记者、主持人的着装打扮是否存在问题,主持稿是否存在重大错误等,防患于未然。

其次,记者在工作岗位上一定不能产生一劳永逸的思想,必须时刻保持警惕,注意自己的言行举止,对每一次录制节目都怀有谨慎的态度。作为社会公众人物,哪怕不在工作岗位上,记者的言行也受到大众的密切关注,因此,生活中的记者也要时刻注意自己的行为,严禁发生打架斗殴、私生活混乱等道德缺失的行为。

2. 建立预警机制

光有意识还不够,还需要在危机发生前建立预警机制,这样危机发生时才不至于手忙脚乱。为建立预警机制,媒体的记者管理部门应成立记者危机管理组,由一名高层领导指挥危机管理组的工作,管理权力集中在领导者手中。危机管理组负责在危机发生时面对公众和其他媒体,运用一切合理合法的方法,维护记者形象。

(二) 危机管理

1. 危机处理原则

危机发生时,记者和所在媒体往往会如临大敌,自乱阵脚。其实,只要掌握一些危机处理的基本原则,就可以化解危机,变被动为主动。

第一,快速性原则。

网络时代的到来使得危机产生的负面影响可以在极短时间内迅速扩散,给记者的形象和声誉造成严重影响。因此,记者形象危机处理的第一大原则就是要反应迅速。要在最短的时间内,由记者或者所在媒体针对该事件做出回应,同时争取相关部门帮助自己说话。

第二,主动性原则。

主动表明记者和媒体的诚意,是一种积极的处理态度。"无可奉告"的答复反而会造成黑白颠倒、胡说八道的流言。比如,海霞的"解说门"事件发生后,官方并没有发表任何言论,直到2009年3月海霞才就这一事件首次做出回应。而美国国家广播公司(NBC)晚间新闻的主持人布莱恩·威廉姆斯在被质疑所述个人经历与事实不符时,不仅本人很快在自己的节目中向公众道歉,NBC也立即成立了专门的调查组对其进行调查。其实主动回应是在争取掌握主动权,有效控制事态的发展。

第三,真实性原则。

危机爆发后,记者或者媒体必须主动向公众说明事实的全部真相,一旦被发现说了谎,危机就会急速恶化,记者甚至整个媒体的声誉都会严重受损。

第四,统一性原则。

处理记者危机时,必须沉着冷静,记者和媒体发言人应保持统一的解释口径,切忌推卸责任或者前后信息不一致。如发生这种情况,反而会加深公众的质疑,加重危机的程度。

2. 危机处理方式

第一,加快响应速度。

在处理主持人危机事件时,必须打破常规的思维方式和工作方式,当机立断,加快响应速度,第一时间澄清事实的真相,而不要遮遮掩掩,不要错过处理应对危机的黄金时间,任何的拖延无疑都是在给危机链条扩大提供时间。例如,网络反腐兴起之后,各级政府的形象危机此起彼伏。面对公众的质疑,某些政府部门未能在第一时间做出响应,反而使得危机事件在网络上的传播面愈来愈大,以至于后期的形象公关活动再怎么努力,也已经无法挽回拖延带来的形象折损。

第二,增加有效沟通。

可以利用新媒体渠道,如网络互动、微博、微信等,让记者与受众就危机事件直接对话,让受众了解到记者真实的想法,争取取得受众的谅解。记者作为公众人物,经常处于公众视野中。如同政府组织一样,在面对形象危机时,记者如果采取回避方式、"捂盖子"方式和"打太极"方式,在短时间内可以缓解形象危机,但是一旦公众了解了其中的错误逻辑之后,信任链条就会断裂,这时无论再怎样苦口婆心地解释都无济于事。就如同食品安全问题给企业带来的形象危机一样,如果不能在最适宜的时机和渠道围绕公众共同关心的问题进行理性、周全的告知,就会陷入新一轮的危机态势,形象危机就会逐渐升级,直到形象完全破裂。当然增加有效沟通并不意味着过度公开,过度公开也可能导致灾难性的后果。

第三,坚守工作岗位。

发生危机后,躲避是最无用的方法。记者应该继续坚守在自己的工作岗位上,不要让危机影响了自己正常的工作,应该保持一贯的工作水平,甚至更加努力,做出更好的节目,用实际行动挽回形象。在形象危机事件发生时,如果采取躲避的方式,会激发公众的好奇心,此时的躲避很有可能导致"人肉搜索"。相反,要尝试走出危机泥潭,以更加正面和自信的方式进入社会公共空间,参与基本的工作事务,在日常的工作岗位中更加深刻、理性地体察自己所处的生存环境,抓住危机带来的机遇,以求超越,在工作岗位中继续提升自己的形象。

(三)转"危"为"机"

《兵经百言》云:"目前为危,转瞬为机;乘之为机,失之无机"。危机是一把双刃剑,在造成危害的同时也带来了机遇。比如,危机有时让原本名不见经传的记者声名鹊起,曝光度大大提高。如果可以成功地处理危机,消除社会大众对当事记者的误解,扭转记者在大众心目中的形象,让大众通过这一事件记住这位记者,并去关注他所服务的媒体,那么才是真正的转"危"为"机",化腐朽为神奇。要善于在形象危机里发现转"危"为"机"的时机,力挽狂澜,为自己创造进一步改善和提升形象的机会。

第三章 新闻记者的形象管理

第一节 新闻记者形象的特征

新闻从业者,一般统称为记者,包括记者、编辑、主持人等所有媒体从业者。从这个意义上讲,记者形象当属于职业形象。所谓职业形象,是指人们对某种职业的承担者的所有行为和表现的总体印象和评估,[①]其中的关键词是职业承担表现。随着时代的变化,记者的概念也在发生新的变化,比如有人提出,"记者的概念也需要重新界定,以往记者是指专业的新闻工作者,现在记者是指那些拥有新闻及资讯而去知会别人的人,因此博客也算得上是记者"[②]。尽管博客等新媒体的使用者在信息的获取和传递上具有了某些传统新闻记者的特征,但公众对博主等新媒体使用者的职业承担表现的期待和评估与真正的记者仍存在差距。故本书中所使用的记者概念仍指在专业媒体(包括网络媒体)从事新闻信息加工处理的媒体从业人员。

职业形象本质上也是一种角色形象。角色形象,即人们对某种社会角色的承担者综合认识后形成的整体印象和评估,[③]探讨记者职业形象的前提当从记者的角色入手。

[①] 秦启文、周永康:《形象学导论》,社会科学文献出版社2004年版,第325页。
[②] 鲁曙明、洪俊浩主编:《传播学》,中国人民大学出版社2007年版,第46页。
[③] 秦启文、周永康:《形象学导论》,社会科学文献出版社2004年版,第310页。

一、新闻记者的角色

角色理论是社会心理学中的重要理论之一,这一理论的创立者是美国心理学家米德,角色理论是用角色来理解个人社会行为的理论。角色理论包括角色学习、角色知觉、角色扮演、角色期待、角色规范、角色冲突和角色技巧等内容(如图6)。提及记者,大众心目中的记者既是某个个体,也是一个群体,同时是一种职业。从社会分工的角度来看,记者首先是现代社会当中一个重要的社会角色和职业角色。由于形象管理与管理主体的社会角色扮演息息相关,提及记者形象的管理,应该首先对记者或记者的职业角色有充分的了解和认识。

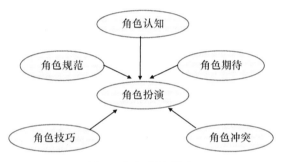

图6 角色理论模式

(一) 角色及角色扮演

社会是一个大舞台,每个人都在这个大舞台上扮演一个角色。社会学理论中的角色扮演是指角色承担者按其特定的地位和所处的情境,遵循角色期待所表现出来的一系列行为。① 从社会学或者社会心理学的角色理论中,可以发现角色扮演或角色认知、角色调试的过程总会受到多种因素的影响。角色扮演者只有充分地协调和平衡各种因素,才能扮演好自己的角色。

在影响社会角色扮演的诸多因素中,首要的当属角色认知和角色学习。角色认知即对将要扮演的角色的了解。角色认知主要通过角色学习来实现。角色学习一般包括两个方面:一是学习角色的义务和

---

① 高玉祥、王仁欣、刘玉玲主编:《人际交往心理学》,中国社会科学出版社1990年版,第192页。

权利;二是学习角色的态度和情感。角色认知是个体在社会情境中对角色及有关角色现象的整体反映。角色扮演者首先应对将扮演的角色有足够了解。比如,一个学生进了学校,首先必须知道学生是干什么的,必须明确学生的主要任务是学习,学习就要上课,上课就要完成作业。如果一个学生不了解自己的角色,就无法成为一个好学生。

其次,就是角色规范,角色规范是群体中每一个角色必须遵守的行为准则。任何的角色都会有属于自己角色的某些规范和约束,这是任何社会角色在扮演之前必须了解的。对记者这一特定的社会角色来说,同样存在角色特定的规范,其中当然也包含记者在扮演角色时绝对不能触碰的红线,如记者的职业道德准则等。

再次,要成功地扮演角色,还必须了解角色期待。角色期待是指群体或个人对某种角色应该表现出的特定行为的期望。要了解角色对象或角色伴侣对将要扮演的角色有何期待。对记者来说,全社会,包括记者的领导、同事以及记者的采访对象对于记者角色都有明确的期待。角色扮演者只有在符合角色伴侣的期待和要求的基础上,才能够完成角色扮演。

最后是角色技巧。角色技巧,是指个体所具有的那些能够导致成功、有效扮演角色的特质和方法。扮演任何的角色都需要技巧,跟演员一样,扮演一个老太太或者一个小姑娘,势必涉及一定的表演技巧。只有掌握了一定的表演技巧,充分运用这些技巧,才能更好地扮演某个角色。

角色扮演的过程中同样可能出现某些冲突或矛盾。角色冲突是指当一个角色扮演者同时处于两个或更多不同的地位,并在进行相互矛盾的角色扮演时而引起的角色与角色之间的矛盾冲突现象。对于记者来说,其可能同时扮演着其他角色,比如儿子、兄弟,或丈夫、妻子等。不同的角色之间可能会产生冲突,比如有很重要的采访,但记者的老父亲生病或孩子学校有急事,这时就可能出现角色冲突。冲突可以调和,不是完全没有办法。

对于角色、角色规范、角色期待、角色技巧和角色冲突等有了充分了解,才谈得上角色扮演。在任何方面出现问题,角色扮演都将会失败。作为一名记者,如果对于记者的职业角色不知晓,也不了解记者的职业规范和伦理道德,没有真正理解记者职业角色中所蕴含的客观、中立原则的含义,而是想当然地认为记者应享有特权,可以到处拉关系、搞公关,那肯定是行不通的。

也许有人会问,记者能有什么规范呢?记者最起码的规范就是实事求是,如果记者报道的内容都是虚假新闻、都是未经证实的小道消息,那么这样的记者肯定是不称职的。

公众对于记者的角色期待又是什么呢?最简单的事实是,当一个活动需要邀请一个记者来时,人们对记者的普遍期待是:记者能完成报道,能反映问题,能反映社会的真实发展状况。而一旦记者到来之后,不履行这样的职责,而是非要喝茅台、住高级宾馆,这样的记者十有八九会引起人们对其身份的怀疑。

从社会心理学的角色扮演理论来看,要管理好记者的形象,前提是要扮演好记者的角色。而要扮演记者的角色,首先要了解记者角色,了解记者的角色规范、角色期待、角色技巧以及角色冲突。

(二) 记者角色及其扮演

1. 记者角色的自我认知

如果用一个简单的词或者一句话来概括记者的职业角色,得到的答案,既可能是揭露真相,也可能是客观报道事实。如果用一样东西或一种符号来概括记者的职业角色,大部分人首先会想到笔。作为一种记录、书写的工具,笔往往又是一种象征,象征着秉笔直书。秉笔直书与记者角色联系在一起隐含的意思就是:作为一种记录和书写的角色,记者记录与书写的背后并非没有立场和操守,而是存在良知、道德、正义、公正和客观性。随着时代和媒体的发展,提起记者,人们往往也会联想到话筒,话筒的作用简单地讲就是传递和扩大声音。这再次表明记者职业角色中最重要的内涵就是真实、原原本本地传递信息。当然在信息传递的过程当中,记者也会加入一些东西,比如把微弱的声音放大,使全社会都能够听到,让社会真正朝着众人所期望的目标和理想的方向前进等。

有一项曾经在上海市民中进行的调查发现,公众对记者存在这样的认知或者期待,即记者是新闻事件的见证者、是不公正问题的揭露者和具体问题的解决者。即记者首先是一个见证人,要记录,要见证事实,并报告给大家。记者又是一个公正的揭露者,一旦社会当中发生不公正的事情,只能靠记者去揭露。

另外,公众对于记者的期待还有一条——对具体问题的解决者。尤其在中国社会里,如果某人遭受了大的冤屈,求告无门,又没法"拼爹""拼妈"时,首先想到的是找记者反映。

2. 记者角色的社会期待

利里和科瓦斯基从印象管理的角度指出,印象构建阶段的主要影响因素有自我概念、期望和非期望的自我形象、所充当角色的限制、目标的价值观和当前的社会形象。所以,要构建一个有利的印象,在印象构建阶段应该考虑的因素有:(1) 行为人,(2) 观众,(3) 互动情境。① 记者既是一个见证者,还是一个不公正事情的揭露者和一个具体问题的解决者。在中国当下语境,记者如果不能很好地完成这种角色期待,显然不会有好的形象。作为见证者,记者去采访时走马观花,甚至没有去做调查,只是坐在办公室里上上网,稿子就完成了,或记者从未揭露不公正之事,只是跟在大家后面唱赞歌,这样的记者显然无法树立良好的形象。

2008 年 11 月,在第九个记者节到来之际,新华网开辟了一个专栏,在网上发起讨论"第九个记者节到来,您对记者有何期待"。网民们积极响应,共有 5000 多名网民跟帖,表达了公众对于记者的角色期待,这里随机摘录几条如下。

> 看到啥说啥,别包装!
> 希望记者职业化、专业化、统一化……总之脱离群众虚化……
> 敢不敢写出真话来!
> 我是一名大二的新闻专业的学生,我对我未来的职业深深地感到敬畏,感到崇高!想对奋战在新闻一线的可爱可亲的前辈们说一声:你们辛苦了!
> 一个优秀的记者是无冕之王,是正义和力量的象征,是希望和生命的旗帜!

---

① 转引自肖崇好:《影响印象管理过程的因素》,载《韩山师范学院学报》2012 年第 2 期。

一个优秀的记者是政治家,他拥有政治家的眼光和审时度势,他是文人,他拥有文人的悲天悯人和心念天下苍生的情怀,他是思想家,有思想家的深刻和睿智!

铁肩担道义,妙手著文章!

我将前行……

道一声记者们辛苦了!

非常讨厌那些假装不会说普通话的记者!

非常讨厌那些故意不好好说普通话的记者!例如……

实事求是。

希望记者公平、公正、公开报道社会新闻。

做到及时性、真实性、代表性;不唯官、不唯势、不唯上,实事求是地报道。一句话,对得起自己的良心和职业道德!

一是理性,二是实事求是……

给每个记者都发一颗良心!

大多数无冕之王是有良心和社会责任心的,他们会给中国带来希望。

媒体、记者要讲真话,发挥"社会良心"的作用。

胆子再大些。①

中国记协2005年在记者节前后组织一些媒体高层领导和媒介研究专家做了一次小的研讨。主题是:你心中的名记者是什么标准。名记者当然指那些既具有较高知名度又具有良好美誉度的优秀记者。与会者纷纷表示,拥有众人广泛赞誉的名记者一定充满人文关怀精神,是对人类解放和社会进步做出较大贡献的记者。有人说名记者是时代思想解放的领先者,是先进理念、先进价值观、先进事物的实践者,是能够走进别人灵魂的人。也有人认为,一心报道新闻,有理想、有责任、有担当、有基本道德,具有广泛社会影响力的记者才能够被称为名记者。有人说正义感、思想性和道德判断力是记者赖以成名的核心。有人说能够写出有影响力的作品的记者也不见得能称得上名记

---

① 《第九个记者节到来 您对记者有何期待》,新华网,2008年11月5日。

者。也有人认为,名记者自己要敢讲实话,而且,能够用自己的真知灼见、正确的思想去影响和引导舆论。

把这些标准综合起来,实际上就是记者形象管理应追求的目标。

表3 公众对记者职业道德的评估(一)

问题	答案	比例(%)
您认为记者职业值得羡慕吗	值得	74.6
	不值得	8.4
	没考虑过	17
您是如何看待记者这个职业的	很风光	20.6
	肩负社会责任	74.3
	普通职业	5.1
您认为记者职业危险吗	不危险	6.1
	有时比较危险	77.7
	危险	13
	特别危险	3.2
您认为记者职业存在什么样的潜在危险	遭人身攻击	34.5
	遭遇恐吓	31.2
	因公受伤或殉职	25.5
	其他	8.8
您认为需要用专门的法律法规来保证记者的正当的新闻采访与舆论监督权益吗?	需要	92.2
	不需要	5
	无所谓	2.8
您认为记者的工作对社会文明的促进作用有多大?	比较大	84.3
	一般	14.2
	没有促进	1.5
您认为新闻舆论监督对社会发展和民主文明的进步的重要性如何?	非常重要	70.8
	重要	24.9
	一般	3.6
	不重要	0.7
记者的什么精神让你感动	敢说真话,实事求是	38.1
	不畏权势,弘扬正义	35.7
	不怕危险,无私奉献	26.1
您觉得记者收入水平如何	比较高	32.8
	一般	27.9
	比较低	14.4
	不清楚	24

(续表)

问题	答案	比例(%)
您愿意从事哪种职业	记者	35.1
	医生	14.4
	教师	21.3
	律师	11
	公务员	18.3

2007年,《青年记者》杂志在第八个记者节到来前夕,联合山东师范大学文学院新闻系的师生组织了一次"记者公众形象"问卷调查(表3)。此次调查随机抽取600多个调查对象,在回答关于"您认为好记者最重要的是……"时,超过一半的人,即54.4%的被调查者认为是"关心百姓疾苦",33.0%的被调查者认为是"正直、人品好",6.2%的被调查者认为是"讲政治,服从领导"。在回答"记者职业最大的优势是……"时,40.2%的被调查者认为是"能为百姓办事",31.8%的被调查者认为是"能自由发表观点",26.4%的被调查者认为是"有较好的社会地位和收入"。以上两题,每一个选项都有其选择的合理性,但更多的被调查者选择了"好记者最重要的是关心百姓疾苦","记者职业最大的优势是能为百姓办事"。[①] 由此可以看出公众对记者职业角色的期待所在。实际上,记者并不是官,人们的期待出现了误区。

二、新闻记者形象的特殊性

为了更有效地进行形象管理,记者有必要对自身形象的特征做个了解。从记者职业角色和工作特征来看,记者的形象主要有如下特点。

(一)记者形象的个体性

记者形象首先是记者的个人形象,每一个独立的记者个体都拥有属于自己的形象。比如提到记者柴静,公众脑海中就会浮现出柴静的个人形象,联想起柴静的音容笑貌,并可能会认为她是一位情感丰富、

---

① 王倩、李要师:《记者,跟百姓再近些——2007年记者公众形象调查分析》,载《青年记者》2007年第11期。

散发着某种文艺气息的记者。而提起白岩松,公众也自然会联想到白岩松的音容笑貌,并可能认为他是一个较为理性、善于思考、言辞犀利的记者。这里的记者形象便是个体的记者形象。

(二) 记者形象的群体性

提到记者形象,也可能是指记者群体的形象。如提到凤凰卫视记者的时候,观众一般会感觉这一记者群体形象更有个性,采访和报道较为深入、客观。提到央视的记者群体形象,观众则有可能觉得较为官方、更理性、较偏向于政治层面和战略层面。由此可见,记者形象也是一个群体的形象。

(三) 记者形象的职业性

职业是人类社会分工的产物。职业是指人们从事相对稳定的、有收入的专门类别的工作。它是对人们的生活方式、经济状况、文化水平、行为模式、思想情操的综合性反映,也是一个人的权利、义务、权力、职责,进而是一个人社会地位的一般性表征。也可以说,职业是人的社会角色的一个极为重要的方面。[①] 而所谓职业角色是人们在一定的工作单位和工作活动中所扮演的角色。记者的角色,除了作为记者个人身份的个体角色和记者的群体角色之外,同时也是一种职业角色,并具有很强的职业特征。职业角色作为人们在一定的工作场域和工作活动中所扮演的角色亦具有鲜明的职业性。记者形象的职业性既体现在形象主体,即记者的职业道德、职业操守方面,也体现在记者的职业能力等方面。

(四) 记者形象的公众性

在众多的职业中,有些较为独特或细分化的职业,可能跟普通百姓的关系不大,因而属于公众性不强的职业。比如说外交部食堂里的厨师,虽也是一种职业,但这种职业跟公众的关系不是很大。但对于记者职业来说,跟老百姓间的关系则不同。基于公众对记者的期待及记者在社会公共事务中所发挥的作用,记者职业具有某种公共性或社会性。记者形象的公共性同样与记者所供职的新闻媒介的属性密不可分,新闻媒介属于公共权力的一种,其从业者的业务范围大多指向

[①] 吕建国、孟慧:《职业心理学》,东北财经大学出版社2000年版,第6页。

公共领域。作为身处公共领域、享有一定公共权力、对公共权力实施监督、生产公共产品的新闻记者,其职业形象自然也具有一定的公共性或公众性。

在西方社会,新闻记者往往被称为"无冕之王",新闻媒介也被称为第四权力。"无冕之王"也好,第四权力也好,几乎指向的都是公共领域。因为记者工作直接被他人关注,记者在进行形象管理时必须明确:不能简单认为记者工作就是其本身的常规作息,即通常所说的八小时之内。记者的职业,很容易使记者成为公众人物。如果以"某人是否具有较高的知名度并普遍为公众所关注这样一个客观标准"[1]来衡量的话,记者特别是优秀的记者很容易成为公众人物。记者自身可能并没有成为公众人物的显著动机和意愿,但因为从事记者职业,他们很容易成为公众人物。作为公众人物,记者的言行举止对受众具有很大的影响力。当然这也是媒体功能的一种体现,毕竟"大众传播媒介能够授予个人、团体、社会问题以及社会运动以地位,使其在一定时间内成为大众关注的焦点和尊重的典型、膜拜的偶像,从而出现明星效应"[2]。

(五)记者形象的社会性

记者所从事的职业不单纯是报道新闻、记录新闻或传递新闻,同时包括记者个人对社会的理想和价值体系的认同,所以记者角色亦具有社会性的特点。记者的行为和形象既受到社会的影响,也在影响着社会。很少有别的职业能像记者职业这样会对整个社会产生深刻影响,记者有时甚至就是社会真相或者社会标准的代表。记者形象的这一特点对记者的形象管理提出了更高的要求。

2010年,第十七届中共中央政治局常委中主管新闻和宣传工作的领导人李长春在当年记者节时曾发表一个讲话。李长春在讲话中提到,"新闻工作者一定要像爱惜自己的眼睛一样珍惜自己的职业形象"。这是党和国家领导人首次在讲话中明确提出对记者形象的要求。李长春提出,"新闻工作者的业务素质和工作作风不仅关系队伍

---

[1] 顾理平:《新闻侵权与法律责任》,中国广播电视出版社2001年版,第259页。
[2] 丁亚平:《艺术文化学》,文化艺术出版社2005年版,第46页。

的整体形象,也关系舆论引导的公信力和影响力"。"新闻工作者一定要像爱惜自己的眼睛一样珍惜自己的职业形象,继承和发扬党的新闻工作优良传统,切实增强使命感和光荣感,牢记党和人民的嘱托,牢记肩负的历史重任,自觉加强作风建设,踏实苦干、精益求精,克服浮躁心态,克服片面追求轰动效应的不良倾向,努力创造无愧于党、无愧于人民、无愧于时代的一流业绩。要切实增强社会责任感,坚持对党负责和对人民负责的高度统一,严肃对待新闻报道的社会效果,努力做到真实、准确、全面、客观,坚决反对虚假新闻、有偿新闻和低俗新闻,自觉接受社会监督,自觉抵制各种腐朽思想的侵蚀,以实际行动践行社会主义荣辱观,推进社会主义核心价值体系建设"①。

在此之前,李长春在2009年记者节时首次提到了记者形象问题。他提出,记者要做到敬业奉献,诚实公正,团结协作,严守法纪,公正廉洁,树立和维护新时代新闻工作者的良好形象。② 李长春的讲话为新闻工作者的形象管理提供了关于名记者的问题,也引发了人们的思考。

有些人认为,随着生活节奏的加快,记者难以在短时间内完成全面而深入的报道,致使快餐式新闻充斥新闻媒体,这时就没有名作品,更没有名记者了。在新闻竞争越来越激烈、媒体内容同质化越来越明显的情况下,要想以他人没有的角度写出独家内容已经越来越难。除此之外,社会角色选择的多元化、新闻原创者的回报不高,也使记者职业无法再吸引到最优秀的人才,从而使记者队伍的综合素质逐渐下降。

原中国记协党组书记说,名记者与鲜明的时代特点是分不开的。老记者之所以能够出名,自然与他们的形象以及影响力密不可分,但那个时代看报纸的人是少数,办报纸的人更是少数,能够在报纸上写文章的人则是精英。而现在不同,由于有了网络等新媒体,能够写文章的人多了,可接触的媒体多了,受众的口味和需求复杂了,成为名记者、在受众心中树立良好形象的难度便也大大增加了。

---

① http://theory.people.com.cn/GB/13161445.html.
② 李长春:《新闻工作要加大对民生问题引导力度》,人民网,2009年11月9日。

的确,在当下中国成为名记者的机会越来越少,成为名记者的难度越来越大,成为名记者的门槛更高了。其中固然有时代变化的原因,但也不排除记者形象本身的原因。中国正处于结构转型期,快速的社会发展需要记者的远见卓识。时代呼唤名记者,也蕴涵着更多诞生名记者的机会,名记者的诞生首先应从记者的形象管理开始。

第二节 新闻记者的公众形象

由于记者形象具有公众性和社会性等特点,记者的形象是在社会公众空间中树立起的形象,因此记者的形象实际上是新闻从业者或记者的公众形象。关于某种职业人群或某类人群公众形象的研究近些年已有不少,比如有专门研究警察职业形象的、有专门研究律师职业形象的,也有专门研究教师职业形象的等,但关于记者职业形象的研究却相对较少。

美国声誉研究专家凯文·杰克逊在《声誉管理》一书中列举了一系列企业提升声誉和维护声誉的行动,并把提升声誉的行为称为黄金行为,把维护声誉的行动称为白银行为。其中黄金行为包括尊重法律的精神,遵守承诺,诚实、公正,值得信赖,富于同情心,积极帮助别人,改善环境和改善社区;白银行为包括遵守法律规章条文,履行合同,诚实交易,不说谎、欺骗或偷窃,不做坏事,在海外经营尊重人权。[①] 尽管杰克逊的研究是针对企业,其研究重点是企业的声誉,但基于现代企业作为市场主体与人之间的相似性,以及声誉与形象之间的天然联系,杰克逊所提出的黄金行为和白银行为无疑能为记者的形象管理提供有益的借鉴。

郑兴东教授在其著作《受众心理与传媒引导》一书中也提到良好的传播者形象的构成因素包括两个方面,一为受众感到可信,二为受众喜欢。在分析传播者使观众感到可信时,又进一步提出传播者需要具备至少二方面的因素:(1) 传播者的传播活动符合道德规范,具有良好的道德信誉;(2) 传播者对传播的内容具有权威性;(3) 传

---

① 〔美〕凯文·杰克逊:《声誉管理》,燕青联合等译,新华出版社2006年版,第114页。

播者具有正确的意向。在分析受众喜欢的原因时,则提出"传播者的坦诚是传播者极为重要的品格,这种品格既能增加受众的信任,也能赢得受众的喜欢"①。

喻国明教授曾说,造就一篇好新闻的,绝不仅仅是漂亮的文字、敏锐的嗅觉和技巧的处理,最重要的是一种俯仰天地的境界、一种悲天悯人的情怀、一种大彻大悟的智慧。当这种境界、情怀和智慧面对社会发展的现实"问题单"时,一篇好的新闻作品就应运而生了。② 完成新闻作品是新闻记者的主要工作,新闻作品也是记者与受众建立关系的最直接的中介,但优秀的新闻作品不能单靠专业技巧来完成。喻国明教授的这段话不仅对新闻记者在新闻作品的采制中有借鉴价值,同样对于新闻记者的形象管理有启发。

通过已有的有关记者形象研究方面的成果,如 2007 年《青年记者》联合山东师范大学文学院师生所组织的"记者公众形象调查"(表4)中,可以明确地看出公众对记者在职业道德和职业能力方面的期待,而这些公众的期待正是记者形象管理的动力,也是记者形象管理的目标和方向。

对于新闻从业者而言,其理想的公众形象到底如何？综合前文所论对记者角色的公众期待及记者角色形象的独特性质,理想的记者形象至少包括以下几个方面。

一、实事求是

作为记者,要建立良好的形象,让公众欣赏和产生正向印象,首先要做到实事求是,最起码是要说真话。一个记者即使各方面做得再好,如果记者报道的新闻失实,记者形象绝难得到称许。自新闻记者职业诞生以来,国内外记者因弄虚作假而身败名裂、断送前程、丢掉饭碗的例子数不胜数。2003 年,《纽约时报》一个名叫杰克·布莱尔(Jack Blair)的年轻黑人记者,因造假遭到了严厉处罚。他在《纽约时

---

① 郑兴东:《受众心理与传媒引导》,新华出版社 1999 年版,第 247 页。
② 喻国明:《传媒影响力:传媒产业本质与竞争优势》,南方日报出版社 2003 年版,第 34 页。

报》刊登的稿子为数不少,平均一个星期就要发一两篇甚至更多,一年下来有百十篇稿子。但这名记者却被举报其稿件涉嫌造假。经调查发现,布莱尔的新闻作品中有很多内容都是无中生有:人名是编的,街道名是编的,事件是编的,甚至数字很多也是编的。此事一出,对《纽约时报》不啻一枚重磅炸弹,《纽约时报》马上开除了布莱尔。受牵连的不只布莱尔,《纽约时报》总编辑、社长也都被批评,并纷纷引咎辞职。2015年年初,美国NBC《晚间新闻》主持人布莱恩·威廉姆斯(Brian Williams)因伊战老兵质疑其在电视上对其当年赴伊采访的经历进行拼接,而被NBC无薪停职达半年之久,且险些被开除。实事求是,作为一种原则也好,作为一种目标也好,对于记者形象的构建、设计可谓至关重要。

  2007年,北京电视台某栏目播出一条新闻,说北京某市场上出售的包子居然是用被水浸过的牛皮纸作馅。此新闻一经播出便如同一块巨石扔进舆论场,一时间众声喧哗,议论纷纷。工商局、公安局在经过细致的调查后,却发现根本没有这种纸馅包子出售,所谓"纸馅包子"纯属子虚乌有。他们按照新闻报道里所说的现象,来到卖包子的店铺。卖包子的商人最终供认这实际上是由记者导演的一出假戏。事实的真相是:记者之前道听途说有人买到过这样的包子,但经过调查发现并没有这样的情况。为了完成任务,也是为了引发轰动效应,记者便不顾实事求是的新闻原则,通过收买包子铺老板,导演了这样一场闹剧。

  真相暴露之后,不但那位记者立即被清理出记者队伍并承担相应法律责任,北京电视台相关领导及责任人也都受到了处理,有的被停职,有的被降职。北京电视台还在下午六点半的《北京新闻》节目里公开向全社会道歉。不难预见,假新闻对这个记者的形象、对其所在的新闻媒体的形象产生了怎样恶劣的影响。记者要维护自身的职业形象首要的就是实事求是、不说假话,否则对记者的职业形象、对媒体的影响将是致命的。

二、客观公正

  记者追求的另一个目标是客观公正。记者工作的特殊性,使记者有很多获取钱财和名声的机会。有人请记者帮忙写报道,想给记者送礼;有人不想让记者曝光,愿以钱物收买记者;记者今天采访这个厂长,请厂长赞助一下,厂长不好不给;明天报道那个经理,请经理支持一下,经理不能不给面子;如此等等。长此以往,若记者照单全收,记者就不是记者,而是贪者,就会被社会所唾弃,记者的形象也会受到严重的损害,人们对记者的信任就会动摇。有人曾做过调查,当记者的报道依然不能解决公众所关心、所反映的问题时,会有62.7%的人去找记者反映问题。这说明老百姓真的期待记者能成为"包公",能主持正义和公平。中央电视台的《焦点访谈》就曾有个外号叫"焦青天",从中可以看出老百姓对记者这一职业角色的形象期待。

"国际社会对于记者这种职业有着不成文的共识——中立!对这种职业的要求是——真实+真相!"①全世界在提到记者时都有一个共识:客观公正,即记者要站在中立的立场上。真实加真相要求记者实事求是,要说真话。中立则要求记者不能无视事实真相偏袒其中一方,而是要保持不偏不倚的中间立场。如果记者总带着一定的立场,或带着一定的倾向、一定的主观色彩进入报道,这样的报道对记者的形象维护也是非常有害的。

在新闻实践中,也有少数新闻工作者职业素养差、业务能力低,违反职业道德和新闻行规,造成舆论监督问题迭出。如偏听偏信,感情用事,徇私报复,妄加评论,监督暗访时的手段不光彩、不合法,用设计、引诱当事人的方式,以达到"揭露真相"的目的。② 这些都严重影响了新闻工作者的形象。

三、廉洁善意

古人云"惟仁者宜在高位,不仁者在高位,是播其恶于众也",这句话是针对君主、重臣等领导群体而言,但从"播"的层面来看,此句也完全适用于记者群体。如果记者缺少某种仁爱之心,同样是"播其恶",同样会影响记者的形象和声誉。2005年5月,福建《东南快报》刊登了

---

① 周光凡:《领导者的形象驾驭能力》,清华大学出版社2008年版,第221页。
② 童钟鸣:《舆论监督:记者形象维护与损伤规避》,载《中国记者》2006年第11期。

该报一名记者在下雨天所拍摄的一组照片(图7),并引起了公众及舆论对报纸和摄影记者的口诛笔伐。原来,在厦门的某条街上曾有一个提醒路人注意危险的警示牌,但不知被什么人弄走了。没有了警示牌,一旦下雨,就是一件很危险的事情。记者为了拍到想要的照片,就躲在旁边等待。结果看到一个骑自行车的人由于自行车前轮掉进井口而摔了出去,并被翻转过来的自行车砸在下面。照片登报后,公众对记者的谴责主要集中在:记者明知前方有危险,但仅仅为了拍照片,为了履行记者职业角色,为了完成报道,就眼睁睁地看着别人摔倒,却

图7 《东南快报》组照(图片来源:新华网)

不提醒一下,显然丧失了作为人的基本道德。也有人表示不同意,认为记者首先要完成其职业工作,或者说只有完成了工作,产生的作用和影响才更大。如果只是写一个报道来警告那里会有危险,有关部门可能也不会立即去把井盖或警示牌补上,对社会也产生不了太大的影响。但是刊登了有人出事的照片,引起舆论广泛关注之后,有关部门可能就会马上将其修复,会对社会公众产生更大影响、引起更多重视。

尽管记者可以给出解释和理由,但是大多数老百姓看到这个报道之后,都会无法接受,并会谴责记者的行为。记者固然要客观公正,但是也要心存善良。记者要想树立好的形象,要想使自身形象管理达到一个理想的目标,能够在社会上赢得信赖、赢得尊重,正直善良是很重要的一个方面。

而另一位记者,却因为热心救助他人而被称为"中国最美女记者"。2006年7月,河南电视台都市频道记者、23岁的曹爱文在一次采访落水少女的报道现场,不是先去采访、报道将要溺亡的落水者,而是挺身而出,奋不顾身俯下身体趴在女孩身上为其做人工呼吸(图8)。经过多次努力,女孩最终还是没能醒来。看着女孩的尸体,曹爱文哭

图8 河南电视台记者曹爱文(图片来源:新华网)

了,泪水顺着脸颊滑落。这张照片一经上网,立刻引来众多网友跟帖,很多网友将曹爱文称为当今中国最美丽的女记者。若按一般逻辑,曹爱文连报道任务都没有完成,遑论其报道所产生的影响,但通过对比,两位记者在公众中所形成的形象孰优孰劣已见分晓。

记者工作的特殊性,使记者进行权力寻租的机会比一般职业多。如果记者不能严于律己,新闻报道就很难做到客观公正了。与此同时,人们对记者的信任就会被削弱,记者的形象也会受到损害。只有保持清正廉洁的作风,记者才会得到人们的信任和尊重,才能肩负起党和人民的重托。①

2014年夏天,央视著名主持人芮成钢被带走的消息传出后,网上充斥着各种有关他的议论,他也被网民称为"精致的利己主义者",其年轻有为的记者形象轰然倒塌。

2014年11月20日,21世纪传媒股份有限公司总裁沈颢被上海市人民检察院第一分院依法批捕。经警方查处,21世纪网主要涉案两方面:一是通过负面新闻逼迫企业支付合作费用,二是收取企业的"保护费",承诺不对其进行负面报道。在检察机关的批捕罪名中,沈颢领导下的《21世纪经济报道》、21世纪网、《理财周报》等3家媒体及8家运营公司涉嫌敲诈勒索、强迫交易犯罪;同时,沈颢还涉嫌若干项个人犯罪。

2013年10月19日,广州羊城晚报旗下报纸《新快报》记者陈永洲以涉嫌损害企业商誉的罪名被长沙市公安局拘留。事情的起因是2012年9月26日到2013年6月1日,陈永洲发表了10篇有关中联重科"利润虚增""利益输送""畸形营销"及涉嫌造假等批评性报道。2013年10月30日,长沙市岳麓区人民检察院对《新快报》记者陈永洲以涉嫌损害商业信誉罪批准逮捕。2014年10月17日,原《新快报》记者陈永洲被判刑1年10个月。

事发当时,《人民日报》和中国记协纷纷就此事发表评论,对记者的道德失范予以谴责。《人民日报》的评论指出,这些年来,媒体高度介入社会生活,舆论监督的影响进一步扩大。然而,在许多记者怀着

---

① 柯友金、刘会振:《树立记者良好形象》,载《新闻前哨》2004年第12期。

理想和道义，追问事实与真相的同时，也有一些害群之马，打着舆论监督的旗号，吃拿卡要、敲诈勒索，把本是服务大众的媒体，当成谋取个人、小团体利益的私器。这种行为，让公众厌恶，令同行不齿，也使新闻媒体的公信力受到损害。坚决反对新闻敲诈，是维护法纪的需要，也是行业整风的需要。身处资讯高度发达的社会，媒体人理应秉持专业素养和职业操守，保有公心、守住底线，在价值多元中呵护良知；新闻工作者只有恪守敬畏事实、秉持正义的道德伦理，才能善用记者权利，不辜负社会寄予的厚望。

2013年11月3日，中国记协、全国新闻战线"三项学习教育办公室"召开"打击新闻敲诈、加强行业自律"座谈会。与会新闻工作者严厉谴责《新快报》记者陈永洲利用新闻采访权违法乱纪行为，坚决拥护广东省新闻出版广电局对新快报社的处理，表示要切实加强行业自律，自觉接受社会监督，自觉维护新闻工作者的良好形象。会议认为，近期发生的陈永洲利用新闻采访权违法乱纪事件，社会影响极其恶劣，严重损害了新闻工作者形象。各级各类新闻媒体和采编人员应当充分认识新闻敲诈等行为的严重危害，深刻吸取教训。

中国记协表示，记协维护新闻工作者的合法权益，同时坚决反对滥用新闻采访权，搞有偿新闻、新闻敲诈、虚假报道等违反新闻职业道德的行为。新闻战线要认真践行马克思主义新闻观，坚决杜绝有偿新闻、虚假报道，严厉打击新闻敲诈，坚持新闻真实性，规范新闻采编工作。广大新闻工作者要认真汲取教训，充分认识有偿新闻、新闻敲诈等行为的严重危害，严肃新闻纪律，自觉遵守国家法律法规，恪守新闻职业精神职业道德，切实维护新闻工作者的良好形象。

四、勇敢迅捷

勇敢迅捷也是记者塑造良好形象、赢得社会尊重的一个重要方面。提起记者，人们脑海中可能会浮现出这样一些形象：公正记录、冒着危险奔赴现场等，这也是记者工作被认为是一种辛苦且具有高风险的职业的原因。勇敢迅捷，在记者塑造良好形象中的价值也不容低估。一个比较典型的例子就是原央视记者张泉灵。2008年5月，四川汶川发生特大地震，张泉灵当时刚在珠穆朗玛峰做完北京奥运火炬传递的报道,听到汶川地震的消息后,她立即从珠峰下来,并没有回家,也未回北京,而是直接到了震中汶川。到达灾区之后,她又马上进入现场,开始进行现场报道。观众从她的报道背景中可以清晰地看到,道路已经由于山体滑坡被完全堵死,路边停着好几辆挖掘车,但只有一辆挖掘车在那里挖掘。张泉灵的报道(图9)播出之后,引起了很大的反响,她不仅最先让外界看到了灾区的情况,而且及时把灾区的道路、救援等信息发布了出去。张泉灵的报道无疑为她建立了良好的记者形象。报道之后,她不仅受到来自各个方面的表彰,被中国记协授予先进新闻工作者称号,还受邀到人民大会堂就她的先进事迹做报告。

图9 央视记者张泉灵现场报道(视频截图)

由此可以得出结论,如果记者在工作中缺乏敏感,行动迟缓,总在新闻发生后很久才到达现场,到达现场之后又没有什么发现,那么记者的形象就很难树立起来。尤其在汶川大地震这样的大事件面前,记者形象的正面或负面立即就能呈现出来。

再举一例。央视女记者张萌在曼谷街头的枪声中匍匐在地、冷静直播当地骚乱的画面一出现在电视画面当中,所有观看此条新闻的观众无不为年轻的女记者捏了一把汗,也无不被女记者勇敢的职业精神所折服,对其勇敢迅捷的记者形象竖起了大拇指。

第三章 新闻记者的形象管理

图10　央视记者张萌现场报道(视频截图)

五、扎实深入

扎实深入是记者形象管理的又一个维度。这里不妨先引用《今传媒》杂志2004年针对4000多名不同职业类型的受众所做的调查的结果①(见表4)。

表4　公众对记者职业道德的评估(二)

问题	回答	比例(%)
您认为目前媒体的新闻报道真实可信吗?	整体上真实	61.5
	部分不真实	34.6
	大多数不真实	3.6
记者应该恪守哪些职业道德?	全心全意为人民服务	21.3
	坚持正确舆论导向	27
	维护新闻的真实性	29.8
	保持清正廉洁的作风	21.8
记者的哪种行为您无法接受?	吃拿卡要	29.9
	狂妄自大	21.1
	采访不扎实	39.2
	一知半解,不懂装懂	9.8

---

① 《公众的眼睛　记者的形象——"公众眼中的记者"调查与分析》,载《今传媒》2004年第12期。

95

(续表)

问题	回答	比例(%)
您有没有遇到记者收"红包"？	遇到过	11.6
	听说过	63
	既没遇到也没听说	25.4
您觉得记者收"红包"会产生什么样的后果？	新闻报道失实	32.1
	偏向某一方的利益	31.5
	影响记者形象	30.6
	其他	5.8
您对记者采访中收"红包"的态度	极度反感	55.7
	反感	36.4
	无所谓	7.9
您在接受采访时,是否主动要求记者出示相关证件？	要求	84.1
	不要求	9.2
	无所谓	6.7
您对记者队伍整体职业道德满意程度	满意	25.7
	比较满意	66.6
	不满意	6
	非常不满	1.7

从表4可以发现一些记者形象管理的维度,就像前面提到的实事求是、客观公正,抑或是敏感迅捷一样,在这次调查中,公众对于记者的采访、报道或者调查的深度也有一定的期待,这意味着调查深入实际上可以影响记者形象,也是记者形象维护的路径之一。这里举两个记者的例子,一个是柴静,一个是闾丘露薇。她们在公众心目中的形象皆比较正面,原因就在于她们的深入调查。尤其是凤凰卫视记者闾丘露薇,当伊拉克战争爆发时,她深入现场做了很多报道。中央电视台派到伊拉克采访的记者,在战争爆发之际,就在使馆的要求下基本撤离了,只是在边境做报道,而闾丘露薇却一直坚持在战争前线做报道。一个女记者,能够在战场上发扬记者精神,自然为她赢得了很高的声誉。

全国劳动模范李顺达的一番话,可以说集中反映了我国记者的光荣传统和人民记者的形象。他对《山西日报》记者王炳然说:"50年代到西沟采访的记者很多,他们到了西沟,都是住在我家里。那时候既

图11　凤凰卫视记者闾丘露薇现场报道(视频截图)

没有饭店,也没有什么招待所,我住哪他们住哪,我吃啥他们吃啥。有位女记者给我留下的印象很深。她个头不高,胖乎乎,二十岁挂零,从北京来到西沟,在我家住下,晚上跟我娘睡在一个炕上。白天我上山搞绿化,她也挎上篮子去撒树种;我弟弟上山去放羊,她跟在后面收拾掉队的羊羔;我到河滩里闸谷坊,她帮着和泥抹缝。就这样她把我全家的思想、性格、语言以及家庭经济情况了解得一清二楚,写出来的文章实实在在,入情入理,让人看了心里舒坦,不像那些吹吹拍拍的,看了叫人麻嗖嗖的。"①

　　由以上事例可以看出,切实转变浮躁作风,自觉抵制泡会议、写人情稿、搞有偿新闻等才是记者重塑形象的关键。如果一个记者没有深入现场,只停留在后方,或在新媒体环境下,不去采访,不做深入调查,只坐在电脑前,在网上随便搜一搜,把信息汇集一下,一篇报道就出炉了,其形象自然大打折扣。有人会说现在通信如此发达,记者用不着跟过去一样,骑着毛驴进山,睡在一个炕头,才能写出报道,只要发个短信,打个电话,或者利用视频,采写报道也许更便利。这样有时确实也能当记者,能把稿子写出来,但是这样的记者在公众心目中的形象会很差,记者要真正塑造形象,还是要深入调查。正如凯利·莱特尔

---

① 韩凤鹏、刘波:《记者的形象》,载《当代电视》2007年第7期。

在《全能记者必备》中引用的美联社优秀的特写记者佩尔·皮特的告诫:"我们再也不能把随手涂抹的东西塞给读者。我们再也不能花20分钟翻翻资料,打辆出租车,用30分钟采访,然后回到办公室,像厨师一样烹调新闻……"①

为推动新闻工作者切实将群众观点、群众路线体现在新闻宣传实践中,促进新闻单位深入基层、深入群众进一步制度化、常态化,从2011年8月开始,中宣部、中央外宣办、国家广电总局、新闻出版总署、中国记协等五部门联合部署,在全国新闻战线组织开展"走基层、转作风、改文风"(一般简称为"走转改")活动。随后,《人民日报》、新华社、《解放军报》《光明日报》《经济日报》、中央人民广播电台、中央电视台、中国国际广播电台、《中国日报》《科技日报》《中国纪检监察报》《工人日报》《中国青年报》《中国妇女报》《农民日报》《法制日报》、中国新闻社和中央重点新闻网站,各省、自治区、直辖市新闻媒体纷纷对"走基层、转作风、改文风"活动进行动员部署。"走转改"的目标就是培育良好职业精神、职业道德,继承和弘扬新闻工作的优良作风,始终把社会责任放在首位,树立新闻工作者的良好形象。

2007年,时任国家安监总局局长李毅中讲过一段话,算是为媒体、为记者做了较为充分的辩护,他说:

> 媒体不是中央纪委,没有中纪委的权威,没有权力动用"双规"程序,没有被赋予强制执行力,记者们只能依靠自己的敏锐性和部门、个人力量去捕捉新闻线索。遇到采访煤矿安全事故等揭露性新闻,要冒着致残,甚至生命危险去采访。有些证人,面对中纪委这么强势的机构以及再三劝说,都不敢说出真相,面对一个记者,就更加顾虑重重了。媒体不是审计署,不可能动用那么多注册审计师、会计师,利用几个月甚至半年时间,去核对每一个数据,审查每一张报表,没有权力调来和审查所有相关部门的账目和财务人员。媒体不是调查组,拿着尚方宝剑,组织强大的调查

---

① 转引自解琳:《从心理学视角看"一位学者给记者的提示"》,载《新闻传播》2012年第12期。

力量,公开、大张旗鼓地"传讯"每一个相关人员,想调查谁就调查谁,想调查哪个部门就调查哪个部门,你要求新闻报道每字、每句都百分百地准确,是不可能的。①

媒体不是中纪委,也不是审计署,不是调查组,这体现了公众对媒体的理解和尊重,但记者不能以公众的尊重和理解作为不深入调查的借口,否则,最终受损的还是媒体的信誉和记者的形象。

六、业务精湛

记者形象管理还有一个重要的方面,就是记者要在业务上表现出精湛的专业水准或者专业水平。记者在业务方面表现不成熟、不专业、不到位,甚至不合格则形象很难树立。比如,一个记者在镜头前进行连线报道,表达不畅,语无伦次,公众对记者形象的判断和评估显然要受到影响。

没有好的作品,也就没有好的记者和好的记者形象。记者的专业水平、记者所创作的新闻作品的质量是影响记者形象的重要方面。作为记者,不能仅有一副能说会道的钢牙铁嘴,也不能只凭好的人际关系,如果报道质量差,信息量少,甚至达不到专业水准,导语不会写,描述不会说,简单的点评做不出来,这样的记者在公众心目中的形象必然很糟,也很难有好的人际关系。毕竟,能力也是构成形象、改善人际关系的重要方面。

因此,掌握新闻的基本技能,在业务上达到专业水平,对于记者从事职业工作、适应职业需求、塑造记者形象都是非常重要的。

2014年3月8日,马来西亚航空公司发表声明,旗下一架由吉隆坡飞往北京的客机MH370航班于当天凌晨2时40分失去联络。因这架波音777-200客机上载有的239人中有154人是中国人,马航事件从一发生就引起了世界媒体和中国媒体的极大关注。在整个事件发展过程当中,国内公众一方面对扑朔迷离、至今仍无结果的事实真相充满疑问,另一方面则对中国媒体及中国记者在相关报道中表现出的

---

① 李毅中:《媒体不是中纪委 不能要求每句话都对》,http://news.xinhuanet.com/politics/2007-02/10/content_5723971.htm。

不专业感到不满。"马航事件新闻战——几乎所有的干货都是从《纽约时报》《华尔街日报》、路透社、BBC等英美媒体挖出来的。CNN司法口老记者找到国际刑警坐实假护照;WSJ(《华尔街日报》)挖掘搜索线索,后披露折返;NYT(《纽约时报》)认定西拐,很可能从美政府线人处拿到雷达数据;ABC第一时间披露众包搜索;BBC等最后找到卫星公司,让我们知道了8:11。它们的报道真正对马来西亚形成了压力,体现了媒体的力量所在。反观中国媒体,除了搬运外媒,就只会一遍遍喊着'马航,我们等你回家,为你祈祷',作苍白廉价的煽情。"①

　　打开网页,随处可以看见类似"马航事件新闻战中国媒体完败""马航事件充分暴露了中国记者的无能"等评论。中央电视台著名主持人水均益直言不讳:"新闻作为一个行业,中国的新闻团队跟世界领先的新闻团队的水平还是有一定差距的,这是一个事实。"②新华社发表文章也指出,马航事件中中国媒体表现"疲软",背后既有"不知向何处挖"的混乱,又有"挖不到信息"的尴尬,中国媒体的情报搜集和分析能力有待改进,这值得反思。③ 中国人民大学新闻学院副教授马少华则从新闻框架的角度分析了中外媒体报道表现不同的原因,他指出:"国际媒体一开始就把这一疑云密布的事件放置在'事实性'的框架之中;而一些中国媒体,也许由于飞机上的154名乘客毕竟是自己的同胞,则可能从一开始就把这一事件定位在'情感性'和'价值性'的框架之中。"④定性(灾难报道还是调查性报道)失误,战略目标(引导舆论还是追寻真相)就出现了偏差,报道方式自然显出巨大差异。战略上的失误非战术上可以补足。而报道战略恰恰也是体现媒体及记者专业水平的重要方面。

---

　　① 转引自马少华:《无法到达的新闻现场——马航失联报道中,中国媒体落后在哪里》,http://dajia.qq.com/blog/338631007998481。
　　② 水均益:《马航事件中,中国媒体与世界的确存在差距》,http://opinion.china.com.cn/opinion_3_97403.html。
　　③ 新华社:《干货全是外媒挖出 中媒发声后却挨批》,http://digi.163.com/14/0409/05/9PC749DP00162OUT.html。
　　④ 马少华:《无法到达的新闻现场——马航失联报道中,中国媒体落后在哪里》,http://dajia.qq.com/blog/338631007998481。

第三节 新闻记者的形象管理

传播学研究表明,改善传播效果的一个重要条件是树立传播者自身的良好声誉和形象。[①] 如果受传者对传播者持肯定态度,就会持与传播者相同的观点;而受传者对传播者持否定态度,就会持与传播者相反的观点。[②] 即使从提升媒体形象和传播效果的角度讲,新闻记者的形象管理也不容忽视。从记者形象的构成和特点来看,记者形象管理有着独特的管理空间和管理路径。

一、新闻记者形象管理的空间

（一）内部管理空间

记者角色属角色丛,是个复合概念,且很重要的一点是记者角色虽为职业角色,但往往跟记者的生活角色不易区分。对一般职业来讲,职业角色往往只体现在工作时间,工作之余的活动跟职业角色的关系不大。但记者角色则不同,即使在休假、休息的时候,一旦有重要新闻发生,新闻记者也得马上投入工作。正是因为记者职业的这一特点,记者的职业形象在管理的空间上也无所不在,既包括职场内空间,也包括外部管理空间。

（二）外部管理空间

在记者的职场之外,在记者暂不从事正常的采访、报道,或暂不主持节目的时候,或记者在休息、休假的时候同样需要注意形象的维护,这似乎印证了形象管理的一个特点,即印象管理的持续性。央视著名节目主持人撒贝宁曾就主持人的形象管理谈过自己的感受。他明确表示,作为一个法治节目的主持人（撒当时正主持《今日说法》）,他在节目中告诉人们要遵纪守法,遵守各类规章制度,自己在生活中也要处处守法。

[①] 陆卫明、李红:《人际关系心理学》,西安交通大学出版社2006年版,第190页。
[②] 毕一鸣:《语言与传播——广播电视播音与主持艺术新论》,中国广播电视出版社2005年版,第216页。

2015年年初,美国NBC的《晚间新闻》主持人布莱恩·威廉姆斯因被质疑编造了在伊战中的采访经历,其主播形象遭遇了前所未有的信任危机,甚至有公众对其十多年前所做的关于卡特琳娜飓风报道的真实性也开始产生怀疑。所以从这一点来讲,新闻记者在形象管理上除了前面讲的六个维度,还有一点就是形象管理的空间无所不在,既包括职场内的时间和空间,也包括职场外的时间和空间。

二、新闻记者形象管理的路径

笔者曾就公众认为影响记者形象的因素做过小型调查。从调查中可以发现影响记者形象或者说能够为记者的形象管理提供启示性路径的有这样几个方面:首先是记者的社会责任。作为记者首先要去完成职业角色所赋予的社会责任,要有良好的品德和人文关怀精神,缺失了这些记者的好形象就不会树立。而其他学者的研究,比如喻国明教授等组织的在受众层面的媒介社会公信力调查同样发现,民众认为影响媒介公信力最为重要的因素是社会关怀和媒介专业素质,其次是媒介操守和新闻技巧。[①] 这算是从另外一个侧面为记者的形象塑造提供了操作性路径。从媒介公信力的角度来看,公众最看重的是媒介的社会关怀和专业素质。记者构建形象的最终目的还是增进传播效果,属于提升媒介公信力的方式。因此,社会关怀和媒体专业素质也是新闻记者或者大众媒体树立形象和权威的重要方面。

其次是媒介操守和新闻技巧。调查结果显示,新闻技巧在影响记者形象的因素中排在最后。一般而言,业务娴熟,能写出好作品,达到专业水准,是成为记者的基本条件。在记者形象构建的诸要素中,这恰恰也排在最后。这说明对记者职业而言,技巧等基本条件固然重要,但绝不是好记者的核心。媒介也好,记者也好,形象构建的目的最终都是追求传播效果,没有传播效果,记者所做的一切努力都将是白费,而从效果、公信力、影响力这些角度来看,新闻技巧恰恰处在末端,是最不重要的东西。

综上来看,记者形象管理的路径大致包含以下几个方面。

[①] 喻国明、靳一:《大众媒介公信力测评研究》,人民出版社2006年版,第155页。

(一) 维护个人形象

专门研究领导者形象的学者提出,每一个领导的形象,都来自于能够体现其自身教养与素质的着装、仪表、举止、谈吐等各个环节留给社会和社会舆论的印象、看法及有关评估。① 同样,每位记者的形象也首先来自于社会对记者个人的评估,因而记者的形象管理应首先从记者自身入手,然后再从媒介、职业、群体以及整个传媒生态环境去考虑。从记者维护个人形象的角度来说,最简单的路径就是自律,就是记者要管好自己。国内外一些著名的记者或主持人也都非常在意自己的形象,前美国广播公司(ABC)著名新闻主播汤姆·布罗考就明确表示:"我非常注意保护我的形象……我总是自觉地要人们把我看成一个严肃认真的新闻记者。"② 而要管理好记者的个人形象,一要有礼貌、知礼守礼的人都会受到大家的尊重,这是树立个人形象很重要的方面。二要大度,宽容,有格调。三要有热情。美国心理学家阿希等人的实验表明,热情是吸引他人的核心品质,对人们印象的形成产生强烈的影响。③

除此之外,记者还要有爱心,要乐于奉献,乐于助人,乐于关心弱势群体;要有业务水平,有气节,有操守。中国的文化讲究"不为五斗米而折腰",记者也不能为了金钱就出卖自己的节操。2002年,山西繁峙一家煤矿发生事故,很多记者前去采访,当地官员把记者安排到宾馆,拿出钱贿赂记者。有的记者抵制不住诱惑,丧失了记者应有的气节。2005年,河南汝州发生一起矿难,当地政府竟然向前去采访的450多名真假记者发放了近20万元的红包,导致记者集体失语;2008年,山西霍宝干河煤矿发生矿难事故,这一幕再次上演,两名持有国家新闻出版总署"新闻记者证"的记者伸出不义之手,领取了"封口费";2010年,在河北蔚县矿难中收受"封口费"事件中,又有8家中央和地方媒体受到处罚,涉案的10名新闻从业人员中,有9名记者获刑(未

---

① 窦春河:《领导者要有新形象》,中国经济出版社2007年版,第87页。
② 〔美〕芭芭拉·马图索:《美国电视明星》,杨照明等译,中国广播电视出版社1987年版,第267页。
③ 高玉祥、王仁欣、刘玉玲主编:《人际交往心理学》,中国社会科学出版社1990年版,第83页。

获刑者为一名通讯员),并被终身禁止从事新闻采编工作。这些记者丧失了职业立场,也为新闻记者的群体形象抹了黑。山西某煤老板曾鄙夷地称领取封口费的真假记者为"端着新闻饭碗的丐帮""吃新闻饭的乞丐"。可见,这些记者良知的沦丧,连矿主都已深为鄙视,更何况公众?这样的无良记者,还怎么去维护社会的公平和正义?① 中国记协党组书记翟惠生说,在记者自律和维权方面,今后的工作重点是自律维权相结合。②

(二) 遵守社会公德

遵守社会公德,更多体现为记者在职场外的形象塑造。当下中国存在一个有意思的状况:一方面,记者职业很普通,人们不觉得记者真正有多少权力,记者有时可以任人驱使,还会遭到无端攻击,属于需要社会舆论救援的弱势人群;但另一方面,记者似乎又享有不少特权,当记者亮出记者证以后,一些原本收费的公共项目就可一路绿灯。记者不用买票或享受特殊待遇,固然能为其工作带来一定的便利,但其形象却多少受到影响。国外记者在这方面比中国记者做得要好,美国媒体记者出去采访,连采访对象请吃饭都坚决拒绝,在实在拒绝不了的情况下,也都是记者自己买单。但是在国内,记者被请吃饭可谓司空见惯,甚至吃饭完之后还有其他的"酬谢",这严重损害了记者的职业形象。

(三) 遵守职业道德

美国心理学家费斯克在实验中发现,人们在形成整体印象时对负性信息会比对正性信息给予更多的注意,即在其他条件相等的情况下,负性信息对印象的形成比正性信息作用大。③ 换句话说,在记者形象塑造和管理的过程中,那些对记者形象不利的负面信息极容易被公众注意和记忆,而且在记者形象塑造与管理中所占的权重更大。在一系列影响记者形象塑造与管理的负面因素当中,记者在职业道德或职

---

① 刘效仁:《想知道蔚县矿难收红包记者尊姓大名》,载《中国青年报》2009年11月30日。
② 《中广网:传递民声记录历史 写在第九个记者节》,http://news.xinhuanet.com/zgjx/2008-11/08/content_10325653.htm。
③ 佘丽琳:《人际交往心理学》,光明日报出版社1989年版,第32页。

业操守方面的任何瑕疵都是影响记者形象的致命性因子。西方有句名言,叫作"美德败坏之时,便是政治衰亡之时",此话针对新闻工作者而言,即为"美德败坏之时,便是媒体衰亡之时"。作为新闻工作者,一旦在职业道德上出现不该有的瑕疵,不仅记者形象,就连新闻媒体的形象和公信力也将受到致命的影响。

有人将当前新闻界缺失职业精神和违反职业道德的表现主要归结为"四大害",即"虚假新闻""有偿新闻""侵权新闻"和"低俗新闻",如果再加上群众反映强烈的"虚假广告",可以统称为"五大害"。这"五大害",说到底是少数媒体及新闻工作者无视记者的社会使命和道德责任、滥用新闻自由权利、贪图小团体和个人私利造成的。影响媒体和新闻工作者的职业道德行为的表现形式还有很多,这"五大害"是其集中表现和典型代表。由于这些负面信息的存在,新闻媒体的公信力受到了严重侵害,新闻工作者的社会形象也受到了严重影响。

合格的记者必须努力自觉抵制"拜金主义"和"享乐主义",克服"有偿新闻",不提供"虚假新闻",尽力客观、公正地报道新闻。恰如《中国新闻工作者职业道德准则》(1997年第2次修订)第五条专门对有偿新闻做出的规定:"新闻工作者要坚持发扬清正廉洁的作风,自觉抵制拜金主义、享乐主义、个人主义思想的侵蚀,坚持反对'有偿新闻'等不正之风,树立行业新风,新闻行业是表达舆论、反映舆论、引导舆论的特殊行业,对社会思潮和人们的生产、生活都能产生重大影响,其职业精神当然就有着更高的标准和要求。"[1]

职业道德是一个记者个人形象的基础。作为新时期的新闻工作者,记者只有具有了高尚的职业道德,才能为所在的媒体树立一个有公信力的、让大众信赖的形象。[2]

新闻工作者要树立良好的职业形象,要遵守职业道德,这是记者形象管理很重要的方面。中国记协发布的《中国新闻工作者职业道德准则》,已经经过几次修改,最新版在2009年11月9日发布,新版内容大致如下:

---

[1] 郭菊:《恪守新闻职业道德树立记者良好形象》,载《黑河学刊》2007年第5期。
[2] 宋黔云:《媒体记者社会角色形象的塑造》,载《贵州社会科学》2007年第8期。

第一条　全心全意为人民服务。要忠于党、忠于祖国、忠于人民,把体现党的主张与反映人民心声统一起来,把坚持正确导向与通达社情民意统一起来,把坚持正面宣传为主与加强和改进舆论监督统一起来,发挥党和政府联系人民群众的桥梁纽带作用。

第二条　坚持正确舆论导向。要坚持团结稳定鼓劲、正面宣传为主,唱响主旋律,不断巩固和壮大积极健康向上的舆论。

第三条　坚持新闻真实性原则。要把真实作为新闻的生命,坚持深入调查研究,报道做到真实、准确、全面、客观。

第四条　发扬优良作风。要树立正确的世界观、人生观、价值观,加强品德修养,提高综合素质,抵制不良风气,接受社会监督。

第五条　坚持改革创新。要遵循新闻传播规律,提高舆论引导能力,创新观念、创新内容、创新形式、创新方法、创新手段,做到体现时代性、把握规律性、富于创造性。

第六条　遵纪守法。要增强法治观念,遵守宪法和法律法规,遵守党的新闻工作纪律,维护国家利益和安全,保守国家秘密。

第七条　促进国际新闻同行的交流与合作。要努力培养世界眼光和国际视野,积极搭建中国与世界交流沟通的桥梁。

新版《中国新闻工作者职业道德准则》在以上每条大的原则之下又进一步细分出了更为具体的条目,如针对第三条新闻真实性原则就具体提出了四条具有操作性的实施细则。

1. 要通过合法途径和方式获取新闻素材,新闻采访要出示有效的新闻记者证。认真核实新闻信息来源,确保新闻要素及情节准确。

2. 报道新闻不夸大不缩小不歪曲事实,不摆布采访报道对象,禁止虚构或制造新闻。刊播新闻报道要署作者的真名。

3. 摘转其他媒体的报道要把好事实关,不刊播违反科学和生活常识的内容。

4. 刊播了失实报道要勇于承担责任,及时更正致歉,消除不良影响。

尽管有学者在对比了美国职业新闻工作者协会1996年版的《职业新闻工作者协会职业伦理规约》之后,认为中华全国新闻工作者协会制订的《中国新闻工作者职业道德准则》显得粗陋和落伍①,也有学者从更细致的方面归纳了目前国内新闻界普遍存在的16种违反职业规范的现象,如受贿无闻、假新闻、免费接受被采访方的各种好处、侵犯自然人的隐私、无人性的冷漠新闻等②,但无论如何,在新闻传播活动中遵守应有的职业道德都是新闻记者形象管理的必然路径和关键所在。

(四) 遵守法律法规

遵纪守法是每个公民的义务,向公众宣传和倡导遵纪守法更是记者的天职,新闻工作要讲政治、讲纪律,新闻报道除了遵守新闻传播自身的规律外,更要遵守国家的法律法规。记者更是如此。记者不能因为拥有媒体这一公共平台,拥有一定的话语权就无法无天,为所欲为。③ 记者工作有一定的特殊性,任何时候都不拥有凌驾于法律之上的特权。

在中国现有的法律法规中尚找不出能够表明记者可以享有特权或是享受特殊保护的条文,尽管有些地方,如云南省高级人民法院曾经聘请14名记者为特约新闻观察员,并向他们颁发了由省高院院长签发的"新闻监督护照",特约新闻观察员在全省法院系统采访时享有更大的便利。作为记者,通过遵守法律法规体现出应有的自律,才能够被公众尊重,才能树立自己的形象。

三、新闻记者形象管理的前提

前文在述及形象客体对形象主体的意义时曾经提出:形象客体之

---

① 展江:《媒介专业操守:能够建立理论框架吗?基于伦理与道德分殊的一种尝试》,载《南京社会科学》2010年第1期。
② 陈力丹:《新闻理论十讲》,复旦大学出版社2008年版,第257—280页。
③ 宋黔云:《媒体记者社会角色形象的塑造》,载《贵州社会科学》2007年第8期。

于形象主体的意义在于,首先它要求主体在塑造形象时,要以客体的外在尺度为基础开展行动,强调主体的活动必须受客体属性和规律的影响。根据这一原理,新闻记者形象管理的前提就是要以受众或公众的外在尺度为基础,因此公众的外在尺度也就成了新闻记者形象管理的前提。所谓公众的外在尺度就是记者不仅要按媒体和自己的需要来塑造形象,而且要按照公众的需要来塑造形象。就记者形象管理的具体情况而言,以公众的尺度来塑造记者形象首先表现在:公众的属性、公众的本质等不仅决定着记者形象塑造和管理的方式、手段和途径,而且决定着记者塑造和管理形象的水平、能力和目的。其次,受众或公众的需求与要求始终贯穿于记者形象塑造与管理的整个过程。最后,记者形象塑造和管理的结果是成功还是失败,形象塑造和管理的结果是积极的还是消极的,不能只用记者的尺度来衡量,还应该用受众或公众的尺度来衡量,即记者形象管理的成功与否不能只由自己说了算,还得由公众和受众来参与评估。

四、新闻记者的形象管理

(一) 记者形象设计

专门研究领导者形象的学者提出,领导者形象设计是以社会审美为核心,依照领导者个人的职业、性格、年龄、体型、肤色、发质等综合因素来指导身为领导的人,使身为领导的人决策讲话、言谈话语、化妆、服装服饰及体态礼仪等达到完美的公关活动。[①] 套用此定义则可以得出记者的形象设计,即记者的形象设计也应该是以社会审美为核心,并积极以记者个人的性格、年龄、生理条件等综合因素作为指导,使记者在言谈、仪态、礼仪、品行等内外在形象上达到完美的一种公关活动。

如果说领导者形象设计除了体现其作为个人的风格魅力之外,还需以领导者所属的政治团体、政治使命为指导,体现领导者的主体特征的话,新闻记者在形象设计方面除了要根据职业特征和自身条件来设计展示记者的形象魅力之外,还必须以媒体的属性与定位作为形象

---

① 窦春河:《领导者要有新形象》,中国经济出版社2007年版,第122页。

设计的重要依据。如同样是新闻记者,西方媒体的记者与中国媒体的记者在形象设计上就不可能完全一致,港、台媒体与内地和大陆媒体记者的形象设计也不完全一致,中央媒体与地方媒体记者的形象也各有特点。即使同属一家媒体的记者,除了在形象上有共同性之外,不同栏目或不同领域的跑口记者在形象的设计上也不可能完全一致。仅以中央电视台的出镜记者为例,尽管时政记者与文娱记者或农业记者在形象设计上会有差别,但总体上这些记者的形象设计都应该能够体现国家电视台的风格和特征。

境外的一些媒体,如凤凰卫视就有专门的形象设计室,由媒体公关部专门负责为全台的主持人及出镜记者设计统一风格的形象,并对全台记者和主持人的形象实施监督,[1]这在一定程度上既突显了记者个人本身的形象优势,也体现了媒体的形象和风格。

(二) 记者形象传播

与一般的形象传播一样,记者的形象传播主要也存在人际传播、组织传播和大众传播等几种方式。但与一般职业群体的形象传播稍有不同的是,一方面新闻记者本身属于大众传播活动的从业者,其日常活动本身已参与了大众传播;另一方面,新闻记者的形象传播又主要通过其作品来实现。这意味着,新闻记者形象的大众媒介传播一方面是通过一般意义的大众传播,即被报道的对象和内容来传播,另一方面是通过其职业行为,即报道他人(事)、作为报道者来传播,而在那些看不到或不能明确感知记者存在的情况下,记者的形象又是通过其作品在公众中树立和传播的。

按照一般的理解,记者作为大众传播的专业人士,直接参与到大众传播当中,理应最了解大众传播的规律和深谙通过大众媒介的形象传播之道。但实际上,在现实的传播情境之下,新闻记者却是最容易忽视大众媒介在传播个人形象方面的功效的。一般新闻工作者仅仅是把从事大众传播作为自己的工作,并没有主动利用大众媒介进行自身形象传播的意识,因而在完成其职业工作的时候往往不注意个体形象的维护和构建,反倒容易出现越懂大众传播的人越不懂得利用大众

---

[1] 高贵武:《主持人评价与管理》,中国传媒大学出版社2014年版,第203页。

传播媒介来传播形象的怪圈，这也致使记者的形象在大众传播媒介当中，特别是在一些电影、电视剧中呈现得并不是很理想，从而影响了记者的真实形象。

由于公众对记者形成印象的主要途径是通过记者的作品，这其实也为记者的形象传播提供了新的思路，即尽管新闻记者需要树立通过大众传播媒介来塑造和传播形象的主动意识，但也不可忽视以质量上乘的新闻作品来树立和维护记者形象，这就要求记者在工作中能够真正坚守新闻报道的专业主义精神，具备过硬的专业技能，能够写出脍炙人口、经得起历史考验的上乘之作品。在这方面，穆青等名记者可以说树立了良好的榜样，因为有着《焦裕禄》这样的优秀新闻作品，穆青在兰考乃至全国人民心目中有着不一般的形象，兰考人民甚至为他树立雕像，永远纪念，这也是对一名记者的最大肯定。

（三）记者形象评估

记者形象评估，即对记者在一定时期内在公众心目中的形象进行评估，这既是对记者形象实践活动阶段性成果的检验，也是为记者未来的形象活动提供方向性指导的有效途径，更是评估一个记者是否优秀的重要指标。记者形象评估尽管实施起来有一定的难度，但却是真正反映记者及媒体传播实际效果的指标和线索。不无遗憾的是，在当下的中国媒体中，尽管有着对记者工作和业绩考核的各种指标，有针对传播效果的各种调查测评，如电台、电视台花很大精力进行收听收视率调查，却很少甚至没有针对记者公众形象的测评及考核要求，致使一些记者虽然在媒体中的发稿量、稿件质量或节目的收听收视率都有着不俗的成绩，其背后的负面行为却往往被忽视。所以，从真正塑造和维护记者形象的角度来讲，记者形象评估不仅是必要的，而且是必须的。

（四）记者形象危机处理

与其他社会成员在形象传播当中存在形象危机的风险一样，记者的形象同样存在着遭遇危机的风险，而且由于记者因工作特性所带有的某些公众人物色彩，其遭遇危机的风险甚至比其他的职业人群更大，因此在记者的形象传播中一个重要而不可忽视的环节就是记者形象的危机公关。如果说一般性群体或职业在形象遭遇危机的时候，其所造成的负面影响还主要是对其个人形象和所属组织形象的破坏，记者的形象危机所造成的影响则不仅伤及记者形象、记者所在媒体的形象和信誉，甚至会对社会公众的信心、信念、观念等产生严重的负面影响。

但较为遗憾的是，在记者的形象出现危机的时候，公众较少见到无论是来自记者个人，还是记者所属媒体组织针对这些形象危机而进行的公关活动，这暴露出当下记者在形象危机处理方面能力的缺失。

第四章　形象管理与社交礼仪

第一节　礼仪概述

一、"礼"字释义

现代汉语中的"礼"在字面上有三层含义。

第一层含义是表示客气、友好的态度,常用的如"礼貌"。有时也指一个人通过动作、语言或者态度等表现出对别人的尊敬或友善,如礼佛、礼贤下士等。

第二层含义是人类为适应社会道德和习俗而形成的仪式,比如典礼、婚礼等。这里"礼"指的是一种程序、一种仪式,或者一个形式。比如现在有些中学在学生到了18岁时,会举行成人礼。成人礼实际上是通过某种程序、仪式、过程,来表现人们对于社会道德观念的认同。在中国古代,当一个人到18岁行完成人礼或加冠礼后,社会对其态度就会不同,就连父亲跟他说话的语气都会改变,正如《礼记》所云:"成人之者,将责成人礼焉也(使一个青年成人,就将用成人礼要求他)"。

此外,礼也是表达庆贺或者敬意的一种示意,这种示意有时通过某种实在的东西加以体现,比如礼物、礼品,就是通过物品来表达某种庆贺与敬意,这是"礼"的第三层含义。

在我国古代的一些文献、典籍里,礼的出现相当频繁。礼在中国古代有时作名词,也有时作动词。按照一般的解释,礼是会意字,在繁体字中写作"禮",从示,从豊。"示"在中国古代多与祭祀有关,"豊"

在中国古代则指行礼之器,在"禮"字中也兼表字音。从字面上来看,礼最初的含义是行礼之器,在礼器上面放着贡品,这是它的本意。因此礼在古文中的本义就是:举行仪式,祭神求福。进一步延伸,"示"就是行礼,敬神求佛。在一些特殊的时间对于神灵、对祖宗要行礼,或献贡品等,其目的是祭拜、感恩以及祈福等。正如《说文解字》中的解释,"礼,履也,所以事神致福也。从示,从豊,豊亦声。"就是说礼是用来祭祀神灵、向神灵祈福的。郭沫若在《十批判书》中指出:"礼之起,起于祀神,其后扩展而为人,更其后而为吉、凶、军、宾、嘉等多种仪制。"

在以后的典籍中"礼"出现得越来越多。在《虞书》上有"修五礼"的说法,这时"礼"的种类已分别有了明显区分,五礼指的是吉礼、凶礼、军礼、宾礼、嘉礼。在《礼记·王制》篇里面有这样一句话,"修六礼以节民性",是在五礼的基础上又加了一礼,叫做六礼(冠、婚、丧、祭、乡、相见),即冠礼、婚礼、丧礼、祭礼、相见礼、乡礼等六种。这些文献中对礼的解释还是沿袭它的本意,即祭祀、祈福、求神。《左传》则对"礼"的解释进一步拓展,《左传·昭公二十五年》提到:"夫礼,天之经也,地之义也,民之行也。"其中明确提出,"礼"是天经地义,民之行也,作为一种准则、作为一种规范、作为一种道德精神层面的东西进入到人们的生活中。《大戴·礼记》中则提到了九礼,有冠礼、婚礼、吉礼、聘礼、丧礼、祭礼、宾主礼、乡饮酒,以及军礼等。五礼也好,六礼也好,从礼的发展演变、礼的种类上可以看出,大到国家征战,如军礼、吉礼,小到百姓日常生活,如加冠礼、乡饮酒礼,都体现出礼的存在。礼可以说是贯穿中国文化的核心,国学大师钱穆就曾说到:要了解中国文化,必须站得更高来看中国之心。中国的核心思想是"礼"。① 礼贯穿了中国文化的核心,尽管中国是礼仪之邦,但是没有人可以用"一言以蔽之"的方法给"礼"下一个定义。已故著名礼学家钱玄先生也说,礼的"范围之广,与今日'文化'之概念相比,或有过之而无不及,因此,礼学实际上就是'上古文化史之学'"②。

---

① 转引自彭林:《中国古代礼仪文明》,中华书局2013年版,第3页。
② 钱玄:《三礼辞典》,江苏古籍出版社1998年版,自序。

二、何谓礼仪

《左传》中对"礼"的解释是"礼者,理也",意思是"礼"就是合于道理、天理的行为或制度,它是根据道德理性推理出来的,"礼"就是由道德理性作为内涵的一些规范,"理"就是要表达"礼"。这段解释把礼貌的礼和讲道理的理等同起来,颇耐人寻味。在现代社会,一些商品广告也喜欢做这样的文字游戏,经常说有"礼"走遍天下。有"礼"走遍天下,意思是只要一个人体现出对礼的遵从,所到之处必定会受到欢迎,也会赢得更多发展空间和发展机会,这与前文论述的形象价值可谓殊途同归。

古人在解释"礼"的时候,用到了"履"字,"礼者,履此者也"。履,即履行、践行。"履此者也"强调礼要在实际行动中体现出来,不能说一套,做一套,而是必须言行一致。现代汉语中很少使用这种单音节字,一般都是双音节字。提到礼的时候,现代汉语一般使用能够接近表达礼的内在含义的词——"礼仪"。古代汉语中的"礼"和"仪",实际是两个不同的概念。"礼"是制度、规则和社会意识观念;"仪"是"礼"的具体表现形式,它依据"礼"的规定和内容,形成一套系统而完整的程序。但因为"礼"与"仪"之间所存在的观念与形式不可分割,因此,在现代汉语中,习惯上使用礼仪一词来作为"礼"的代称,同时礼仪在特定的场合也专门用来指"礼"之"仪"。

所谓礼仪,从表面上讲,指一个时代的典章制度,从狭义上讲是人们在社会交往中由于受历史传统、风俗习惯、宗教信仰、时代潮流等因素的影响而形成的,既被人们所认同,又为人们遵守,以建立和谐关系为目的的各种符合礼的精神要求的行为准则或者规范的总和。换句话说,礼仪是一种规范或准则,这种规范或准则不仅要符合礼的精神和要求,还要受到一些传统、历史、风俗、宗教以及时代潮流的影响。

总之,礼是人行为处世、相互交往、生活工作及完成各项使命必不可少的准则。更通俗一点说,礼也是一套游戏规则,一个人要进入社会,跟人打交道,首先要讲究游戏规则。没有规矩,不成方圆。对于社会交往来讲,其游戏规则就是礼,就是社会成员必须遵守的典章制度。礼就是这种准则和规范,这种准则和规范的目的是促进人与人之间和谐关系的建构。

礼在欧洲,或在西方文明中跟我国经典著作《礼记》中所讲的礼并不完全一样,现在社会通行的社交礼仪,或者进入现代社会的行为准则更多的是吸收了西方礼仪的标准,向西方礼仪靠拢。比如在《礼记》一书中,在任何的礼仪规范中都没有"女士优先"的准则,但女士优先确实是现代社会交往的一个准则,这就是融合了西方现代社会文明的礼仪观念。现在中国人的穿着、发型等跟《礼记》中讲的也完全不一样,这些也部分受到了西方的影响。

英文中并没有礼这一词汇,英文中对应的礼字直接从法文引入。在欧洲,"礼仪"一词最早见于法语的"etiquette",原意是"法庭上的通行证"。上面记载着进入法庭应遵守的事项,发给进入法庭的每个人,作为其入庭后必须遵守的规矩或行为准则。由于在社会交往中,人们也必须遵守一定的规矩和准则,才能体现人之所以为人的特有风范,正所谓"凡人之所以为人者,礼义也"①,才能保证文明社会得以正常维系和发展,"etiquette"一词进入英文后,便有了"礼仪"的含义,意即"人际交往的通行证"。如果没有这个通行证,人们恐怕连社会的大门都进不去,更谈不上求得发展、满足各种需求了。

从中西方的理解可以发现礼的含义其实也有很多共同之处,讲的都是一种游戏规则,都是人之所以为人,人之所以为社会成员,并在社会交往中被认可、接受时所要遵守的一套行为规范准则。

三、礼仪的类别

在古代中国,礼深入到社会的各个层面,因而礼的名目极为烦冗。《中庸》有"礼仪三百,威仪三千"之说。《周礼·春官·大宗伯》则将五礼划分为吉礼、凶礼、军礼、宾礼、嘉礼。由于《周礼》在汉代已经取得权威地位,所以其五礼分类法为社会普遍接受。后世修订礼典,大体都依吉、凶、军、宾、嘉为纲,如北宋礼典就称《政和五礼新仪》,《明会典》《大清会典》也是如此。

吉礼,是祭祀之礼,古人祭祀为求吉祥,故称吉礼。《周礼·春

---

① 《礼记·冠义》

官·大宗伯》说"以吉礼祀邦国之鬼、神、示",将祭祀对象分为人鬼、天神、地示等三类,每类之下再细分为若干。这一类型的礼显然最接近礼在中国古代的本意。古代的人们为了祭祀,为了求得吉祥,发明和形成了一套规则和制度,这就是吉礼。在《礼记》中有大量的篇幅描写了君主、老百姓怎么祭神,怎么祭拜祖先,讲的都是吉礼。

凶礼,是指救患分灾的礼仪,包括荒礼和丧礼两大类。《礼记》中有很多的篇幅讲这种礼。比如说干旱、地震、洪水,在过去都有祭祀,像北京的天坛、日坛、地坛都是过去祭祀的场所,这样的场所很多时候也用来举行凶礼,甚至丧礼。现在,每逢春节或特别的节日,北京的天坛、地坛等公园里还有这类礼仪的表演,如皇帝亲耕、皇后祭蚕等。

军礼,即与军队征战相关的礼仪。在今天的一些演示资料,或某些历史古迹中,经常可以看到这样的场面:军队出发之前,国君、统帅一般要举行仪式,要摆上牲畜等贡品以示隆重。这都属于军礼。现代生活中也可以看到类似的场景,比如在军队出发征战之前,一般都有动员或誓师的环节,也会举行授旗仪式等,这在某种程度上跟军礼比较接近。

宾礼,就是天子、诸侯接待宾客的礼仪,其名目有:"春见曰朝,夏见曰宗,秋见曰觐,冬见曰遇"。这跟当下社会讲的礼宾有一点相似,比如中国外交部就有专门的礼宾司,承担国家对外礼仪和典礼事务、拟订涉外活动礼仪规则等。

嘉是善、好的意思。嘉礼是按照人心之所善者制定的礼仪。嘉礼是饮食、婚冠、宾射、燕飨、脤膰、贺庆之礼的总称,是人与人之间沟通联络感情的礼仪。"嘉"虽然不完全等同于"家",但也隐含这样一个意思。提到嘉礼的时候,往往跟人们的家居生活更接近一些,比如前面提到的婚礼、相见礼、冠礼等都属于嘉礼的范畴。嘉礼的范围很广,除上述诸礼外,还包括正旦朝贺礼、冬至朝贺礼、圣节朝贺礼、皇后受贺礼、皇太子受贺礼、尊太上皇礼、学校礼、养老礼、职官礼、会盟礼,乃至观象授时、政区划分等。

随着时代的变迁,当今社会所存的礼仪与中国古代礼仪相比已发生了很大的变化,在类别和含义上都有了新的发展。现代礼仪一般包括:

（一）外交礼仪

相当于中国古代礼仪里的宾礼。外交礼仪，一般指国家元首或外交使团到某国访问时，用什么样的方式、规格去接待和交往，其中包括在什么场合，用什么级别，以什么仪仗队，采取什么馈赠，怎么互致问候等。比如说2013年4月中国四川雅安地震之后，有很多外国元首打来电话表示问候，甚至提供帮助，这也算是一种外交礼仪。

（二）家庭礼仪

人们在家庭中如何跟父母、兄弟、长辈、晚辈相处、交往等，属于家庭礼仪。在一些中国古代文学作品中可以看到，青年夫妻在新婚第二天早晨，刚入门的媳妇就得起早给公婆准备早点，要去请安。而在清代的宫廷戏里也经常能够看到，虽然贵为天子、皇后，早晨起来第一件事情也一定是去给太后请安。给太后请安实际上属于家庭礼仪，既不涉及外交礼仪，也不涉及政治礼仪。在现代中国家庭，虽然已不再讲究这些，但晚辈同样需要在行为举止上体现出对长辈的尊敬，同样要遵循家庭礼仪。

（三）社交礼仪

除了家庭成员，人类交往的对象一定是指向社会的，这要求人们在与其他社会成员的交往中遵循相应的交往规范，这种规范及原则就是社交礼仪。比如说学生到学校上课，教师到学校授课，其实也是一种社会交往，必然会和他人发生交往关系。一个人走出家门，向他人问路，去商店买东西或者打电话，都需要遵守一定的社会秩序和规则，体现出社交礼仪。

（四）职场礼仪

职场是现代人不可回避的另一个重要生活场所。在职场工作不仅是现代人满足基本生活保障的途径，也是实现个人价值的重要通道。在职场，不管是公司的秘书，还是新闻记者，抑或是教师或公务员，都有一整套的规范和准则，这就是职场礼仪。对新闻记者来讲，职场礼仪几乎等同于社交礼仪。新闻记者是社会活动家，势必要跟各行各业的人交往，交往甚至是记者的工作和职业行为，记者在社会交往中所体现和遵从的礼仪也属于职场礼仪的范畴。从这一点来讲，记者行业跟别的职业存在一定的差别——其他职业的职场礼仪可能与社交礼仪有比较明显的分界线,但对于新闻记者来讲这样的界限几乎不存在。

(五)商务礼仪

所谓商务礼仪,一般是指在较为正式的商务活动,如商务洽谈、商务谈判、商务合作中所应遵循的一套礼仪规范。商务礼仪的核心是体现人与人之间的相互尊重。较之家庭礼仪、社交礼仪和职场礼仪,商务礼仪因所涉及的对象及场合更为正式,因而在规格和要求上比上述三种礼仪更为严格,但较之外交礼仪则又略逊一等。

四、礼(仪)的构成

礼的种类纷繁复杂,礼的样态千差万别,大体说来,包括礼法、礼义、礼器、辞令、礼容等。所谓礼法,是指行礼的章法、程式。礼器是指行礼的器物,礼必须借助于器物才能进行。礼容,即行礼者的体态、容貌等,为行礼时所不可或缺。辞令,即语言。礼义,就是礼的内核。如果把构成礼的这些元素简单归类则基本可以概括为两个层面:礼的形式和礼的内容或礼的精神实质。礼法、礼器、辞令、礼容属于礼的外壳、形式,而礼义则是礼的真正内核、内容。形式和内容的关系,哲学以及很多艺术创作都会提到。内容和形式,两者都不可偏废。内容总要借助一定的形式才能得以呈现,并被人们认识和把握。涉及繁文缛节和形式主义时,礼可以进行必要的简省甚至摒弃,如孔子所说"礼,与其奢也,宁俭;丧,与其易也,宁戚。"①但如果所有礼的形式都被摒弃,对礼的把握和感知以及礼的呈现也就失去了存在的基础,所以礼包括两个大的维度,一个是它的内容,一个是它的形式,两者不可或缺。礼仪虽属于形式的东西,但缺少了它,礼义有时也难以体现,"没有礼,便不需要仪,没有仪,则又难以见识何者为礼"②,"没有形式,内容就无从表现。没有内容,形式就成了没有灵魂的空壳。"③因此,践礼的关键还是要把握礼的内核和礼的本质。

---

① 《论语·八佾》
② 金正昆:《社交礼仪》,序言,北京大学出版社2005年版。
③ 彭林:《礼乐人生:成就你的君子之风》,中华书局2006年版,第222页。

（一）礼义（内容）

礼义，即礼的本质层面和核心层面。中国古人对于"礼"及"礼"的本质有许多明确表述，"故礼也者，义之实也""为礼不本于义，犹耕而弗种也"。用今天的话说，仁是义的根本，制定礼不根据义，如同耕田而不播种。言下之意，提及礼就要注重其内核，礼的意义和本质才是礼真正的核心，而礼的本质在中国古人看来就是义。

除了义，礼的本质在中国古人看来还有信，所谓"忠信，礼之本也"（忠信，是礼的根本），即礼的实质体现在信用、信任、信誉等各个方面。有人说中国人现已把几千年的礼仪文明丢掉了，其原因在于把礼的本质——"信"丢掉了。信任是建构和维系社会不可缺少的东西，可以为社会和个人发展大大节省成本，可以促进人与人之间的和谐，使大家在友好的环境中实现各种需求。诺贝尔奖得主、经济学家肯尼思·阿罗认为："没有任何东西比信任更具有重大的实用价值。信任是社会系统的重要润滑剂。它非常有成效，它为人们省去了许多麻烦，因为大家都无需去揣测他人话语的可信程度。"[①]

礼是中国文化的一个核心概念，是因为礼的本质除了义、信之外，还包括仁、智等中华传统文化的内核。如果用一个字概括中国文化的核心，那就是礼。礼在英文中很难翻译，被很多人翻译成礼仪，但礼仪不等同于礼，因为它只体现出礼的形式，并不能体现它的内涵。

（二）礼仪（形式）

礼的构成需要把握两个方面。除了礼的精神，即礼义，也要从形式上对其加以把握和践行。从现代社会的发展来看，礼在形式方面往往体现在礼貌、礼节和礼仪等几个方面。

礼貌是指在人际交往中，通过语言、动作向交往对象表示谦虚和恭敬的规范，它侧重于表现人的品质和素养。礼貌是一种谦虚、恭敬的表现，比如记者出去采访，不管采访谁，即使在采访罪犯的时候也必须有一定的礼貌。原中央电视台"新闻调查"栏目的记者杨春曾经说，对于一个记者来讲，如果能够和一个在监狱里服刑的罪犯平等地坐在一起，进行一种很深的交流，才是一个真正的好记者。这体现的就是

[①] 转引自张洪忠：《大众媒介公信力理论研究》，人民出版社 2006 年版，第 205 页。

礼貌。

礼在现代社会有时也通过礼节的方式表现。礼节通常指人们在日常生活,特别是交往活动中相互表示尊重、友好、祝愿、慰问以及给予必要的帮助和照料的惯用形式与规范,它实际上是礼貌的具体表现方式。比如对人表示尊敬,一般要鞠躬、握手;表示哀悼,则要默哀等等。礼节就是要通过一定的形式把礼体现出来,比如学生要表达对老师的尊重。

礼仪则是对礼节、仪式的统称,是指在人际交往中,自始至终以一定的、约定俗成的程序和方式表现出的律己以及敬人的完整行为。在一般意义上,礼仪包含了礼节和礼貌。礼貌、礼节、礼仪三者相辅相成,密不可分。简单地说,礼貌是表示尊重的言行规范;礼节是表示尊重的惯用形式和具体要求;礼仪则是为表示敬意而举行的仪式和程序。礼貌、礼节是构成礼仪形象的基本要素,是适应大多数人需要的伦理道德规范,是文明行为的最基本要求。

礼的构成,最重要的是它的核心和实质,是它的内容,但礼的核心与实质也必须借助于一定的形式,需要通过礼节、礼貌、礼仪体现出来。当然,形式的东西不能大过内容,不能为了形式而去追求形式。

五、礼(仪)的本质

关于礼的本质,中国古代文献中有这样的说法:"行修,言道,礼之质也。"言简意赅,意思是说,行为有修养,言谈符合道理,就体现了礼的本质。[1] 一个人在说话、做事的时候,要体现出一定的修养,让人觉得彬彬有礼、谦和、大度等,这就是礼。一个人的言谈要符合道义,其所说的话让人觉得合适、受用、准确,就体现出了一定的礼,否则,一个人说话让人听了不舒服,就体现不出礼的本质。举个例子,一般在葬礼上,人们可以说"人总是要死的",此时这句话听上去很有道理,是一种安慰,但是在小孩过百天的时候,对着小孩说"人总是要死的",说话者势必会招人反感。话虽有道理,但在此种场合会让人听了不舒服,

---

[1] 本书所引《礼记》中论述皆采用杨天宇著《礼记译注》(上海古籍出版社 2004 年版)中的译法。

也不能接受。话虽一样,场合不同所产生的效果也不同,让人舒服便是有礼,否则便是无礼。

梁实秋在其杂文中提到礼时说,"礼是一套法则,可能有官方制定的成分在内,亦可能有时代沿袭的成分在内,在基本精神上还是约定俗成的性质,行之既久,便成为大家公认的一套准则"[1]。梁实秋是说讲礼要有修养,言谈要符合道义,但讲礼还要体现约定俗成的原则。对于东方人来讲,含蓄和谦虚是一种美德,而在西方社会提倡的是个性张扬,要追求个人价值。

日本著名礼仪专家在《正确的礼仪》一书中讲道,"礼仪是人们在日常生活中为保持社会正常秩序所需要的一种生活规范……礼仪本身包含了人们在社会生活中应予遵守的道德和公德,人们只有不拘泥于表面的形式,真正使自己具备这种应有的道德观念,正确的礼仪才得以确立"[2]。这句话的意思是说,礼仪的本质重在其精神和内涵,而非形式,礼并不过分看重表面的东西。

因此,感受礼、发现礼,虽然要通过一些外在的形式,但是外在、形式、程序并不代表礼的本质和礼的精神。遵礼、践礼、护礼同样不必拘泥于形式,而是要真正把握礼的内在本质。要表达对一个人的尊重,不一定要鞠躬,甚或下跪,但需在交往中体现出对对方的尊重、理解、关怀和关注。只有抓住了礼的神韵,才能够真正把正确的礼仪确立起来,脱离了礼的实质,只停留在礼的表面,徒有程序呈现,并非真的有礼。

六、礼(仪)的功用

礼到底有什么价值,关于这方面的研究已不在少数。中国古代关于礼的经典著作《礼记》中更是有着详尽的论述。根据《礼记》所讲,"道德仁义,非礼不成,教训正俗,非礼不备。分争辩讼,非礼不决。君臣上下父子兄弟,非礼不定。宦学事师,非礼不亲。班朝治军,莅官行

---

[1] 转引自胡锐、边一民主编:《现代礼仪教程》,浙江大学出版社2013年版,第3页。
[2] 参见〔日〕松平靖彦、草柳大藏:《现代日本礼仪》,谭晶华等编译,上海翻译出版公司1988年版,前言。

法,非礼威严不行。祷祠祭祀,供给鬼神,非礼不诚不庄。是以君子恭、敬、撙、节、退、让以明礼。鹦鹉能言,不离飞鸟;猩猩能言,不离禽兽。今人而无礼,虽能言,不亦禽兽之心乎?夫唯禽兽无礼,故父子聚麀。是故圣人作,为礼以教人。使人以有礼,知自别于禽兽。"(道德仁义,没有礼,就不能成就;教训人民端正风俗,没有礼,就不能完满;分辩争讼的是非,没有礼,就不能决断;君臣、上下、父子、兄弟,没有礼,名分就不能确定;外出从师学习,没有礼,师生之间就不能亲密;排列朝廷的官位和整治军旅,莅临官职执行法令,没有礼,就将失去威严;临时的祭祀和定期的祭祀,供奉鬼神,没有礼,就不能虔诚庄重。因此,君子应态度恭敬、凡事有节制、对人谦让,这样来体现礼。鹦鹉能学舌,终是飞鸟;猩猩能言语,终是禽兽。现在作为人而无礼,虽能说话,不也是禽兽的心态吗?只有禽兽才无礼,所以父子共一雌兽。因此有圣人兴起,制定礼来教育人,使人因此而有礼,知道把自己和禽兽区别开来。)

班朝、治军,是为了治国,维护社会秩序。祭祀,则是为了表达敬仰。从这一点来看,礼仪的体现无处不在,礼仪的作用也无所不在。一个人不懂礼,不习礼,不践礼,实际上与一般动物已无区别。礼,甚至是人类区别于动物、区别于禽兽的一个很重要的标志,是人之成为人的基础。正如唐人孔颖达所说:"人能有礼,然后可异于禽兽也"。

由此可见,礼在人与人的交往或人的社会生活中有如下功能。

"教训正俗,非礼不备"。一个社会要提倡或追求一种风尚,如尊老爱幼,勤俭节约,不通过礼的途径则难以实现。拿尊老来说,如果全社会都把尊老当成一种规范,当成一种约定俗成的行为习惯,都能在公交车上给老人让座,在参加宴席、走路、进门时把方便让给长者,尊老自然也就成了一种人人自觉的习俗。

"纷争辩讼,非礼不决"。两个人或两个利益实体一旦产生纠纷,虽然可通过法律途径解决,但礼同样是平息纠纷的有效途径。在现代社会,人与人之间的关系相对松散、紧张,面对面的交流很少,通过电脑、QQ、微信、微博等其他方式的交流渐多,这不仅可能影响彼此间的关系,也容易造成一定的纠纷。

"君臣上下父子兄弟,非常礼不定"。如何体现君、臣或上下级的关系,如何体现父子和兄弟间的关系,同样可以通过礼来判定、区分。一对父子,如缺少起码的尊重与关爱,特别是为人子者置父亲于不敬,父慈子孝的人伦关系必将不复存在。

"人有礼则安,无礼则危"(人有礼则社会安定,无礼则社会危乱)。一个人懂礼,并时时处处表现出知礼、守礼的一面,那么这个人将是安全的。一个人如处处失礼,他的处境将是危险的。道理很简单,如果一个人对所有的人都尊重、友好,总能先人后己,对任何有困难的人都能伸出援手,主动给予温暖或抚慰,这样的人,无论走到哪儿都必定受欢迎。没有人会欺负这样的人,没有人会跟这样的人过不去。相反,如果一个人走到哪儿都蛮横无理,刁蛮、粗野、没有素质,即使没人伤害他,大家却可能都会敬而远之,置其于孤立无援之境地。

孔子曰:**"安上治民,莫善于礼"**(安定统治地位,治理民众,没有比礼更好的了)。从治国的角度来讲,最好的方略莫过于在社会上推行礼道。在中国,改革开放三十多年来,国人的吃饭问题似乎早已解决,但仔细一想,却多了对食品安全的担心,基本的吃饭问题似乎并没有真正解决。更可怕的是,那些生产毒馒头、毒大米、卖假羊肉的人皆公开声明:他们绝不会吃这些东西。自己不吃,却要卖给别人,以牺牲别人的利益、幸福来换取自己的利益和幸福,这显然是违背礼之精神的。正如有些学者所说,中国在发展经济的同时确实应该好好地反思和解决一些根本问题。而要解决这些根本问题,必须从礼做起,必须培养国民树立礼的观念,学会尊重别人,树立"己所不欲,勿施于人"的观念。"己所不欲,勿施于人"体现的正是对别人的极大尊重。自己不吃的东西让别人去吃既是对他人的一种伤害,也是对他人生命的极不尊重。

"人无礼则不立,事无礼则不成,国家无礼则不宁"(人无礼则无法生存,事无礼则办不成,国家无礼则不能安宁)。一个不讲礼的人,在社会上很难生存,终究会被大家孤立,也终究会被社会淘汰。在人群中生活,一个人时时处处体现出以自我为中心,时时处处只想占小便宜,从未从别人的角度出发,久而久之,就会被孤立,最后可能在人群中待不下去。人无礼则不立,因为没有礼,所以一个人在社会上也就没有生存的空间。事无礼则不成,人们办事情,如果不讲理,走的尽是旁门左道,一次两次可能侥幸成功,长此以往,则绝对行不通。

西方有"礼仪皇后"之称的美国礼仪专家艾米莉·博斯特在1922年出版的《西方礼仪集萃》一书中指出,表面上礼仪有无数的清规戒律,但是根本目标就在可使世界成为一个充满生活乐趣的地方,使它变得平易近人。① 这也再次证明礼仪的价值。礼仪使社会上的每一个人都变得可爱,变得讨人喜欢,变得能够被社会更多地接纳容忍,同时也会使社会变得更加有趣,更加美好。如果每个人都懂礼、习礼、有礼,社会也会让人觉得温暖,让人觉得幸福。

英国哲学家约翰·洛克也曾说,礼仪是在他的一切其他美德之上加的一层藻饰,它们对他具有效用,在为他获得一切与他接近的人的尊重和好感。没有好的礼仪,其余的一切就会被人看成骄傲、自负、无用和愚蠢。如果一个人不顾礼的存在,无视别人的存在,就会变得粗鲁,让人厌恶。这句话的一层意思,就是礼要有"度",过度的礼同样会变成一种愚蠢,这实际上已经涉及礼的原则。

七、礼(仪)的原则

(一) 毋不敬

《礼记》一书开篇即提出"毋不敬,俨若思,安定辞"(凡事不要不严肃认真,神情应庄重、若有所思,说话态度应安详、言辞确定),指出了礼的首要原则,即敬。尽管敬在古代还有别的意思,跟今天的尊敬、崇敬略有差别,但"自卑而尊人",即对自己之外的人或物给予应有的尊重、自己则保持一定的谦让却是古今共通的。敬也从不人为设定界限,即使对于罪犯或有缺点之人,也都应该表现出最起码的尊敬。"虽负贩者,必有尊也,而况富贵乎?"(即使是挑担子的小贩,也一定有值得尊敬的地方,何况富贵的人呢?)如果做到了这些,就是一个知礼的人,就同样会受到知礼之人的敬重。

---

① 百度百科,http://baike.baidu.com/link?url=eBVmFy0jkaCmDkmDco3l6LRkwL9EA-M5RbKE8lLoeSE9Q6z1w3LrFwS6VE-r_q9W_qWn4jDyM0FUfR1qZReQCPYnXVswYQLFFDdxQC-bav3gO。

(二) 礼尚往来,往而不来非礼也,来而不往亦非礼也

《礼记》中有言"礼尚往来,往而不来非礼也,来而不往亦非礼也"(礼提倡往来:我前往施惠而受惠者不来报答,不符合礼;有人来施惠而我不前往报答,也不符合礼),一语道出了践礼的另一个重要原则,即平等和对等。人们在遵礼、守礼和行礼的过程中如果只有单方面的尊重和帮助,久而久之这样的关系是维持不下去的。曾有媒体报道说,在大学宿舍里几位室友的家庭条件各有不同,家庭条件好的学生为了获得某种心理上的满足,或是为了赢得别人的尊重与友谊,经常对同宿舍家庭条件不好的同学特别关照,慷慨地为其买这买那,最后的结果是,家庭条件不好的学生尽管对家庭条件好的学生心存感激,但因为心理压力太大,反而有意疏远家庭条件好的学生。这足以说明,如果在行礼的过程中失却了对等性的话,礼的践行实际上是很困难的。

(三) 礼乐不可斯须去身(礼乐一会儿也不能离身)

这说的是礼的持续性原则。践礼是个持续性的行为,而且丝毫不能有所停歇。不能到了母亲节,才给母亲打电话,才给她们送几张代金券。这种不断为践礼附加条件的行为其实都不是真正的懂礼和知礼。

(四) 故德辉动于内,而民莫不承听,理发诸外,而民莫不承顺(德润泽于内心,人民就没有不听他的话的;理从外貌上表现出来,人民就没有不顺从他的)

这段话的意思是说,如果一个人内在的德行高尚、实在、扎实,当他的内在德行光芒透过外表或者言行举止体现出来的时候,人们莫不对他表示尊敬和顺承。这讲的是践礼的内在性和实质性原则。中华礼仪最显著的特点是,讲究内外兼修,不光要求言谈举止温文尔雅,循规蹈矩,而且内心要充满德性。一个人在知礼、行礼时,礼的形式固然重要,但真正重要的是践礼者的内在德行。如果一个人的内在品德不佳,无论其表面上表现得多么彬彬有礼,也难以让人觉得他是真正知礼、守礼的人,反之,一个人如果内在品德高尚,其举手投足间就会处处体现出礼的光芒和魅力。

（五）夫礼,所以制中也(礼是用来使人的言行适中)

行礼时还有一个重要的原则,就是礼的适度,即礼的适宜性。一般而言,人与人交往时的距离很能说明两个人之间的关系,距离越近则说明两人关系越近,两人间也会表现得更为亲近。如一般情况下只有父母、子女、夫妻、恋人之间才可能零距离接触,一般同学,尤其是男女同学之间不可能达到零距离的接触,应保持适度的距离,否则不仅传达不出对对方的亲密与尊重,相反会让对方觉得不舒服或受到了侵犯。礼最简单的出发点就是让别人觉得舒服,如果单方面表示尊敬与友好的热情过度就会让对方不舒服,实际上已走向了反礼的一面。"即使是最亲近的人际关系,也应该保持一定的距离,包括时间、空间和心理距离,否则摩擦、矛盾、冲突、争斗、痛苦也就在所难免。"[①]

生活中经常能听到这样的话,某个人热情得有点过头了。在行礼的过程中,热情有时也会烫伤别人,过犹不及,行礼过度同样会变成一种无礼。

（六）礼仪之始在于正容体,齐颜色,顺辞令(礼仪的开始在于使容貌体态端正,表情得当,言辞和顺)

礼的内容说大可大说小可小,小到很细微的地方,如穿衣打扮和措辞等,从中都能够体现出礼,体现出一个人的品格和修养。胡适常说会客时通常要讲究三紧,即帽子要戴紧,腰带要系紧,鞋带要系紧等,体现的都是礼,都是对人的尊重。

（七）时为大,顺次之,体次之,宜次之,称次之(礼,以合天时为最重要,其次是顺伦序,又其次是体现区别,再其次是必须适宜,最后是必须相称)

礼固然需要坚持一定的原则,但还要区分时间、对象、顺序,体现出具体情境之下的权变。男教师对一个男同学表示赞赏,可以过去拍拍他的头或肩,不会显得不合适。但如果某位女生被男教师欣赏,男教师也通过拍头或肩的方式来表达的话,就会让人感到不舒服。

---

① 陆卫明、李红:《人际关系心理学》,西安交通大学出版社2006年版,第15页。

第二节 社交礼仪

一、社交礼仪的内涵

简单地说,社交礼仪就是人们在社交活动中应该遵守和体现的礼仪规则。如果要下个定义的话,社交礼仪就是人与人在社会交往中通过语言、仪表仪容及举止表现出来的行为规范。社交礼仪首先是一种行为规范,比如有些宾馆门口会标示:衣帽不整者不得入内。这便是一种规范,体现的是对人的尊重。曾有媒体报道北京一位八九十岁的老太太,因为街道办事处的工作人员要到家里来,老太太就跟保姆说,先等等,我得换衣服,我得打扮一下。这种态度,充分体现了对人的尊重,让人肃然起敬。遵守社交礼仪有助于建立相互尊重友好的新型合作关系。人们在社会交往中遵循一定的社交礼仪,既可以为自己的个人形象和人际交往增光添彩,也有助于开展工作。

二、社交礼仪的特点

(一)传承性

中国是礼仪之邦,礼仪文化源远流长。礼仪的发展是一个扬弃的过程,是一个剔除糟粕、继承精华的过程。那些反映劳动人民精神风貌、代表劳动人民道德水平和气质修养的健康高尚的礼仪得到了肯定和发扬,而那些代表剥削阶级帝王将相封建迷信的繁文缛节得以根除。如今,古代的磕头跪拜早已被现代的握手敬礼所替代,至于古代朝见天子所需的三跪九叩,更早已被抛进历史的垃圾堆。而那些"温良恭俭让""尊老爱幼"的行为规范则得到了弘扬。古时老人生日寿辰时,晚辈需行祝寿礼仪,置办酒宴以祝老人福寿无疆,万事如意,而如今的年轻人除了摆寿酒外,还在电台点歌、电视台点节目。这种变迁不仅反映了礼仪的一脉相承,也反映了礼仪在传承过程中得到了丰富和发展。可见,礼仪变化的传承性必将随着人类历史的不断进步而发展。

(二)民族性

"百里不同风,千里不同俗",不同的文化背景,产生不同的礼仪文化,不同的地域文化决定着礼仪的内容和形式。我国疆土辽阔,是一个多民族大家庭,不同的民族,在风俗习惯、礼仪文化方面各有千秋,仅见面问候致意的形式就大不一样,有脱帽点头致意的,有拥抱的,有双手合十的,有手抚胸口的,有口碰脸颊的,更多的还是握手致意。这些礼仪形式的差异均是由不同地方的风俗文化决定的,具有强大的影响力。

"入境而问禁,入国而问俗,入门而问讳"。人们到了一个地方要遵从一个地方的礼仪和礼节。这也是当代社交礼仪的一个特点,比如,在美国,就要遵守美国的礼节,到中国来就要遵守中国的礼节,到穆斯林居住区就要遵守穆斯林的礼节。如果盲目地以先进的就是正确的为借口,对不同区域的礼仪全然不顾,则是一种失礼,甚至是无礼的表现。

(三) 权变性

礼仪作为一种文化,同样具有浓厚的时代特色。每个时代的礼仪由于时代的特性,其表现也往往大不相同。礼仪原本起源于原始的祭神,人类最初的礼仪是从祭神开始的,例如古代把裸体怀孕的妇女陶塑像作为生育女神来祭拜,这正是人类在蒙昧时期无法更好地保护自己而产生的强烈的生殖崇拜。时代的特色对文化的冲击是巨大的,可以说,每个时代的文化正是时代变迁的缩影,礼仪文化也如此。如辛亥革命猛烈地冲击了封建社会的上层建筑及其意识形态,也影响到了人们日常生活的方方面面,造就了一代新风尚。据1912年3月5日《时报》记载:"清朝灭,总统成,皇帝灭……新礼服兴,翎顶补服灭,剪发兴,辫子灭,爱国帽兴,瓜皮帽灭,放足鞋兴,菱鞋灭,鞠躬礼兴,跪拜礼灭,卡片兴,大名刺灭……"

可见礼仪文化总是一个时代的写照。"文化大革命"时期,清一色的服饰文化正是当时人们的思想行为统一到一个文化模式中的反映。而现在丰富多彩的服饰文化也正是现代人丰富的内心世界的反映,是改革开放的投影。因此,礼固然有传承的特点,但绝非一成不变,而是会随着时代的发展而变化。如按照中国古代男女授受不亲的原则,一般男性与女性尚不能牵手,更不要说嫂子和小叔子之间了。但如果嫂子掉到河里将要淹死,小叔子仍不施以援手,那就不是遵礼,而是见死不救。这意味着,在特殊情况下,礼的内容和形式都会出现变动。换言之,礼仪虽然是长期积累下来的大多数人所共同认可的规范,但是它也不是固定不变的,要根据具体情况做出变动。正所谓"礼从宜,使从俗"(礼仪要顺从时宜,出使要顺从别国的风俗),"礼以顺人心为本,故亡于《礼经》而顺人心者,皆礼也。"(即使在礼的经书上找不到,只要行为者的做法顺乎人心,那就是礼)。

礼最大的原则和特点是让人舒畅。即使你的所作所为可能不符合常理,不符合经典,但如果能让人感到舒畅,那便是礼,反之,即使所作所为在专业等方面能够找到有力的理由,但只要让人反感,也是不足取的。

（四）针对性

不同的礼仪针对不同的交往对象,就像孔子所讲,要因材施教,这也是社交礼仪的一大特点。《礼记》中说,"礼,时为大,顺次之,体次之,宜次之,称次之",说的就是这个道理。礼,以合天时为最重要,随后依次为顺伦序、有区别、要适宜、须相称。因此,虽说礼仪的运用要讲规范性,但守礼并非僵化死守,由于社交对象的不同,礼仪的适用程度也不一样。同样的礼节对不同年龄、不同性别、不同文化的人会产生不同的效应。在社交活动中,必须针对不同的对象、不同的场合运用不同的礼仪。同样一句话,对年轻人来说不算什么,但可能对老年人就是一种伤害,对男性不算什么,对女性而言就是一种伤害。

第三节 社交礼仪的价值

一、社交礼仪的功能

只要有人的地方,就有人的交往,只要有人类社会的存在,就存在社交礼仪,社交礼仪也会在人类社会生活的各个层面发生作用。关于社交礼仪的功能,一般被分成沟通、协调、维护和教育四大方面。[1]

（一）沟通功能

作为一种社会成员长时间约定俗成的行为规范,社交礼仪如同语

---

[1] 金正昆:《社交礼仪》,北京大学出版社2005年版,第14页。

言一样发挥着沟通社会成员的关系的功能。中国有句俗话"有礼走遍天下",在人际交往中,如果所有的交际者都能自觉地遵守礼仪规范,很容易就能使交际对象之间实现情感和价值共鸣,也很容易使人们在交际上达成共识并取得成功,进而有助于人们的事业的发展。从这方面来说,社交礼仪不仅是社会沟通的基础,本身也是一种沟通。

(二)协调功能

《礼记》云,"乐至则无怨,礼至则不争"。从一定意义上说,礼仪是人际关系和谐发展的调节器,人们在社会交往中按照礼仪规范的要求行事,不仅有助于相互间的尊重,建立友好合作的新型关系,而且能够缓解和避免不必要的对立和冲突,从而有效地协调人与人之间的关系。

(三)维护功能

社交礼仪是人们在交往中所形成的一套规则,是一个社会文明发展程度的反映和标志,反过来,社交礼仪也可以在一定程度上维护社会的秩序,成为推进社会文明进步的重要力量,对社会的风尚产生广泛、持久和深刻的影响,正所谓"道德仁义,非礼不成,教训正俗,非礼不备"。一个社会当中,讲礼仪的人越多,社会的风气就越好,社会就越和谐安宁。从这一点来看,社交礼仪在维护社会秩序方面有着法律所不能及的作用。

(四)教育功能

社交礼仪可以通过评估、劝阻、示范等教育形式来纠正人与人在交往中存在的某些不正确的行为习惯,并积极倡导人们按照礼仪规范要求协调人与人之间的关系,从而维护正常的社会生活和社会运转。遵守礼仪规范的人,在与他人的交往中客观上也会起到某种榜样的作用,潜移默化地影响周围的人,大家互相影响就会在全社会起到某种教育作用。中国古人早就提出"安上治民,莫善于礼",同样反映出礼对社会风气、社会民众的素质提升具有不可替代的教育和教化功能。

二、社交礼仪的作用

作为进入人类社会的通行证,以及人类交往行为的规范与准则,社交礼仪对于加强人与人之间的联系与合作、推进社会朝向现代文明发展有着不可替代的作用。

(一) 社交礼仪有助于塑造良好的社交形象

如前文所述,形象乃是人们在一定条件之下对于他人或事物所做的评估与判断,其实质是人们对于他人或事物所形成的综合印象。社交形象即人们通过一系列的社交行为在社交对象心目中所留下的印象,或人们基于某人在社会中的表现所形成的某人在社交方面的形象。社交形象不仅是对人的社交行为的最终结果的评判,更是直接影响交往关系融洽与成败的关键。在社会交往中,人们总是以一定的仪表、装束、言谈、举止出现在他人面前,人们在社会交往中也总是最先依据这些因素来形成对一个人的初步印象。整洁大方的衣着、优雅得体的举止、高雅华贵的气质、真诚动人的谈吐、健康积极的精神面貌总是能给交往者留下深刻而美好的印象,从而建立起真正的友谊和信任关系。因此,社交礼仪在人际交往中不仅起着润滑和催化的作用,而且可以表达感情、增进了解,有助于塑造良好的社交形象。

(二) 社交礼仪有助于促进形成交往行为的规范

在社会交往中,人与人从相识到相知首先是从礼貌开始,礼貌、礼节是衡量个人及社会文明程度的标尺。人际交往中存在良好的社交礼仪,这不仅是对交往对象表达敬意和友善的一种手段,而且反映人的精神面貌、道德品质、文化教养以及为人处世的原则和能力。在社交场合,人们按照一定的程序、采取恰当的方式交往,一方面有助于相互间达成共识和理解,另一方面也可以对人与人之间的交往行为进行规范和引导,如守时守约、讲究仪容仪表、遵守社会公德等都潜移默化地影响和熏陶着人的心灵,使人们在社会生活中时时处处注意约束自己的行为,养成良好的文明习惯。礼仪同时敦促人们按照社会公认的行为规范交往和生活,为人们创造良好的生活工作环境,从而使人能够享受到生活和工作中的乐趣。

(三) 社交礼仪有助于提高个人生活质量

在交往中遵守社交礼仪,拥有良好的社交礼仪形象,拥有整洁大方的衣着、优雅得体的举止、高雅华贵的气质、真诚动人的谈吐、健康积极的精神面貌不仅能使交往者心情愉悦,对生活、工作充满信心,而且能够与交往对象友好相处,赢得交往对象的喜爱、尊敬和信任,从而在自己的工作、生活中争取到更多的信任与合作,促进个人在友情、事业等各个方面的发展,取得更大的成就,提高个人的生活质量。同时,社交礼仪也为个人的生存、生活创造了更为有序、和谐的外部环境,使人能够享受到现代社会的文明与进步,同样为个人提高自己的生活质量提供了外部保障。

(四)社交礼仪有助于促进交往关系的建立

讲究礼仪的目的是实现社会交往各方的互相尊重,从而达到人与人之间关系的和谐。在现代社会,礼仪可以有效地展现施礼者和受礼者的教养、风度与魅力,它体现着一个人对他人和社会的认知水平、尊重程度,是一个人的学识、修养和价值的外在表现。一个人只有在尊重他人的前提下,自己才会被他人尊重,也只有在这种互相尊重的过程中,人与人之间的和谐关系才会逐步建立起来。所以,从某种意义上可以说,遵守礼仪是人获得自由的重要手段和途径之一。

三、社交礼仪的原则

专门研究中国古代礼仪文化的彭林教授在其著作《礼乐人生——成就你的君子之风》一书中将礼的原则简单地归纳为"敬、净、静、雅"四个字,社交礼仪专家金正昆则在其编著的《社交礼仪》一书中将社交礼仪的基本规则总结为尊重他人、自律自重、宽宏大量和适度为宜四个方面。综合其他研究者在社交礼仪方面的论述,笔者总体上倾向于金正昆教授所归纳的社交礼仪规则,并将其与彭林教授所提出的礼的原则相结合,将社交礼仪的原则概括如下。

(一)敬人

从古今中外的礼仪发展来看,礼仪首先包含的精神就是"敬",甚至可以说,没有了敬,礼便也无从谈起。中国古人明确提出:"所以治爱人,礼为大;所以治礼,敬为大"(所用以爱别人的,行礼最重要;所用以行礼的,敬意最重要)。"礼者,敬而已矣"。《礼记》一书更是开篇即亮出"毋不敬"的统领性原则。现代社会,希望得到充分的尊重,特别是人格和尊严上的尊重是每个交往对象最基本的心理需要,亦是礼仪的情感基础。实际上,"敬人者,人恒敬之",只有在充分尊重他人的基础上,自己才能够真正得到他人的尊重,进入更深的交往,并最终获得交际和事业上的成功。因此,社交礼仪的原则首先是尊重,是将自己置于谦逊的位置之上。《礼记·曲礼上》说:"夫礼者,自卑而尊人,虽负贩者,必有尊也,而况富贵乎",这一段话明确指出,不管人们的职业、地位、财富状况如何,得到应有的尊重是最起码的社会需求。为了体现礼的这一原则,人们必须放下身段,把对方放在受尊敬的位置上。

(二) 律己

孔子提出"克己复礼",意思是人们必须通过克制自己的言行举止以达到礼的要求。前文多次提到,现代社交礼仪是指人们在社会交往活动过程中形成的应共同遵守的行为规范和准则。作为一种行为规范和准则,礼仪既反映了人们的共同利益要求,也需要全社会每位成员自觉遵守,而一旦有人违反了这些原则,就会受到社会舆论的谴责,或至少给交往对象带来不悦,影响个人的形象,也妨害社会交往的正常进行。因此,如果说礼仪的首要原则是在社会交往中通过自己的谦卑来体现对交往对象的敬,这种敬同样需要交往者的谦抑来作为保证。只有交往者具有克制力,严于律己,时刻对自己的言行加以约束才能保证。当然,对于那些地位、身份不如自己的交往对象给予自己的恭敬更是不能骄傲,而要以礼相待,体现出应有的风度,这也是交往者自重的体现。

(三) 宽容

人具有社会性,在人与人的交往中难免存在矛盾,或存在威胁人际关系、容易造成人际冲突的因素,这些因素可能来自礼仪不周或礼仪过度,也可能是由于信息不对称或逆向性理解所致。无论造成这些负面状况的原因是什么,在交往中都应该秉持包容和宽恕他人的雅量,这既是树立大度、宽宏的良好个人形象的必需,也是化解人际冲突的有效途径,正所谓"以德报怨,则宽身之仁也;以怨报德,则刑戮之民也"。尽管社交礼仪应成为每一位社会成员的行为规范,但施礼者不能要求每个交往对象都能达到标准。在社交中难免会出现无意的失礼现象,遇到这种情况,如缺少宽容就会使正常的交往无法进行。当然,宽容也不是纵容,更不是放弃原则的姑息迁就,碰到故意挑衅和无理取闹,不但不能一味容忍,反而要据理力争。

(四) 适度

尽管中国传统文化中有"君使臣以礼、臣事君以忠"的说法,即无论是君主还是大臣在处理彼此的关系时都应当遵守相应的礼仪规范,但中国古代的圣人孔子又说过:"事君尽礼,人以为谄也",意思是尽管按照中国的传统礼仪,大臣在处理与君主的关系时应当遵循一定的礼仪规则,但如果超出了一定的度,则大臣与君主间的交往关系便不再是应有的忠诚反而成了谄媚的表现。这实际上是礼仪的另一个重要原则,即适度为宜。在现代交往中同样如此。人际交往不能过于冷淡,但过分的热情同样让人反感;人与人的交往应有最起码的尊重,但过分的尊重也会让交往者无所适从;人与人的交往中需要"自卑而尊人",但过分的谦虚会让人觉得是一种虚伪。因此,在践行社交礼仪的时候须时时把握过犹不及、适度为宜的原则,正如古人所说:"古之圣人,内之为尊,外之为乐,少之为贵,多之为美。是故先生之制礼也,不可多也,不可寡也,唯其称也(古代的圣人,以用德涵养内心为最可崇尚,以使德发扬于外为乐事,以用尽可能少的礼物体现德为可贵,以用尽可能多的礼物发扬德为美事。因此先王制定礼,所用的礼物不可以增加,也不可以减少,只在于使礼和礼物相称)。"

四、社交礼仪的惯例

(一) 礼交礼仪中的一般通行惯例

当代中国社会,在保留具有传统文化特色的礼仪和在不断吸纳西方现代礼仪的基础上,逐渐形成了一些约定俗成的通用礼仪规范。一般来看,现代社交礼仪中比较通行的一般性惯例主要包括:

1. 女士优先。女士优先是专门针对男士而言。在现代社会,一位男士,在任何时候、任何情况下,在行动的各个方面所体现出来的尊重妇女、照顾妇女、保护妇女、体谅妇女、关心妇女,并尽心竭力为妇女排忧解难的行为,就是女士优先。女士优先是现代西方世界公认的礼仪惯例,男士在社交中违背此惯例一般会被认为没有教养、缺少风度。虽然此惯例主要针对男士而言,但女士也不能因为享有"特权"而失去应有的谦让。

2. 一视同仁。即要以一种平等和等距离的方式与每位交往者相处。这里的距离并非仅指人与人之间相处时的物理距离,而是更多用来指代人际交往中的心理距离和情感距离。等距离意味着在人际交往当中,特别是一个交往者同时与一个以上的交往对象交往时应该一视同仁,不能存在厚此薄彼的行为,不能让交往对象产生亲疏、远近不同的感觉。

3. 尊重隐私。隐私即个人不愿意告诉他人或不愿公开的关于个人的私密性信息,其一般涉及个人年龄、婚姻状态、经历、收入、健康等方面的信息。尊重他人隐私也是现代交往中一条国际通用的惯例,特别是一些公务性的交往,或交往尚处于初级阶段,尊重隐私不仅能够减少尴尬,减轻交往中的紧张感,而且能够树立起交往者尊重他人的良好形象。如果是迫不得已或必须涉及某些隐私的话,也应当首先征得交往对象的同意。

4. 修饰避人。在进入社交场合时,对个人的仪容、仪表进行必要的修饰不仅容易给人留下好的印象,也是对交往对象的一种尊重。在现代社交礼仪当中,对个人仪容仪表的修饰须以不当众修饰为前提,这就是修饰避人。当众修饰,即在交往对象面前修饰,如提裤子、梳头、涂口红等会让交往者显得缺乏教养,显得粗鲁,也会让交往对象产生被轻视和被怠慢的感觉,影响正常的交往关系。

(二) 社交礼仪中"不"的惯例

除了遵守社交礼仪的一般性惯例,遵守社交礼仪所反映的社会规范和交往程序,在交往当中注意防范社交礼仪的一些"雷区",也是树立良好形象和促进交往关系的有效途径。金正昆教授在《社交礼仪》一书中将这些社交中的"雷区"总结为八个"不"的惯例,概述如下[①]。

1. 不过分开玩笑。朋友或熟人之间开玩笑是很自然的事情,但因为开玩笑而使交往对象难堪,甚至"红脸",引起交往冲突的情况也屡见不鲜。以开玩笑作为一种小幽默来调剂人际关系可以,但玩笑须开得有分寸、符合社交礼仪,这就需要交往者根据不同的交往对象、不同的交往场合来把握,同时也应该尽量开一些健康、有趣、有格调的玩笑。

[①] 金正昆:《社交礼仪》,北京大学出版社2005年版,第27—31页。

2. 不乱起绰号。绰号往往是根据某些人的较为显著的特征而采取的较为简练的称谓。绰号在某种程度上可以体现出一种亲密,但有时也存在某些歧视与嘲弄的意味,因此,除非是交往对象乐于接受的一些通用的具有褒义的绰号,否则在社交场合应该避免使用绰号。

3. 不随便发怒。发怒的原因和理由有许多,其中不乏正当而充足的方面,但无论如何,发怒都会严重伤害交往对象的情感,影响彼此间的交往关系,也严重影响交往者本人的形象。因此,不随意发怒既是交往者有修养、有风度的体现,也有利于交往关系的深入发展。

4. 不当面纠错。交往中出现错误在所难免,但由于中国文化中有"好面子"的传统和心理禁忌,因此在一般的社会交往中不宜当面纠正交往对象的错误,而是应当在其他更为私密的场合友好、诚恳地向交往对象提出,如果非得当面指出的话,也要注意采取委婉的方式,以免伤害交往者的情感,从而破坏交往关系。

5. 不言而无信。人与人的交往贵在真诚、守信,如果言而无信,总是空头许诺,必然影响交往者的形象,也交不到真正的朋友。因此,在正常的人际交往中不要轻易许诺,一旦许下诺言,则一定要信守承诺,绝不食言,正所谓"言必信,信必行,行必果"。

6. 不恶语伤人。俗话说:"良言一句三冬暖,恶语伤人六月寒",一语道尽了言语在社交中的意义及所应遵循的规则。在社交中,应特别注意避免使用污言秽语及某些含有挖苦、讽刺、奚落或侮辱性意味的语言。

7. 不热情过度。适宜性是社交礼仪的重要原则之一。在社会交往中热情固然是增进彼此情感、树立良好形象的重要因素,但热情也需要符合"礼"的度,热情过度不仅让人觉得冒失、无礼,而且容易让人对交往者的动机产生怀疑。因此,在社交中应当注意把握分寸,"过度的热情也是会灼伤人的"。

8. 不妨碍他人。在公共场合不妨碍他人既是现代社交礼仪的规范性需要,也是树立交往者形象的重要方面。在公共场合,特别是办公室、剧院、图书馆、医院等场所,有教养的人应当有意识地约束自己的行为,以免因自己的行为造成对他人的妨碍和影响。

第四节　形象管理与社交礼仪

一、形象管理是一种社交礼仪

形象管理是社会交往不可缺少的组成部分，也是一种社交礼仪。

1. 形象管理与社交礼仪目的的相似性

无论是个人还是社会组织，礼仪和形象都是展现其精神和价值观的窗口。形象管理的目的在于形象定位和精神的展现，在于告知外界"我是谁"，在于和外界和睦相处，不是锋芒毕露，也非唯唯诺诺。社交礼仪是在告知世界"我是谁"的过程中所遵从的礼仪规范，其目的是促进形象管理目的的达成，二者的目的具有高度的相似性。二者在告知外界、身份定位、关系建设、沟通流畅等目标方面拟合度很高，都是为了促进人与人之间的交往，促进人与人关系的和谐，都是为了让交往对象觉得舒服。同时两者也都是人们进入社会平台并行动自如的通行证。对新闻记者而言，无论是形象管理还是社交礼仪，最终目标是树立和维护记者的形象，进而实现新闻传播的功能。比如在伊斯兰世界中，记者要想顺利采访并获取高质量的信息，就要遵守穆斯林的宗教礼仪，以此来进行形象管理，从着装到举手投足，都要十分谨慎。

2. 形象管理与社交礼仪功能的相似性

功能，简而言之，就是所起的作用。形象管理最主要的功能是塑造良好的形象，社交礼仪实际上也是通过遵守礼仪规范而塑造形象并赢得他人尊重的重要途径。总之，形象管理和社交礼仪都具有以下几点功能。

第一，信息共享。信息共享，就是通过形象管理和社交礼仪来传达、交流信息。根据调查研究，当我们在与他人进行沟通时，语言只起到7%的传达作用，语气起到38%的作用，肢体语言起到55%的作用。语气和肢体语言在很大程度上属于形象管理和社交礼仪中的举手投足和行为举止层面，因此，形象管理和社交礼仪都具有信息共享和信息传递的重要功能。

第二，增进感情。感情的建立是一个缓慢且充满变数的过程，要建立和发展感情,就要展现良好的素质,给人留下良好的印象。在这个过程中,社交礼仪的得当和形象管理的适宜都是增进感情、缩短心理距离的有效方法。

第三,建立关系,与增进感情一样,关系的建立并未一朝一夕之事,在关系建立的过程中,不论是初次见面还是以后多次沟通,形象管理和社交礼仪都是必要途径,而关系的破裂往往"起于青萍之末,止于草莽之间",日常的社交礼仪和形象管理要见微知著,精心维护。

3. 形象管理与社交礼仪内涵的相似性

形象管理是对形象的塑造、经营和维护,礼仪是在社会交往中受历史传统、风俗习惯、宗教信仰、时代潮流等因素的影响而形成,既被人们所认同,又被人们所遵守,以建立和谐关系为目的的各种符合礼的精神要求的行为准则或者规范的总和。形象管理的过程中处处渗透着礼仪的内涵,内涵既是核心,也是本质。礼仪的本质就是"真善美",形象管理的核心也是达到"真善美"的本质。

二、社交礼仪是形象管理的必要手段

社交礼仪是形象管理的必要手段,二者之间的关系可以分解为如下三个方面:

1. 社交礼仪包含形象管理的因素

社交礼仪首先体现为一个人的仪容、仪表。仪容仪表与形象管理的外在形象、表层形象管理在一定程度上是重合的,社交礼仪本身就包含了形象管理的因素,在很大程度上,形象管理也是社交礼仪的一部分。两者都是一门艺术,一门关乎沟通交往的艺术。

2. 社交礼仪是形象管理的基础

形象是主客体之间相互作用的结果,一旦发生相互作用,实际上就进入了社会交往的过程。礼仪,作为进入社交场的通行证,告诉人们进入这个场地之后,什么能做,什么不能做,做到什么程度是得体的。从这个意义来讲,社交礼仪又是形象管理的基础。社交礼仪是社会交往的基础,形象管理也一样。在社会交往日益复杂的今天,每个人都处于众多关系网络之中,需要具备处理复杂关系的能力,并且无论是个人还是群体的成功,不是取决于"我们认识谁",而是取决于"谁认识我们"。良好的仪容仪表与其说是能力,不如说是一种人格魅力。社交礼仪能够增加人格魅力。人格魅力就如同一只木桶,其的容量不是取决于最长的木板,而是取决于最短的木板,如果忽视社交礼仪,使其成为印象管理中的短板,无论后期"加何种钉添何种铆",整体功能也不能发挥出来。

3. 社交礼仪是形象管理的必要手段

形象有精神的、物质的、个体的、整体的、局部的等,人与人交往的第一步,最初所产生的动力来自于彼此相遇的前五秒钟的第一印象,更有甚者,美国心理学家约翰·马纳研究发现,人类决定喜欢或不喜欢眼前的人,只要花 0.5 秒。日本时尚教母光野桃在《优雅一生的装扮课》中如是写道,"学会更好地展示自己,你的社交圈也会无限扩大"。

礼仪乃"发乎中形于外",是要通过形象来表现并服务于形象管理的必经途径,就如同形象管理就是要打造个人或者群体的形象"桃花源",如果想让"土地平旷、屋舍俨然,有良田美池桑竹之美""阡陌交通,鸡犬相闻,怡然自乐"等形象让外人得知,就要"设酒杀鸡作食",不能"问今是何世,乃不知有汉,无论魏晋",否则就会使得交往者"一一为具言所闻,皆叹惋"。社交礼仪就是要这些已经建立起来的形象为外人所知,就是"设酒杀鸡作食"过程中所遵循的"桃花源"之礼仪,不能故作玄虚,使得交往者不知所云。因此要铺设让外界认知"桃花源"的道路,就需要能在"林尽水源"时,"便得一山",发现"山有小口","仿佛若有光",乃"从口入,初极狭,才通人",如此形象的美好一面才能被世人皆知。综上所述,不管是第一印象还是展示自己,其实都属于个人形象管理的范畴,社交礼仪既是形象管理的必然手段,更是通往自己所设想的形象"桃花源"的必经之路。

第五章 新闻记者与社交礼仪

第一节 新闻工作是一种社交活动

上一章分析了社交礼仪和形象管理间的关系。如果从宽泛的角度来讲,形象管理和社交礼仪的内涵是相通的,甚至是互为补充的。具体到记者这样的角色或人群,形象管理和社交礼仪之间的关系又如何呢?进入新闻行业或对新闻行业较为熟悉的人基本上会有一个共识,即新闻工作者是社会活动家,因为新闻工作本身就是社会活动,社交礼仪实际上可算是新闻工作者的职场礼仪。

一、新闻工作是一种广泛的社交活动

新闻媒体要在社会上发挥它的作用,必须对社会有一个全方位的覆盖。尽管新闻媒体在新闻价值判断上存在一些取舍,但是抛开价值元素,新闻媒体仍然是覆盖全社会的,新闻工作者要跟社会的方方面面和各个层次打交道。郭沫若曾说,当记者的人在一生之间几乎可以接触到所有的行当,所有社会分工人群,而其他的职业可能就没有这样的机会了。记者虽然不能把各个职业统统体验一遍,但是至少有机会去接触从事各种职业的人群。例如在殡仪馆里从事为逝者化妆的职业,这虽然跟记者没有什么直接关系,但记者有可能去报道、采访,了解其工作情景。上到国家元首,下到普通老百姓,记者都有可能去接触。尤其对于走基层这样的新闻采访活动,更是要求记者接触各种

各样的人。从这点来讲,记者的工作就是广泛的社交活动。进入范围这样广泛的社交活动,需要什么样的牌照或者通行证,这就回归到另一个主题——礼仪。

新闻工作的广泛性决定了记者不得不去跟各行各业、各色人等打交道,在打交道的过程中,记者必须掌握方法、技巧或者规律。一个合格的新闻人不仅要具备从事新闻工作的技巧、素养,更要有与人打交道的技能。《中国青年报》资深编辑李大同在谈到记者能力时说过:"记者这个行业不是知识构成的,是能力构成的,其中最重要的能力就是与人交往沟通的能力。面对一个陌生人,要在非常短的时间内完成采访。有些人非常容易就能做到;有些人去了10次也不行,就是不能让人信任,缺乏这种与人沟通交往的能力。"①

二、新闻工作者是社会活动家

新闻工作是一种广泛的社交活动,新闻工作者在一定程度上就是社会活动家。社会活动家要参与到广泛的社会活动中去,需要通过个人能力调动社会中一切可利用的资源,建构形成各种社会关系,最后实现一定的目标。古今中外的一些名记者,确实是社会活动家,他们跟任何一个阶层的人都能打交道:跟政府要员谈政治、谈经济的时候,他们侃侃而谈,不卑不亢,而当进入基层,跟一些社会底层的群体,例如街头乞讨人员、监狱服刑人员抑或是精神病患者交流时,也能很快进入融洽友好的交际氛围。记者的这种交往能力需要借助一定的社交礼仪,遵照一定的社交礼仪规则,同时也与自身的良好形象所带来的魅力有关。真正的社会活动家就是与各种各样的人都能够和睦相处的人。社会活动家的本质含义是能够很娴熟地应对各种场合,能够为自己的工作和其他活动创造好的效果。采访活动作为最基本的社会活动,如何给被采访者留下好的印象,不仅关乎记者个人形象,在一定程度上也影响记者采访的结果。

---

① 卢珊珊:《跨文化语境下电视驻外记者的胜任素质模式研究》,中国人民大学2013年硕士研究生学位论文。

三、新闻工作的非强制性

非强制性既是新闻工作的一个特点,更是一大难点。记者尽管有时被称作无冕之王,似乎拥有至高无上的权力,但实际上,当记者进入社会就会发现,自己没有也不应拥有任何特权。尽管记者的工作在其功能上有耀眼的光环,但在实践过程中并不能带来必然的保障,这就是新闻工作的非强制执行。换句话说,没有人、没有任何法律赋予记者这样的特权:记者在从事新闻工作、进行新闻报道的时候,与之相关的所有人或社会组织必须配合或支持。即使是央视或者《人民日报》的记者,都可能会在采访时遭到拒绝。记者没有要求别人接受采访的强制力,不能强制别人接受采访。虽然在一些公共部门或涉及公共利益的活动中,有相关的法规要求信息公开,涉及政府官员和公共利益,法律法规也明确这些部门和官员有义务接受媒体的监督和采访,但对于一般人来说,对于记者的采访,他们有权选择沉默。

还有一个难点,就是记者的工作属于索取而非给予。记者的工作虽然不具强制性,但记者的职责要求记者必须要对信息和情报加以核实,必须对事件进行真实的解剖,在这一过程中记者又会遇到新的难题。记者去采访某人,对方可以有正当理由拒绝,因为他没有接受记者采访的义务,换句话说,向采访对象索取信息,提出要求,还要采访对象配合,这样很容易招人厌烦,也增加了受访者不合作的可能性。然而,这就是记者的工作,即使记者性格内向,不爱跟人打交道,但是为了完成报道工作,也不得不想方设法让采访对象提供事实,提供数字,提供信息。对于这样的工作,突破口在哪里?记者要怎样才能争取到采访对象的配合?这就需要记者必须掌握适当的社交礼仪,并借助这些社交礼仪去塑造良好形象,赢得受访者的好感和信任,从而更加容易地采访到想要的信息。

四、新闻工作者的传播者角色

有研究发现,来自权威方面的信息往往比来自低信誉信源的信息更能引起信息接受者观念上的更大变化。良好的传播者必须具备三个条件,即权威性、客观性和亲近性。① 也有研究发现,权威有很大一部分来自形象的力量。② 美国学者罗伯特·西奥迪尼在《影响力》一书中指出,有三种最典型的权威象征,即头衔、衣着和外部标志。③ 由此可见,作为传播者,新闻工作者要取得好的传播效果,必须在受众当中建立起某种权威形象。权威形象的建立当然属于形象管理的范畴。因此,形象管理也好,社交礼仪也好,它所体现的其实都是一种非强迫的力量,是一种软实力。对于新闻采访这样非强迫性的工作,要打开它的缺口,从而顺利地进入其中,一定不能采取强制,而是要采取一种非强制的、非强迫的方式,借助一定的非强制性力量,这种力量就包括形象管理的力量、社交礼仪的力量。新闻工作者应该掌握比较完备的社交礼仪,并在工作实践当中体现出来。同时新闻工作者的传播角色,也决定了新闻工作者必须明礼知礼。正如前文所述,传播效果很大程度上取决于传播者的信誉,取决于传播者的形象。从追求传播效果的角度来讲,如果记者想要报道产生好的传播效果,前提便是在传播对象心目中有一个可信赖的良好形象,在受众心目中形成具有良好信誉的印象。

李光耀说过,礼仪能导致良好的人际关系,而良好的人际关系又是提高生产力的要求。从这点上讲,新闻工作者要在受众、在社会大众中建立良好的形象,就要在采访或所有的职场活动中通过礼仪来建构良好的人际关系。

总之,新闻工作是一种社交活动,由于社交活动和社交礼仪的不可分割,从事新闻工作的记者有必要了解和学习必要的社交礼仪。

第二节 新闻记者掌握社交礼仪的必要性

"敬人者,人恒敬之;爱人者,人恒爱之。"作为新闻记者,只有掌握了必要的社交礼仪,在新闻实践活动中体现出礼的精神,体现出对

---

① 陆卫明、李红:《人际关系心理学》,西安交通大学出版社2006年版,第190页。
② 秦德君:《领导者公共形象艺术——领导力建设与领导生涯成功策略》,研究出版社2009年版,第254页。
③ 〔美〕罗伯特·西奥迪尼:《影响力》,陈叙译,中国人民大学出版社2010年版,第244页。

交往对象的敬与爱,才能得到交往对象一如继往的敬与爱,也才能真正打开工作局面,完成工作任务,成为一个拥有良好形象的"无冕之王"。

一、社交礼仪有助于记者塑造良好的社交形象

新闻记者的职业决定了其要与各行各业的人打交道。记者拥有良好的社交形象,不仅易于形成良好的"第一印象",而且易于为被采访者接受。在社会交往中,外在形象是吸引他人进入社交状态的重要因素之一。记者与采访对象首次见面时,采访对象对记者的第一感受、第一印象,在心理学上被称为首因效应。首因效应好,则能产生强烈的交往愿望;首因效应不佳,则会产生情感认知障碍。[①]

在获取采访对象的信任并获得新闻材料的时候,要靠软实力,不能硬碰硬,这样才有可能获得合作成功,才有可能打开采访对象的心扉,让采访对象愿意回答记者的问题。而礼仪在这方面的作用不可忽视。

某地一位刑侦队长讲过一段经历:有一年几个号称是中央级媒体的记者到他那儿采访,当地政府将这些记者安排在最好的宾馆,用当地最好的东西招待他们,在记者离开时,当地政府还准备了丰富的土特产送给记者。谁知记者却向当地政府提出了更高的要求,且以曝光当地负面新闻要挟。当地政府非常紧张,连忙调动当地公安部门严密监视记者行踪,生怕记者给他们带来麻烦。尽管此事最终没有引起麻烦,但从此以后当地政府可谓闻记者色变,对记者充满戒备,见记者则如临大敌。

显而易见,这样的记者不仅得不到他们想要的新闻信息,甚至连从事记者职业的资格都没有。更重要的是,记者在公众心目中的恶劣形象不仅使记者本人招致厌恶,而且会给记者行业及所属媒体的信誉带来不可挽回的损失。因此,新闻工作者只有通过良好形象的建构,才能赢得采访对象或社会大众的尊重和信任,也才能够敲开受访者的心扉,让他们乐意接受和配合记者的采访。因此,为了圆满地完成采

---

① 于海军:《记者礼仪对采访效应的影响》,载《今传媒》2006年第1期。

访任务,在注重包装的现代社会里,记者除了重视采访中的自我表现外,还要在印象管理的具体策略上下点工夫。①

二、社交礼仪有助于记者与采访对象建立良好的人际关系,顺利进行采访

作为采访活动的主体,记者在采访过程中,举手投足之间,往来问答之际,有意识地向采访对象展示美好的自我形象,使自己的言谈举止、仪表风度、思想观点、兴趣爱好等与采访对象的期望相一致,就能博得采访对象的好感,融洽采访的气氛。原央视记者柴静在其主持的栏目《看见》中,曾讲述了她当年采访三陪女、艾滋病患者和同性恋人群的经历。试想,作为新闻工作者,如果在接触采访对象之初就戴着有色眼镜,从眼神、姿态中流露出对受访者的歧视与不尊重,这样的采访不可能成功。也有很多记者,跟这些采访对象同吃同住,真正和他们交朋友,以朋友的身份打开了他们的心扉,赢得了他们的信任。不管是艾滋病患者还是三陪女,抑或是杀人犯,在人性中都有作为人的追求、尊严和理想信念,都渴望得到尊重和同情,只不过这些特质被大多数人忽略了。要成为一个好的记者,便得摘下有色眼镜,以一种平等的心态去跟采访对象交流。

由于社会和历史的原因,记者这一职业在中国多少带有几分官方色彩。同时,记者的采访成果最终要由新闻媒体进行公开传播,这使采访对象在接受记者采访时不免有紧张、局促、防范的心理障碍,会有意无意地封闭自己,以一种谨慎、被动的姿态接受采访。这时,记者就要有敏锐的观察力,来判定对方的特定心理,有意识地缓解对方的紧张情绪,创造能够获得最佳采访效应的氛围。新闻实践表明,记者在与采访对象交谈时,亲切自然的语调,恰如其分、有礼有节的语言,能迅速拉近两者的情感距离。②

要成为一个合格的新闻人,在报道不同人群的过程中,一定要真正走进他们的生活。

---

① 姬建敏:《印象管理与记者的采访之策》,载《新闻爱好者》2003年第9期。
② 于海军:《记者礼仪对采访效应的影响》,载《今传媒》2006年第1期。

潘杰克曾经在凤凰卫视主持过节目,也在东方卫视主持过节目,并被称为"第一绅士"。据潘杰克讲,有一年,德国总理施罗德到中国访问,当时是凤凰卫视主持人的潘杰克想对他进行个人专访。当施罗德出现在新闻发布会现场的时候,几乎在场的所有记者都拥了上去。在此情形下,像潘杰克这样的绅士,可能连提问的机会都没有。但那一天,潘杰克知道自己要去采访施罗德,就在着装上完全按照德国的要求和风格打理得非常得体和高贵。结果当潘杰克被挤在人群之外时,有一个人却主动过来询问潘杰克是不是想要采访施罗德。潘杰克介绍说自己是凤凰卫视的主持人,想要采访施罗德总理,并同时说因为施罗德身份非常重要,不能只在发布会上提一个问题,而是必须做一对一的专访。询问潘杰克的人恰好是施罗德的新闻秘书,而他之所以会主动询问,是因为看到潘杰克的形象非常高贵,判断这个记者一定是一个很重要的记者。潘杰克提出采访要求之后,施罗德的新闻秘书一口答应,第二天就安排了一个专访。一个小小的事例,说明社交礼仪对记者的采访、报道工作大有帮助。

三、社交礼仪有助于记者建立广泛的社交网络,扩展和丰富新闻资源

新闻界有句俗语叫作"先交朋友再作文"。记者要想获得良好、丰富、独家的新闻材料,靠的是丰富的新闻资源。新闻资源在新闻工作中往往指的是接受记者采访的人,或被称作消息源,信息源。这意味着记者认识的人越多,记者的社交网络越广,记者跟他人建立的社交关系越紧密,记者所拥有的新闻资源就越多,得到独家信息的机会就越多,写出独家报道的可能性就越大。从这点来说,做记者,就是先交朋友再做记者。因为交了朋友,就建立起了广泛的社交网络,就有了丰富的新闻资源。

新闻实践表明,记者在与采访对象交谈时亲切自然的语调和恰如其分、有礼有节的语言能迅速拉近两者的情感距离。从语言学角度看,音频、音速、音量的不同会表达出不同的信息,这些都与采访效果紧密相关。记者在采访中如果能更多使用平等商讨性的祈使句,如"请您谈谈好吗""您能不能告诉我您对此事有什么看法"等礼貌性的

语言,则能缓解对方的心理压力和紧张情绪,使采访取得良好的效果。反之,如果记者经常使用生硬、尖厉、粗暴的语气音调,必然不能使采访对象敞开心扉,甚至会令其产生抵触情绪。

某报曾有一位女记者,前去采访在新华社工作多年的美国女专家艾琳女士。记者赶到艾琳家时,因路上堵车比原来约定的时间晚了20分钟。艾琳在记者坐下来以后首先指出了记者的失约,并提了5条意见,其一便是"你穿着这么漂亮的红连衣裙来采访我这个老太太,恐怕不太合适吧……"艾琳的坦言讲出了老年人的心理活动,也充分说明了记者的服饰打扮也能引起采访对象的好恶情绪。[①]

四、社交礼仪有助于建立和维护记者群体的职业形象,提升传播效果

有研究表明,中国当下新闻记者的形象在社会公众心目中并不理想,这可能也在一定程度上影响了我国新闻媒体的传播效果。

1998年夏,长江流域发生特大洪灾,某市市委书记亲临现场指挥。市委书记身体力行,引来该市媒体的众多记者,他们与市委书记一起登上了堤坝。这时候,市委书记猛然发现其中一位女记者穿的是一件露肩吊带裙,目睹赤膊与江水奋战的指战员和每个人满脚的泥水,书记气不打一处来,责令这名女记者回报社更换装束。此事在当地新闻界引起不小的震动。又如,湖南一家地市报开展了一次基层行活动,分派几名记者利用一天时间到某位将军的故乡采访。其中一位年轻记者缺乏预见,西装革履、皮鞋锃亮,却没想到将军的祖屋在半山腰。乡亲一见还以为来了大领导,畏畏缩缩,使得采访好事多磨。事后该记者坦言:"到乡下采访就该有个深入基层的样子,我穿成那样子,自己都觉得与群众远了。"穿着凌乱抑或不合拍,不但关系记者的个人形象,也有损记者所在媒体的形象,更有甚者,还会影响到采访的质量和效果。[②]

五、社交礼仪有助于提升媒体公信力

个体形象既是个体努力的成果,同样是构成组织形象的基础。良

---

① 田兰富:《试论记者礼仪对采访效应的影响》,载《军事记者》2003年第7期。
② 李邵平:《浅谈新闻记者的形象塑造》,载《城市党报研究》2003年第6期。

好的职业形象对个体的成功有着不可忽视的积极推动作用,个体职业形象的塑造同样可以提升其所在组织的形象。施拉姆在其《传播学概论》一书中明确提出:"最可能改变一次传播效果的方法之一就是改变传播对象对传播者的印象"①,施威格(Schweiger)在探讨网络媒体的可信度时,将影响可信度的信息从金字塔的顶端到底座依次分为六个层次,其中的第一层便是新闻播报者,如记者、主播等②,这里显然说的也是记者或主播在公众心目中的形象。因此,《人民日报》也好,中央电视台也好,要想在受众中赢得尊重,产生影响,使自己的传播达到理想的效果,最直接、最可行的方式就是改变传播对象对传播者的印象。从这点上来说,礼仪规则有时尽管显得较为琐碎,似乎只是告诉记者衣服怎么穿得体,形象如何更美好,似乎跟记者的工作关系不大,但不能因此轻视礼仪,这恰恰是影响媒体传播效果的潜在因素。在员工形象方面,除了注重对记者、主持人的外在包装以外,还应当注重对其道德素养和专业能力的培养。如果主持人在道德或专业能力上出现问题,声誉下降,那么对这个节目、频道甚至是传媒机构的形象就会产生负面影响。③ 出于这样的考虑,《人民日报》从 1998 年便开始在全社开展"加强党中央机关报记者形象建设"活动,并以此为契机在全社评选优秀记者,在一系列重大战役性报道中,采编人员都表现出良好的工作作风,采写出了一大批高质量的作品,发挥了正确的舆论导向作用。④

良好的记者形象,必然会为所在媒体赢得良好的声誉和树立美好的社会形象,为媒体在激烈的竞争中脱颖而出、成为强势品牌媒体创造条件。⑤

---

① 〔美〕施拉姆:《传播学概论》,何道宽译,新华出版社 1984 年版,第 225 页。
② 喻国明、靳一:《大众媒介公信力测评研究》,人民出版社 2006 年版,第 26 页。
③ 喻国明、吴文汐:《传媒品牌形象管理:内涵与操作要点》,载《电视研究》2010 年第 12 期。
④ 王欣:《坚持不懈抓好新闻职业道德建设——人民日报"加强党中央机关报记者形象建设"活动综述》,载《新闻战线》2000 年第 7 期。
⑤ 宋黔云:《媒体记者社会角色形象的塑造》,载《贵州社会科学》2007 年第 8 期。

第六章 新闻记者的社交礼仪

第一节 新闻记者社交礼仪的前提

《礼记》一书开篇就提出礼的原则为"毋不敬",彭林和金正昆等学者亦提出敬或尊敬是社交礼仪的基本原则,是社交礼仪的核心。新闻从业者践行社交礼仪、进行形象管理时,也要把握礼的核心精神,以尊重作为前提。对于记者及其职业活动而言,尊重的含义基本包括如下几个方面。

一、尊重采访对象

尊重采访对象是主持人最起码的职业道德的体现,也是平等交流的前提。① 主持人是记者的一员,记者进入采访场域,首先要尊重采访对象,哪怕他是一个杀人犯,记者也应给予最起码的尊重。在采访前,记者要事先征得采访对象的同意,要跟采访对象约好采访时间,约好访谈的问题。采访中,记者要按照之前约定的问题进行采访和提问,要体现出对采访对象的尊重,特别是对采访对象的隐私,如职业、所犯罪行、疾病等信息,既要精心保护,也不能存在歧视,不能有任何不尊重的意向。在现代文明社会,每个人都有独立的空间,每个人都有保护自己隐私的需求,尤其是一些特殊人群,记者采访时揭人伤疤,既是

---

① 俞虹:《主持人通论》,杭州大学出版社 1996 年版,第 143 页。

不恰当的,也是不礼貌的。

现实中常有这样的情况,有些记者为了完成采访任务或为了追求现场的效果将尊重采访对象置之脑后,从而出现一些不当采访。比如,一位女警察在地震中失去了父母和女儿。记者追问她在地震中是否失去了亲人?怎么能在痛失亲人的情况下还在拼命工作?最后问道:"你在救助这些灾民的时候,看到老人和小孩,会不会想到你的父母和女儿?"女警察悲伤得话都讲不出来,很快昏倒。[1]

相反,一些讲究礼仪和懂得尊重采访对象的记者或主持人,在不得不涉及敏感和隐私问题的时候,一般会试探性地征询被采访者的意见。如果对方表示已经做好准备,记者才开始提问;如果没有征得对方同意,记者上来就问及隐私问题,既显得唐突,也容易令人讨厌。影星李亚鹏有一次跟摄影记者发生了冲突,他说:"明星对于一般的普通公民来讲,隐私范围是大大缩小了,这没关系,你偷拍我,你跟拍我,都没关系,但是我绝对不允许你拍我的孩子,或者你拍我的家人,这严重侵犯了我家人的私人生活"。作为一名记者,尊重采访对象是最起码的礼貌,没有征得被访者同意而进行公开的报道,既不道德,也很失礼。

二、尊重事实

记者不能随意把网上的一些道听途说、捕风捉影的信息,没有认真核实过的内容放在新闻报道中,这既违反新闻职业道德,也非常无礼。

2010年3月30日,《重庆时报》刊登了一则消息《作家团:先订了总统套房 张信哲:只好住普通套房》。后经证实,此稿严重失实,使中国作协和与会作家受到无端指责,给中国作协造成了极大伤害,也严重影响了重庆的形象和重庆市媒体的声誉。事后,《重庆时报》对相关责任人作出了严肃处理:主要撰稿记者被解聘,联合署名的另一记者被给予严重警告处分,文娱新闻室主编被免职,分管副总编辑停职检查,总编辑作出深刻检查,并于4月11日在报纸上刊登致歉信,向中国

---

[1] 陈洁:《出镜记者的形象和修养》,载《新闻前哨》2008年第9期。

作协和与会作家郑重道歉。道歉信中写道：

> 作为重庆的一家媒体，本应负责任地当好东道主，充分报道此次会议盛况，宣传会议丰硕成果，展示众多名家风采，以表达重庆人民的热忱和情谊。市委宣传部对此次会议的宣传报道也作了总体安排并提出明确要求。但是，这没有引起我们的足够重视。编委会在总体安排、报道策划、组织实施、人员调配上不到位，致使报道方向出现严重错误，完全背离了会议主题；记者在采访中道听途说，不深入了解、不认真核实，导致基本事实严重失实；值班编辑不仅不从稿件选题和内容上严格审核，反而采用娱乐化对比手法包装新闻，版面编排导向错误；值班副总编政治敏锐性不强，政治责任感缺乏，没有严格把关，致使失实报道见报；加之该报道经过其他媒体和网络转载放大，给中国作协和与会作家造成难以挽回的恶劣影响，教训十分深刻，我们深表痛心和自责。[①]

三、尊重历史文化

有研究发现，在传播过程中，有一种"文化契约"在指导人的交往行为，并影响着人对关系信息及意义的理解。有种解释说，关系的双方从未明确陈述他们正在遵守的规则，然而，规则却在那里存在着，且这些规则常被双方以完全依赖的方式遵循着，这便是文化的力量。[②] 一些外国记者，比如意大利著名女记者法拉奇，是一位以提尖锐、犀利甚至挑衅性问题而出名的记者，但即使这样，法拉奇在采访伊朗宗教领袖时，仍然穿的是长袍。在西方电视报道中经常可以看到，外国记者在采访伊斯兰国家领导人时，都会身着阿拉伯长袍，女记者则用长头巾把头发包起来。这些记者深知，只有尊重被访者特定的社会文化，对方才可能接受采访。

采访对象的民族文化需要尊重，受众的历史文化传统同样需要尊

---

① 《重庆记者因报道"中国作协订总统套房"被解聘》，载《重庆时报》2010年4月12日。
② 王怡红：《人与人的相遇——人际传播论》，人民出版社2003年版，第159页。

重,否则也会为媒体带来麻烦和不利影响。2004年4月,央视主持人张越因在其主持的《半边天》节目中戴了一条近似日本国旗的长丝巾,从而成为热点新闻人物。一位热心网友在国内某著名论坛网站上发帖称:他退休的母亲在家看电视,竟发现《半边天》栏目著名主持人张越戴着的丝巾上印有日本国旗图案,图案十分明显。同时该帖还配有张越在节目中远、中、近三张不同的图片,以印证所言不虚。从贴出的三张照片来看,虽然是翻拍的电视图像,不是很清晰,但还是可以看到,张越围在脖子上的红色围巾上,有很多白底红球的图案,远远看去的确很像日本国旗。这个帖子引起了网友纷纷跟帖讨论,并被各大网站转载,张越也成了媒体追逐的焦点。

事件发生后,央视国际网站特地为此事作了公告声明,称"最近,有热心观众朋友询问和关心《半边天》栏目主持人所戴的纱巾问题。这是一条意大利产的纱巾,是欧洲品牌珠宝'BVLGARI'的副产品,纱巾上的图案是其标志:方形中棕色圆球体现出珍珠的形状,在每个方形图案下都印有BVLGARI的字母。看来,是纱巾的图案及颜色在屏幕色彩还原过程中造成了一点小小的误会。通过这次误会,感受到大家对栏目和主持人的关心,希望今后我们成为好朋友。"为证明圆点是棕色而非红色,网站还专门贴了两张图片,一张丝巾全景,一张圆点特写,以此证明一切都是场"小小的误会"。[1]

四、遵守职场礼仪

有这样一种说法,尊重上级是一种天职,尊重下级是一种美德,尊重同事是一种本分,尊重大众是一种常识,尊重所有人是一种教养。职场礼仪是指人们在职业场所中应当遵循的一系列礼仪规范。了解、掌握并恰当地应用职场礼仪会使人在工作中左右逢源,事业蒸蒸日上。

人们在学习礼仪、践行礼仪的同时,无形中推动了社会文明的发展。如果一个人能够体现出对他人的尊重,就是有教养的表现。在社会生活当中,长辈、师长等在身份、地位、资历、年龄上相对较高,都可

---

[1] 《节目主持人:反应机敏 谨言慎行》,载《北京青年报》2005年7月7日。

以被称为上级,因此尊重上级乃是一种天职。弟、妹等在资历、地位上相对较低,某种程度上可以被视作下级,尊重下级显示出来的往往是一个人的胸怀与品德。尊重同事、尊重同学是一种本分。尊重普通人是一种社会常识,尊重所有人是一种教养。比如对于社会中的弱势群体,记者对他们体现出尊重,不仅容易得到受访者的信任,更是记者自身教养的体现。

第二节 新闻记者的社交(采访)礼仪

记者职业是一种广泛的社交活动,对于记者而言,其职场礼仪与一般的社交礼仪有很多相似之处,甚至等同于社交礼仪。有人把记者礼仪概括为三个方面。

(1)衣着打扮,因人而异。因采访对象、时间、地点、场合不同,而有所区别地着装打扮。进会场,着装严整,仪容庄重;采访外宾,衣着整齐,干净卫生,仪容端庄。应根据各类采访对象具有的审美情趣、心理状态与情感认同等方面的特征,来选择恰当的衣着打扮方式。

(2)提问方式,有礼有节。讲究提问艺术,多用商讨式的语句,有助于解除对方紧张、局促、防范的心理,赢得采访对象的配合;注重平等对话,不咄咄逼人、盛气凌人,让对方感到与记者交流无拘束;注意察言观色,在采访对象高兴时可乘兴追问,疲惫时要适可而止,悲痛时予以安慰,拒谈时暂不强求;对方如有不正确的言论,可用提问等方式转移话题,避免发生正面争执;尊重对方隐私,对采访对象的收入支出、年龄大小、恋爱婚姻、信仰政见等不宜主动询问。

(3)仪态得体,体现修养。采访时,目光注视对方应稳重、柔和,表情自然从容,略带微笑,让对方感到真诚可信、和蔼可亲。要根据不同的采访对象,选择不同的采访距离,以向对方表达尊重和体现修养。

记者的职场礼仪是指记者在职场中应当遵循的所有礼仪规范。了解、掌握并恰当地运用职场礼仪,不仅有助于记者树立良好的职业形象,而且能使记者在工作中左右逢源,取得事业上的成功。

由于记者职场礼仪与一般社交礼仪的相似性和重合性,新闻记者应该掌握的社交礼仪,大体包括一般社交礼仪的所有方面。概括起来说,则主要体现在以下六个方面。

一、仪表礼仪

《礼记》有云:"礼义之始,在于正容体,齐颜色,顺辞令。容体正,颜色齐,辞令顺,而后礼义备。"意思是,礼义的开始,在于使容貌体态端正,表情得当,言词和顺。对记者而言,其职场礼仪的开端也应始于包含记者实体言词在内的仪表礼仪。

人际交往心理学研究发现,在人际交往中,推动形成最初印象的因素主要是认知客体的外部线索,如仪表、非语言表现、声调、面部表情和眼神。[1] 此结论除再次证明印象管理与社交礼仪的关系外,也为印象管理与社交礼仪寻到了结合之处。讲礼仪,要先从仪表礼仪开始,这也属于记者礼仪及记者形象管理的第一个层面。礼的精神实质在于尊重,要在人与人的交往中体现一种和谐,让人感觉舒服。容体、颜色、辞令除了是一个人礼仪齐备的基础性表征,更是一个人内在品质与道德的外部显现。研究表明,经验的密度、知识的厚度、思考的深度、魅力的强度,以及是否具有魅力和个性,乃至资质愚笨或聪敏,善良还是险恶,城府深浅,所有这些都能显示在人的相貌(外在形象)上,特别是眼睛和神气里。[2] 这足以证明仪容仪表之于形象管理的价值。

仪表礼仪通常包括:

(一) 仪容仪表

仪容仪表包括体态、表情、穿着及外在的装饰等。记者仪容修饰的要求及原则包括:

1. 自然

仪容仪表的修饰应当以让人觉得自然、舒服,不使人觉得怪异为首要标准。为突出所谓的个性和引人注目,将高跟鞋鞋跟作为饰物戴在头上进入职场,就会让人觉得很不自然,但如果换成是演唱会中的

---

[1] 高玉祥、王仁欣、刘玉玲:《人际交往心理学》,中国社会科学出版社1990年版,第57页。

[2] 秦启文、周永康:《形象学导论》,社会科学文献出版社2004年版,第84页。

演出,可能还说得过去。职场、社交场不同于表演场,表演场上能够被接受的某些仪容到了职场或社交场中就会让人觉得怪异。影视剧《杜拉拉升职记》中女主角杜拉拉在初入职场时,不具备职场着装的经验,穿着比较随意,和周围环境格格不入,招来同事们异样的眼神。这并不是杜拉拉本身着装的问题,而是仪容仪表和环境之间的关系失衡带来的不自然问题。

2. 协调

从美学角度来看,和谐和成比例是美的重要原则。如果缺少和谐,不成比例,就会给人带来压迫感、紧张感,会对人的视觉造成或大或小的干扰。一个人上身着正装、脚穿皮鞋就会让人感到和谐。而某些演员在比较正式的场合,如在庄严的颁奖典礼上,上身着正装,脚上却是一双运动鞋,西服、领带和运动鞋的搭配就很不和谐。

记者在职场中没有必要在仪容仪表上过分刻意,只要做到自然、协调就可以了。

除了服装,记者的发型、装饰等也应遵循这一原则。男士的头发最好"三不过",即前不过眉、侧不过耳、后不过领。这样的发型往往给人带来一种整洁、优雅和得体的感觉。

对面容的修饰也应体现自然和谐。现代社会,出于对他人的尊重,对个人容颜做出必要的整饰是必要的。如女性在进入社交场前,需要稍稍化些淡妆。化淡妆时,也应当追求一种自然和谐的风格。

台湾著名散文作家林清玄写过一篇散文《生命的化妆》,讲了作者和一位资深化妆师的对话,化妆师告诉作者化妆实际上有三种效果。第一种效果就是化妆不但没有掩盖一个人的瑕疵,没有突出其优势,反倒是把瑕疵暴露无遗,把优势给掩盖了。这是最拙劣的化妆。第二种效果就是把一个人的优势衬托出来,把瑕疵掩盖,但是这样的化妆让人一眼就能看出来,看出化妆者是为了掩饰和凸显某些东西做了刻意的修饰。第三种效果是虽然化过妆,但是只有仔细看才能看出哪里做了修饰。这才是最高境界的化妆,作者把它称为生命的化妆。作者同时指出,传统的化妆主要是在表面上下功夫,而实际上生命的化妆,或化妆的最高境界应该体现在一个人的品格、修养、气质和风度上面。

仪容修饰也应该追求这种最高的境界。礼在一定程度上是一个社会文明发达的标志,越是文明发达的地方,人们对仪容仪表的修饰似乎越不刻意。人们常常发现,在香港、巴黎这样的时尚之都,真正具有优雅魅力的恰恰是那些看不出来刻意修饰痕迹的人,原因就是他们深谙仪容仪表修饰的自然之道。

3. 个性

致力于个人形象研究的美国学者斯蒂芬·舍曼在其专著《塑造引人注目的个人形象》一书中指出,一个人引人注目的公式极为简单:引人注目=风格×涵养×时间选择。①

"对个人来说,现代社会是一个风格传播和个性传播的时代,利用外观形象来展现与众不同的风格和个性,可以说是现代时尚大潮的主流。"②

新闻记者的个性形象并不单指长相,而是由面貌、性格、举止、风度以及报道新闻的一贯主张、态度、方式、风格等诸种因素融合形成的。观众是否喜欢哪个记者或主持人,往往不是看其长相如何,而是看其整体气质如何。长相一般但气质非凡同样能够吸引人;相反,长相不错但毫无生气的人同样引不起人们的兴趣。③ 为了实现此愿望和目标,新闻记者需要从自身和实际工作出发,不断进行自我修正和具体调整,那种走捷径,凭"包装",靠模仿或盲目的生搬硬套,把本不属于自身特质的、不是发自内心的仪容仪表硬贴在自己身上的做法,结果只能是适得其反,沦为人们的笑柄。

(二) 行为举止

在形成第一印象的因素中,重要性仅次于外表吸引力的就是身体语言。礼记中有这样的说法,"游毋倨,立毋跛,坐毋箕,寝毋伏"。意思是,走路不要大模大样的,站立时身体要正而不要偏斜,坐时不要伸开两条腿,睡觉不要伏着身子等,总结出了一整套行为举止方面的礼仪规范。行为举止如能达到这样的要求,就会给人留下得体、文明、高

---

① 〔美〕斯蒂芬·G.舍曼:《塑造引人注目的个人形象》,谢毅译,上海人民出版社1998年版,第3页。
② 郭庆光:《传播学教程》,中国人民大学出版社1999年版,第88页。
③ 蔡帼芬:《明星主持与名牌栏目》,北京广播学院出版社2004年版,第252页。

雅的印象,并会受到他人的敬重。

《论语》中对此也有类似论述。说到立,有"立如齐""立必正方,不倾听"之说,是说一个人站得像斋戒时一样恭敬,站立必须正对四方方位,不歪头侧耳而听。说到坐,则有"坐如钟"等说法,意思是坐要坐得像立钟一般挺拔、端庄。在现代交际礼仪中,一般要求坐的时候只坐在椅子的前半部分,或者是前三分之一,不能把椅子全部坐满,否则会给人留下懒散、没有精神的印象。现代礼仪同时强调,无论男女,在正式场合都不宜跷腿,也不宜架腿或抖动下肢。这会给人留下随意、不礼貌,也不高雅的印象。

古人云:"礼者,修辞令,齐颜色,正仪容。""齐颜色"指的就是表情。表情,比如眼神或者微笑,在社交礼仪中同样重要。用眼神与人交往时首先要专注,另外就是要诚恳真诚。专注不仅是获得信息的有效手段,也是表明交谈者态度的重要方面。

"微笑的力量是不可抗拒的,它是协调人际关系的一朵奇丽的鲜花。"[1]人际交往心理学的研究发现,交往时的微笑既能起到吸引交往对象的微妙作用,也可以使人心理上愉悦,产生精神上的快感,特别是第一次,可以强化人们的第一印象,能够产生首因效应。[2] 微笑很容易做到,但微笑的功效巨大。然而因为容易,微笑在生活中常常被忽视。学习社交礼仪,微笑是必修课,往往每天需要花几个小时来练习。

《礼记》中说"毋侧听,毋噭应,毋淫视,毋怠荒",翻译成现代汉语就是不侧耳偷听别人说话。在公共场合,如在地铁或公交车上,在电影院里,有人在窃窃私语,一个陌生人把耳朵贴过去听是很不礼貌的。说话时不高声喊叫,尤其是在公共场合不能大声叫喊。目光不左瞟右看,不游移不定,当然,在跟他人交谈时,两只眼睛死盯着对方也会让人觉得紧张而不自在。所以在跟对方交谈时,一方面要看着对方的眼睛,另一方面也不能一直盯着对方的眼睛。为避免直视时的尴尬,交

---

[1] 赵文明、程堂建:《协调学》,北京图书馆出版社2000年版,第49页。
[2] 高玉祥、王仁欣、刘玉玲:《人际交往心理学》,中国社会科学出版社1990年版,第254页。

谈双方一般可以在对方眼睛和嘴形成的三角区内游动。

此外,就是不懈怠放纵。如记者在采访时,神情不专注,从不直视采访对象,在体态动作上很漠然,采访对象会感觉不受重视,也不会积极配合记者。新闻工作是一种非强制的工作,记者不能以权力来强迫采访对象。在礼仪社会里,人们当然不愿意接受那些漫不经心、不懂得尊重人的记者的采访。

朱熹说过:"人与物接,其神在目。故胸中正则神精而明,不正则神散而昏。"①意思是说一个人在跟他人谈话时,表情和目光要专注。表情和目光专注,看起来是一个表面的东西,但实际上体现的是一个人内心的精神状态,一个人对他人的尊重是否发自内心可以从他(她)的品貌中表现出来。日本经济学家、教育家小信三曾经说,精于艺或是完成某种事业之士,他们的容貌自然具有凡庸之士所不具有的某种气质和风格。②一个人的容貌固然是天生的,但后天的修养同样可以通过改变一个人的气质来在某种程度上改变容貌,正所谓"腹有诗书气自华"。

(三) 正确驾驭服装服饰

"整齐清洁的服装是无言的介绍信""服装往往可以表现人格""佛要金装,人要衣装""三分长相,七分打扮"等,说的都是服装服饰在形象管理方面的作用和价值。言下之意,如果形象管理者得分为十分,则只有三分取决于长相,其余的七分则主要靠装扮。《礼记》作为中国古代礼仪的集大成者,在服饰方面也多有论述,如"敛发毋髢,冠勿免,劳毋袒,暑毋褰裳",意思是,头发要梳理好,不要让它像假发一样地下垂,帽子不要随便脱下,劳动时不要袒胸露背,炎热时不要撩起衣服。可见服装服饰也是礼仪规范中不可忽略的部分,而正确地穿戴服装服饰,首先需要从个人的生理条件及对服装的了解入手。

1. 对自身生理条件的了解

一般来说,人体比较理想的比例是头身比为1∶8,即身体的长度是8个头颅的长度。对东方人来说,能达到这种比例的人并不多见,西方

---

① 转引自彭林:《中国传统礼仪读本》,浙江文艺出版社2008年版,第19页。
② 秦启文、周永康:《形象学导论》,社会科学文献出版社2004年版,第84页。

拥有这种比例的人较多。头肩的比例,即肩膀与脑袋的比例如果是3∶1则比较合适,否则,肩膀就过宽或过窄了。还有头颈比例,即脖子的长度相当于半个脑袋的长度;上下身的比例要符合黄金分割。生活中所有比例都达到完美的人其实很少,大多数人都不能达到理想的黄金比例。人们在生活中通过观察总结出了几种常见的体型,而正确穿戴服装服饰首要的就是针对不同的身体比例和体型进行补偏救弊,从而达到较为完美的效果。

一般的形象设计将人的体型划分为五种类型,即H形、A形、Y形、O形和X形(图12)。

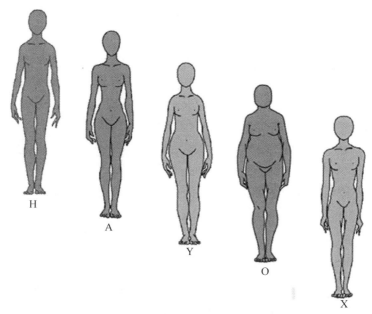

图12 体型基本分类(图片来源:看看新闻网 www.kankannews.com)

H形,就是上下一般齐,基本上没有曲线。A形是上身窄,下身宽。Y形则反过来,是上身宽,下身窄。O形是身体整体呈圆形。X形是中间窄,两边宽。针对不同的体型,一些适合不同体型的服装也被划分为不同的类型,如A形体型的人若恰巧穿了A形的服装无疑会扬短避长,反之,A形体型的人如果选择了Y形的服装,则会达到一种扬长避短的效果(图13)。

159

图13 服装款型基本分类(图片来源:百度知道)

除了体型,还有脸型。一般将人的脸型划分为8种,即田字形、国字形、由字形、周字形、目字形、甲字形、凤字形、申字形(图14)。

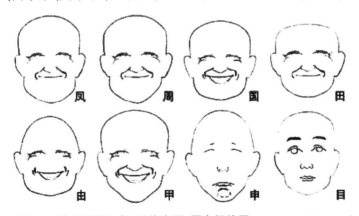

图14 基本脸型分类(图片来源:圆点视线网 www.apoints.com)

划分脸型与划分体型的目的一样,都是为了在充分了解个人生理条件的基础上正确选择自己的服装和发型,为的是扬长避短,尽显优势。

2. 对服装语言的了解

服装的类型和款式不计其数,在性别上可分为男性服装和女性服装在服装与着装场合的匹配性上可分为职业服装、商务服装、休闲服装、运动服装、家居服装等。对男性来说,最常见的职业服装即为西服或西装(图15)。男性的西装有很多种。从领型上来看,有平驳头的,有枪驳头的;从扣子上来讲,有一粒扣、两粒扣、三粒扣的,还有三排扣、双排扣的;从下摆看,有中分开摆的、两边开摆的,还有不开摆的等。不同风格、不同款式的西服在不同场合的感觉和用途皆不一样。枪驳头两排扣的西服跟平驳头一粒扣的西服相比,前者显得更加严肃、严谨、正式,更适于某些正式、严肃的职场或交际场合。

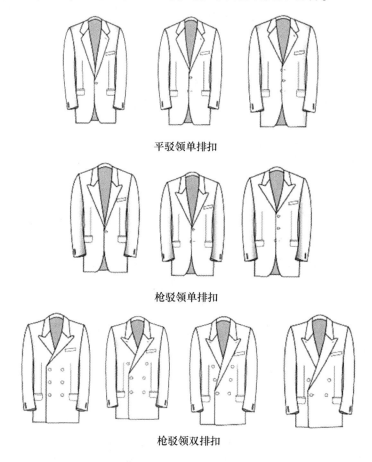

平驳领单排扣

枪驳领单排扣

枪驳领双排扣

图15 男性西服基本款型(图片来源:仕族网 www.shiza.cn)

(1)如果穿正式的西装,则须配衬衫、领带。
(2)要遵循露"三白"的原则,即领子、袖口、胸口一定要露出衬衫的颜色。

（3）穿西装的时候,须把袖子上的商标去掉。

（4）穿西装时,特别是穿整套西装时不能穿白袜子,而是要尽量穿深色的高筒的袜子。

（5）穿西装站立时一般只系一粒扣。两粒扣、三粒扣的西装也是如此。两粒的只系上面一粒,三粒的只系中间一粒,偶尔也可以把上面一粒系上。坐下的时候,一定要把西装的扣子解开。

女性的职业服饰一般没有特定要求,只要在着装上体现整体职业感,整体较庄重、严肃就可以,不像男士一样要求严格。

3. 对色彩特性的了解

要正确驾驭服装,还要对色彩有所了解。

法国国旗上的蓝色、白色和红色比例看起来是一样的,但实际上三种颜色的比例是 30∶33∶37,这是色彩在视觉方面所造成的错觉,反映出颜色的一种特性,即有的颜色在视觉上是扩张的,有的色彩在视觉上则是收缩的。

除了缩扩,色彩还有冷暖,即冷色调和暖色调之分。服装的色彩偏冷色调,给人的感觉就会比较冷,容易让交往对象产生不可接近的距离感,反之则会让人觉得较为亲切、热情。

色彩还有轻重之分。一个盒子被涂成不同的颜色之后,看上去的重量感觉是不一样的。有个例子,说在一个码头,工人们在搬运箱子时,总觉得箱子很沉,一天下来,虽然搬运的箱子数量并不多,但工人们却觉得很累,甚至有抵触情绪。老板看在眼里,急在心上,于是便向专家请教。专家了解情况后什么也没说,只出了一招,让老板把装东西的箱子由原来的黑色涂成白色。老板半信半疑遵从专家意见把所有的箱子涂成了白色。结果,一天下来工人们不仅搬箱子的件数多了,而且也不觉得像以前那么累了。老板不明所以,专家最后给出了答案。原来,箱子的颜色被涂成白色之后,在视觉上便让人感觉变轻了。根据色彩学原理,浅而明快的颜色往往能给人以轻快的感觉,而深且浊的颜色会让人感觉凝重和压抑。

不同颜色的搭配会产生不同的效果。色彩搭配一般有几种方式。一是对比搭配,即搭配的色彩对比强烈,在色相环上相隔180度的颜色对比最为强烈,如绿色,跟红色正好相隔180度,这两种颜色的对比就非常强,一般也不会搭配在一起。当然,如果要追求一种强烈的视觉反差,则可以这么搭配。还有一种搭配是同类搭配,即在同一个色系里搭配。如红色可以分出粉红、浅红、深红等多种红色,绿色同样有不同的绿,黄也有不同的黄。尽可能在同一个色系之下去搭配,这样会显得较为和谐,并会让人产生较为雅致的视觉感受。

关于形象设计,在心理学或者其他学科领域一般存在这样的原则:色不过三。服装的颜色搭配也是如此。一个人全身服装的颜色如果多于三种,如上衣是一种颜色,裤子是一种颜色,皮鞋又是一种颜色,且是对比较强烈的三种颜色,就会显得不协调。比较理想的则是同类色系的搭配。以西装为例,西装的颜色较深,与之搭配的皮带、皮包、皮鞋如能都在同一深色系则属于比较理想的穿着。

色彩还跟时间有关系。通常,在医院里,病房一般都被涂成浅的粉红色,因为浅粉色对人的情绪和心理会有种抚慰作用,会让时间有慢下来的感觉。快餐店则一般被涂成橙红色,因为人在橙红色的环境里会觉得时间过得特别快。这种原理同样适用于记者采访不同的采访对象。

4. 对职场环境的了解

职场,是职业场所的简称,泛指人们为了完成正常的工作而居留或出入的场所或场域。职场通常分为两种类别,即保守职场和非保守职场,在其中就职的人被分为保守职场人士和非保守职场人士。国际上之所以将某些职场人士,如政府公务人员、法律界人士、金融界人士及企事业界的高端管理层定位为保守职场人士,是因为他们在国家及社会事务中担任着重要职务,在着装上属于强迫性着装管理的范畴。保守职场人士的整体形象应表现出权威性、信任度及缜密感。他们的形象既代表着国家的、民族的整体形象,又代表着他们个人的个性特征。保守职场中最严格的要求体现在军队、公安、海关及税务等部门对统一着装的管理上,由于这些部门都属于国家极为重要的职能部门,制服的款式、颜色及帽徽、肩章等,都暗示着在其中就职的每位人士为国家、民族所负的责任。非保守职场则与保守职场相对,泛指不在保守职场工作的人士。非保守职场通常又分作两类。一类为创意职场,指文化产业界、各类媒体业界、广告业界、一般的教育界及商界和企事业界。另一类为随意职场,如 SOHO 一族以及科学研发人员等。非保守职场属于非强迫性着装管理的范畴。创意职场人士应准备一两套接近保守职场穿着风格的正式服装,以应对重要场合的需要。一般工作时段中则可以将正式的服饰与其他非正式的服饰互相搭配,比起保守职场的人士而言稍微闲适一些。随意职场人士在自我形象的把握中,拥有回旋余地最大、变通方式最多的优势,工作性质使其不需要在着装上过多考虑,几乎可以跟着感觉走。[1] 按照上面的逻辑,记者职场介于保守职场和非保守职场之间,属于创意职场人士,在着装上应当参照创意人士的着装原则。

5. 对采访对象的了解

为了更多地获取采访对象的信任,有经验的记者会因采访对象、时间、地点、场合的不同,而有所区别地"包装"自己。如进会场或军营采访,就要着装严整,仪容庄重;到田间或车间采访,则要整洁朴素,表情随和。采访外宾,要衣着整齐,干净卫生,要是领带歪斜,皮鞋蒙尘,衣着不合时宜,很容易引起对方反感。因此,记者要研究不同采访对象在不同环境中所具有的审美情趣、心理状态与情感认同特点,并以此来调整和修正自我"包装",这样才能有效地强化采访活动中的认知效应。

综上所述,采访对象是普通老百姓,记者在着装上应朴实、简洁、大方,男记者可穿夹克衫,女记者可穿职业便装、普通裙装等。不宜穿着华贵、艳丽的服装,这会使被采访者产生距离感。采访对象是政府官员或在较正式的场合,记者的穿着应有所讲究。女记者可穿比较正式的西服套装,色彩不宜过艳,一般应该选择灰色、咖啡色系或含灰的色系,给人沉稳、端庄之感。当采访文艺界人士时,服装可时尚、亮丽一些,但当采访对象是年长的艺术家、作家的时候,应该讲究服饰的文化品位,穿着中显现出传统与现代的自然结合,优雅、适度。[2]

---

[1] 徐晶:《现代职场形象设计——全球化时代职业人士的必修课》,中信出版社 2007 年版,第 8—11 页。

[2] 党毅峰:《论主持人与记者整体形象定位》,载《新闻知识》2008 年第 6 期。

（四）记者的着装原则

总体而言，记者社交中的着装应遵循这样几个原则：

1. TPO 原则

TPO 原则，是社交着装的首要原则。T，即 TIME，指时间；P，即 PLACE，指场合；O，有人说是 OBJECT，指目的，也有人主张是 OCCASION，指场合。记者要依据时间、地点、目的三个维度，根据采访对象的职业、环境等来决定自己的穿着。记者在农村或田间地头采访，如果穿西装，就显得不太适宜。在央视近年播出的某些下基层的报道中，记者有时穿得特别正式。穿着西装，或将西装脱去穿着衬衫帮农民扛东西，就显得特别不合适。在合适的场合穿合适的衣服，是一种基本的礼貌，既是尊重他人，也是尊重自己。

某电视台记者有过这样的经历：记者有一次去大学男生宿舍采访，因为夏天炎热，男生们都光着膀子、穿着短裤在打扑克，看到记者进来，男生们都借故溜了，当再次出在记者面前时，他们个个穿戴得整整齐齐。记者来拍大学宿舍要的是最真实的状态，如果学生都穿成这样，肯定达不到纪实的效果。记者当即做出反应，自己也把衣服脱了，光着膀子，穿着短裤，要跟学生们一起打牌。学生一看记者这样，就恢复了之前的状态。不知不觉中，记者的摄像机也已打开了。一般而言，记者出去采访，不应该光膀子，穿短裤，这不符合记者的职业角色，但在当时的场景之下，为了达到目的，为了体现与采访对象之间的相似性，减少采访对象的紧张，记者这样做倒也无可厚非，甚至是较为适宜的。

2. 统一

笛卡儿说，最好的服装应该是一种恰到好处的协调与适中。① 因此，记者在着装上还要注意整体性的原则，即前面所说的和谐。如果记者要穿西装，就要在衣服、裤子、发型、鞋子、皮带，甚至眼镜等方面选择与之匹配的穿着，从而体现出整体性。

3. 整洁

虽说一个人最不应该节省的是在自己形象方面的投资，但社交场

---

① 转引自应天常：《节目主持艺术论》，北京广播学院出版社 1999 年版，第 353 页。

合中的着装并非一定要华贵,尤其作为记者,更没有必要去追求所谓的全身名牌,只要做到整洁就行。央视著名化妆师徐晶曾经说,她自己穿的上衣是在路边摊上买的35块钱的衬衫,下装是25块钱的裤子,脚上则是50块钱的鞋子。她不止一次地强调服装不在于有多贵,牌子有多大,关键是要合体、得体、干净、整洁。这也是记者在服装上所要把握的一些原则。

总之,记者的职业装束虽不必拘于条条框框,但一定要合时合地,适情适景。

二、记者的交往礼仪

除了仪容仪表,社交礼仪通常还包括交往礼仪,交往礼仪通常包括这样几个方面。

(一) 称呼

一旦跟人交往,势必要开口说话,开口说话的第一项内容就是如何称呼。记者采访时,用何种称呼合适需要谨慎把握。所谓称呼,就是交往中使用的称谓和呼语,常用于指代某人或引起某人注意,是表达人的不同思想感情的重要手段。罗杰·布朗曾提出这样一个假说,即称呼形式的使用一般遵循两个简单的规范:地位规范和团结规范。[①] 地位规范规定,在称呼较低阶层的全体成员时应该使用非正式的熟称,较高和较低阶层的个人称呼高阶层全体成员时应该使用正式的敬语。团结规范则规定,不论人们之间的阶层地位如何,说话者对于与自己没有亲密关系的一切个人都使用敬语,面对与自己有亲密关系的一切个人都使用非正式的熟语。由此可见,称呼不仅与人与人之间的地位有关,而且受到人与人之间的亲疏关系的影响。

称谓在社交礼仪中一般包括这样两类,一是尊称或敬称,一是代称。尊称和代称又可分为正式和非正式两类。对记者来讲,在采访报道中,可以根据对方的年龄、职业、地位、身份、辈份以及与记者关系的亲疏、感情的深浅选择恰当的称呼。如果关系没到一定的亲近程度,

---

① 丁庆新、窦春玲:《人际关系心理学》,清华大学出版社、北京交通大学出版社2008年版,第125页。

上来就是老×、小×之类的称呼,就会让人不自在。如果关系挺熟,而用特别正式的尊称同样会让人觉得不自在。因此称呼务必要根据不同的年龄、职业、地位、身份、辈分来加以区分,比如对于德高望重、年龄较大者一般应称呼为先生,或者张老、王老、方老等。称谓在中国古代礼仪中分得很细,有敬称和谦称,甚至贱称之分。敬称是针对别人的,目的是要体现出敬重;谦称、贱称则针对自己,目的则是体现谦虚。

比如,对对方的父亲要称令尊,或尊公、尊大人,对对方的母亲则称令堂、太君等,对妻子的父亲称东翁,称对方的兄弟要说介弟、令兄、令弟,称呼对方的儿子要说令郎、令嗣、公子、少君,女儿则称令爱、令女、令媛等,称呼对方的女婿要称令坦。称呼自己的亲友要用谦称,即使是出于对长辈的尊敬,但也会与尊称对方的长辈有所区别,如称呼自己父亲是家严、家尊,而非令尊或尊公。自己的母亲则要称家慈,妻子则是拙荆、荆室、山荆等,称呼自己的儿子则用贱称,如犬子、小犬、犬儿,女儿是小女,家兄舍弟是兄弟(表5)等。

表5 中国古代称呼

对象	身份	称呼
对方亲属 (敬称、尊称)	父亲	令尊、尊公、尊大人
	母亲	令堂、太君
	妻(专指嫡妻)	令正
	妻父	冰翁
	兄弟	介弟、昆玉、昆仲、令兄、令弟
	儿子	令郎、令嗣、公子、哲嗣、少君
	女儿	令爱、玉女
	女婿	令坦
自己亲属 (敬称、尊称、谦称)	父或祖	太公
	父亲	家严、家尊
	母亲	家慈
	妻子	拙荆、荆室、山荆、荆妻、山妻
	儿子	犬子、小犬、息男、豚儿
	女儿	息女、小女
	兄弟	家兄、舍弟
老人或前辈、长辈 (敬称、尊称)		丈人、丈母、翁、涵丈、阿公、阿婆、大人、老丈、老伯、老爹、父老

(续表)

对象	身份	称呼
自己(谦称)		在下、下官、下走、鄙人、鄙夫、侍生、后学、小人、小可、小生、小号、不才、不肖、不佞、不敏、愚、蒙、寡人、寡君
同辈友人(尊称)		诸位、先生、兄台、仁兄、仁弟、大弟、夫子、夫人、阁下、大驾、足下、孺人贤

在现代交往中,虽没有必要把古代的所有称谓照搬,但这些称谓所蕴含的精神却不容忽视。现代生活中,在使用敬称方面,虽没有古人那么讲究,但有较为宽泛的敬称,如"您"。因此在对对方的称呼中使用您字,如您好、您儿子、您女儿等,同样可以体现出尊称的意味。

在一般职场,如记者的采访中,一般可采用这样几种称呼:一是职业性的,即可以称呼对方的职业,如张经理、王警官等,这样既不会太唐突,也较为正式和规范。也可以称呼对方在单位的职务,如王处长、李校长等。还有一种较为正式、规范的称呼,可以称呼对方的职称,比如说张教授,或者说李研究员等。还可以称对方学衔性的称呼,比如可以称张博士、李博士等。还有一种姓名性的称呼,那就是直接称呼名字,但为了避免直呼其名的唐突,表示尊重,也可以在对方名字后面加上先生或者是女士的称谓,这既能体现出尊重,也比较正式和客观,符合记者工作的客观精神。

除了正确使用符合社交礼仪规范的称呼,记者在采访中还应避免出现称呼的错误。特别是不能把对方的名字念错,否则会让对方感觉很不舒服,让双方尴尬,甚至可能会影响到关系。因而在读名字的时候,一定要尊重对方,碰到不会读的字,一定先查字典,碰到多音字不好确认,可以试探性地请教对方,征询对方的念法。在中国,有个不成文的规矩,即人名、地名的读音要随主人。采访中,一定要记清楚对方的名字、职务、职称等,否则一旦出错,会影响对方情绪,影响记者的采访工作。

2007年4月18日,《艺术人生》栏目的主持人对前来参加节目的毛泽东之孙、毛岸青之子毛新宇说了一句,"首先向家父的过世表示哀悼",节目播出后引起社会很大反响,也让主持人的形象受到一定影响,大家都在议论主持人为何犯错。2012年,台湾女艺人大S在其微博上写下了一句"贱内与有荣焉,期许将来帮助更多孩子",同样引起了大家的嘲笑,觉得这是博主没文化的表现。贱内即内人,是中国古代丈夫对自己妻子的称呼,此语从为人妻者口中而出,则显得不伦不类,难免要贻笑大方。在交往中还要避免使用一些低级的称呼或者绰号,不随便称呼对方绰号,除非某些绰号是褒义的,是得到被称呼者自己认可的,如可称前国家女排主将郎平为"铁榔头"。否则,随便给人取外号或称呼外号都会非常失礼,在正式的交往中一定要避免。

(二) 介绍

在社交场合,如果能正确地介绍自己,不仅可以扩大交际圈,广交朋友,而且有助于进行必要的自我展示和形象传播,有利于在交往中消除误会,减少麻烦。对于介绍,在现代礼仪中有这样几类。

1. 被介绍

在自己被介绍的时候,应该大大方方、充满热情,如果羞怯、冷漠、傲慢,会给人留下交往困难的印象。一般情况下,应正视对方,站立,在被介绍之后,要向大家致意,点头微笑、握手或者递名片等。

2. 自我介绍

自我介绍的时候,要选准时机,介绍时机不当,不但不能给人留下印象,还可能让人反感。

介绍也要把握分寸,一般人比较反感冗长、夸夸其谈、有吹嘘成分的介绍。自我介绍的时候,既要把握时机,又要把握分寸。具体做法是内容要明确、恰当,基本上包括一个人的姓名、单位、职务就可以,比如一个记者可以这样介绍自己,我叫××,是××日报××部的副主任,特别忌讳的是介绍了半天,大家仍不知道其姓名,介绍的功能根本没能发挥。

3. 介绍他人

介绍他人有东道主介绍的,也有地位高者或长者介绍的。如果是几人同行,则应由其中的长者或地位较高者,或者其中的东道主来介绍。

作为介绍者,介绍时也要专注,面向被介绍者,同时把介绍的一方纳入进来,另外还要注意介绍的顺序,一般是男士介绍女士,少者介绍长者,要把自己带来的客人先介绍给主人,不能等着主人先介绍自己。

(三) 握手

握手可以让相识的人更加亲近,不相识的人也会因为握手成为友好的交往伙伴。握手最早产生于人类还处于刀耕火种的年代,那时,人们狩猎和打仗时,手上常常拿着石块或棍棒以防不测。如果碰见陌生人,双方为了表示友好,要放下手中的武器,伸开手掌,让对方抚摸掌心,以示手中确实没有武器。握手延续至今则演变成一种交往的礼节,同样用来表达友好。握手作为必要的礼仪,也有其特有的规范。握手时,首先要把握时机,不能什么时候、见了什么人都握手。只有在表示欢迎、祝贺和感谢的时候才需握手。

另外要了解和把握握手的方式。握手时神态要专注,不能东张西望,不能同时跟其他人交谈,也不能将另一只手插在裤兜里。握手姿势要自然,要身体前倾伸出手来握。握手时手位要适中,不能握得太浅,也不能握得太深。同时握手的力度要适中,轻则容易让人认为心不在焉或傲慢,重则容易让对方手疼、令人尴尬。握手的时间也要适中,握手时一般应停留三至五秒,并轻轻摇晃,不能手刚一接触就马上松开,也不能长时间握住不放,异性之间尤其如此。握手也需注意顺序。一般来说,主人、身份高者、年长者和女士应先伸手,以免对方尴尬;朋友平辈间以先伸手为有礼;祝贺、谅解、宽慰对方时以主动伸手为有礼。

握手时还要避免几种禁忌:

1. 拒绝他人的握手。如果对方已经伸出手想要握手,一般不应拒绝,如果拒绝,则显得傲慢、不够礼貌。

2. 交叉握手(图16)。四个人中两两同时握手,所握之手同时穿过对方成十字交叉就是交叉握手。交叉握手既不礼貌,也容易造成尴尬,可以先等一方握完之后再握。

3. 戴手套握手(图16)。冬天或者在某些场合,如果戴手套,则跟人握手时,一定要先摘掉手套再握手,否则显得很不礼貌,往往含有某种轻慢之意,除非是有某些特殊的用意。

交叉握手　　　　　与第三者说话(目视他人)

摆动幅度过大　　　戴手套或手不清洁

图16　不正确的握手(图片来源:历城网 http://lc.licheng.gov.cn)

(四) 交换名片

名片,即印有个人姓名、职务(称)和所属服务机构名称的卡片,可以用来说明身份,建立联系,也可以增进友谊。递名片时,同样要把握时机,如果对方正忙于接电话或别的事情,名片递过去既不方便接也无法达到介绍的目的。交换名片的正确礼仪(图17),一是恭敬,二是严谨。所谓恭敬,是指递名片时至少要用两只手拿名片,身体应该起立且微微前倾,收名片时也要两只手把名片接过来。名片接过来时一般应该放到左边的上衣口袋或专门的名片夹里,以表示对他人的尊重。互递名片时,应当把名片的内容正面朝向收受方,以便于对方阅读名片上的内容。

(五) 打电话

记者在使用电话的时候,也需按照相应的礼仪要求进行,自觉自愿地做到知礼、守礼、待人以礼,从而维护自己的形象。虽然没有真正见面,但通过打电话同样会给他人留下印象,即电话形象,这也是构成一个人形象的重要部分。电话礼仪通常体现在打电话的时间、内容、

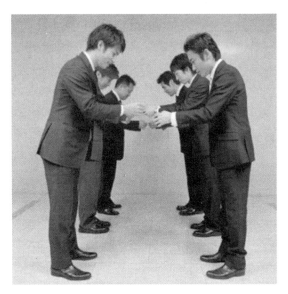

图 17　交换名片的正确礼仪（图片来源：可可日语网 www.kekejp.com）

长短等方面。

1. 时间。打电话的时间应以双方约定的时间为宜，如约好是下午三点或晚上八点半打电话，则务必在此时间打电话，否则在其他时间打电话算是失礼，如果情况特殊，不得不提前或延后打电话，则除了首先要道歉和说明情况，还要在征得对方同意的情况下方可继续通话。

2. 方便。打电话要考虑对方时间是否方便，一般不应选择在对方午睡、洗澡或是遭到不幸，如失意、病残、丧葬等情况下打电话。[①] 如果不考虑这些因素而贸然打电话过去，就会显得没有礼貌。打电话的时候，也不能煲电话粥，没话找话。打电话时一定宁短勿长，长话短说，有话则长，无话则短。

3. 体谅。即打电话的时候要体谅对方，对方如果表示不方便，则应马上中断以免造成干扰，尤其不能死打烂缠，让对方为难。

此外，打电话在语言上也应注意：

---

① 李勤：《记者形象与人际交往技巧》，载《当代传播》2004 年第 2 期。

1. 语言文明。打电话的人拿起电话来,首先应问候对方,不能没有问候就直奔主题,更不能直呼其名,那样会显得很不礼貌。打电话时,要不等对方问,先报出自己的姓名、身份,不应让对方猜测或等到对方询问才说出自己的姓名。

2. 态度文明。打电话时一般应将"请、麻烦、劳驾"这样的文明用语常挂嘴边,不能边打电话边吃东西,或将电视、音响等设备的音量开得太大。在使用电话,特别是移动电话时,应遵守公共秩序,不能因为是记者,就无视公共场合应有的秩序规则。如在剧院观看演出,在会场开会或在医院、公交车等公共场所使用电话时,一方面应该将电话调到静音以免影响他人,另一方面则不能当众或大声接听电话,而是应该尽可能地压低声音或另寻不妨碍他人的空间接听电话。

3. 举止文明。通话结束时,应等对方先挂电话,而且一定要说再见,不能不说再见,就把电话挂断。如果对方出于礼貌不肯先挂机,则可以借鉴前文所讲的女士优先或尊者为先的原则。

三、记者的谈话礼仪

社会交往离不开言语交谈,语言除了传达信息之外,还有一个很重要的功能:塑造形象。① 好的谈吐不仅可以展现一个人的风采和魅力,能够给人留下深刻印象,同样可以塑造一个人的形象,是个人进行形象管理的必要举措。关于如何发挥语言的魅力目前已有相当多的研究,如著名的卡耐基的《人性的弱点》等。舍曼也总结出了创造令人难忘的陈述的15种方法,如充满激情、宁可简洁而不复杂等。② 在社交活动中,只有遵守谈话规范,用语准确,有礼有节,言之有物,不卑不亢,才能使交往者的言谈得体,符合礼仪要求。

具体来说,记者在交往中应当掌握的谈话礼仪包括如下几个方面。

(一) 文明礼貌

礼貌既是人与人交往中语言作用的一种规范,是人人都应该遵守

---

① 李立:《尴尬与超越:节目主持人卷》,北京广播学院出版社2000年版,第252页。
② 〔美〕斯蒂芬·G.舍曼:《塑造引人注目的个人形象》,谢毅译,上海人民出版社1998年版,第28—31页。

的社交规则,也是增进人际关系、完成交际任务的重要语用策略。所谓语用策略,就是说话策略,是指说话遵守了它们便使交际更顺畅、使说话的人的行为更符合规范的一系列措施。① 专门研究语用学的学者拉科夫(Lakoff)提出过两条重要的人际交往原则:A 是要清楚,B 是要有礼貌,并且明确提出,当规则 A 与规则 B 发生冲突时,要牺牲规则 A,而保全规则 B。语用学家里奇(Leech)则从更为细致的方面解释了礼貌作为重要语用策略的内涵。他把礼貌原则分解为得体、慷慨、赞誉、谦逊、一致和同情等6个方面,以及尽量让别人少吃亏、尽量少赞誉自己、尽量减少对方的反感等12个方面,②实际上也体现出了"自卑而尊人"的礼之精神。

在现代社交中,特别是对于记者而言,语言的文明礼貌不仅体现在使用文明优雅的语言,也体现为不说脏话,不讲气话,不阴阳怪气,不讲只有自己能懂的"行话"等,这也是所有社交活动对语言的要求。说话礼貌是赢得他人好感的重要因素,在工作中,记者应该时刻将"您好、请、谢谢、对不起、再见"等这样的礼貌用语挂在嘴边。

(二) 语言规范

语言的规范性要求体现在发音要准确、语速要适度、口气要谦和、内容要简明、土语要少用、外语要慎用等诸多方面。西方国家一些政要、名人在社交场上都很在意自己的发音方式,甚至不惜重金聘请专门的语音矫正师辅导,为的就是能在社交场中说一口标准、规范的语言。汉语普通话目前是国内通用的标准语。《中华人民共和国宪法》第19条规定:"国家推广全国通用的普通话。"《中华人民共和国国家通用语言文字法》第12条提出:"广播电台、电视台以普通话为基本的播音用语",第19条第2款规定:"以普通话作为工作语言的播音员、节目主持人和影视话剧演员,教师、国家机关工作人员的普通话水平,应当分别达到国家规定的等级标准;对尚未达到国家规定的普通话等级标准的,分情况进行培训。"

新闻记者在配音、采访、报道中应当将普通话作为自己工作的标

---

① 钱冠连:《汉语文化语用学》,清华大学出版社2002年版,第151页。
② 冉永平:《语用学:现象与分析》,北京大学出版社2006年版,第62—66页。

准语,记者讲规范的标准普通话不仅能大大提升沟通效果,也能体现记者的礼仪形象。

2004年5月,国家广电总局在全国范围内发布了若干新的规定,其中有对主持人外表、语言等进行规范的新条例,新条例就节目主持人的外表造型、主持风格、语言表达等多个方面进行了详细的规定。规定要求主持人不得穿着过分暴露和样式怪异的服装,在穿着上要抵制低俗媚俗现象,并避免佩戴带有明显不良含义的标识或图案的服饰。发型也不宜古怪夸张,主持人不得将头发染成五颜六色;不得模仿不雅的主持风格,也不要一味追求不符合广大观众特别是未成年人审美情趣的极端个性化的主持方式,更不要为迎合少数观众的猎奇心理、畸形心态而让言行与表情极尽夸张怪诞。此外,主持人还不得以追求时尚为由,在普通话中夹杂外文,不要模仿港台地区的表达方式和发音等。

实际上,常有一些电台或电视台的主持人,在主持节目时,不注意使用标准的普通话,经常在节目语言里夹杂着英文或港台腔,以此作为一种"时尚元素"。此外,播音员主持人"念错字""说错话"的问题也比较常见。字音不标准有些是不知道正确发音读错,有些是知道正确发音,在"拿不准"的情况下按照自己的习惯发音;有的表现为把字的声母读错,有的表现为把字的韵母读错,有的表现为把字的声调读错,有的是儿化音滥用……一般说来,主持人在节目中,有些语言是不提倡使用的,如俗语、俚语、隐语、暗语或非专业术语等,并要注意节制使用非措词性的发音,如"嗯""啊"等,否则会让人听起来不舒服,也会影响主持人及媒体的形象。

(三) 说话得体

著名语言学家吕叔湘说:此时此地对此人说此事,这样的说法最好;对另外的人,在另外的场合,说的还是这件事,这样的说法就不一定最好,这就应用另一种说法。① 这实际上讲的就是说话的准确、得体。

---

① 钱冠连:《汉语文化语用学》,清华大学出版社2002年版,第286页。

(三) 认真倾听

"倾听是谈话的另一半,如果人们停止了听,说也就毫无用处了"[①]。对方说话的时候,最起码的尊重是认真倾听,不随意打断。

认真倾听是建立积极关系的基础。倾听对方说话,不能不耐烦、心不在焉或没有任何积极回应,即只停留在消极性的倾听层面,而是要在表情、姿态话语等各个方面给予对方积极的关注,这通常被称为倾听的关注技巧;要给说话者以积极的回应,这被称为倾听的跟进技巧;要把自己听到或观察注意到的内容反馈给谈话者,这被称为倾听的反馈技巧。成为一个积极的反应性倾听者,既能显出对谈话者的尊重,同时也是建构积极谈话氛围的必要举措。有研究者发现,在良好的倾听技巧和工作效率之间存在着直接的联系[②]。认真倾听,不简单、粗暴地打断他人说话,不仅能让记者更易赢得采访对象的信任与配合,也能让记者树立好的形象,赢得受访者的好感与尊重。

(四) 学会赞美他人

喜欢听恭维话是一般人的一种倾向,尽管有的人表面上不承认这一点[③]。在社会交往中,每个人都喜欢听夸赞的话,没有人天生爱听贬损之辞。因此在社交当中应当学会赞美他人。赞美也要分情况,如果赞美的合适,会让被赞美者心情愉悦,从而增进双方的关系、提升对方表达的热情,正所谓"真诚地赞美一个人引以为荣的事情,可以使你更好地与对方相处"[④]。如果赞美不恰当,赞美中存在虚情假意,赞美得不情愿、勉强,或者有些违心,这样的赞美不仅不能带来愉悦,相反会让人不舒服。

社会心理学的研究发现,我们喜欢说我们好话,或为我们做好事的人,但喜欢的强度由我们对这种行为背后的动机的信任程度和如何评估行动本身这些因素决定[⑤]。因此,如何赞美、如何通过赞美获得好

---

① 王怡红:《人与人的相遇——人际传播论》,人民出版社 2003 年版,第 108 页。
② 〔美〕桑德拉·黑贝尔斯:《有效沟通(第五版)》,李业昆译,华夏出版社 2002 年版,第 45 页。
③ 佘丽琳:《人际交往心理学》,光明日报出版社 1989 年版,第 121 页。
④ 赵文明、程堂建:《协调学》,北京图书馆出版社 2000 年版,第 69 页。
⑤ 〔美〕J. L. 弗里德曼:《社会心理学》,高地、高佳等译,黑龙江人民出版社 1984 年版,第 199 页。

感首先取决于赞美者的态度是否恳切,是否是发自内心的赞美。另外就是语言要得体,不能太夸张,更不能虚伪、造作,须具体实在,要言之有物,只有具体内容才会体现出赞美的实在。赞美当然也要适度,要掌握时机、富有新意,否则可能适得其反。

(五)学会拒绝

记者在开展新闻业务时常常遇到他人有事相托相求,这是正常的,但有时相托相求的事情已经超出了原则范围和客观事实,记者仍满口答应或随意许诺,这既可能让记者陷于被动,也容易让记者的形象受到影响。因此,与人交往很多时候需要学会说不,要学会拒绝,否则也可能带来麻烦。如果在采访中大包大揽,什么事情都满口答应,固然会给对方留下热心的好印象,但久而久之,同样可能给人留下说大话、心口不一、夸夸其谈的不良印象。

拒绝他人也要讲究方式方法,过于生硬,可能伤及对方,也有损自己的形象。拒绝一般有两种方式:首先是委婉地拒绝。直接拒绝可能会伤害对方。为了不伤害对方,造成交往关系的尴尬与紧张,记者可以委婉地拒绝,努力取得对方的理解。委婉地拒绝可以在一定程度上顾全双方的"面子",不至于伤和气,或有损记者的形象。其次是要尽量留有回旋的余地,不要轻易断然拒绝。如果实在不得不拒绝,则可以向对方说明实际情况,尽量争取他人的理解和原谅。

四、记者的出行礼仪

《礼记》一书中有很多关于出行礼仪的内容,如,

"**从于先生,不越路而与人言**"(跟随先生而行,不可跑到路边去同人说话)。

"**遭先生于道,趋而进,正立拱手**"(在路上遇见先生,应快步上前,向先生立正拱手)。

"**先生与之言则对;不与之言则趋而退**"(先生同你说话你就回答,不同你说话就快步退下)。

"**从长者而上丘陵,则必乡长者所视**"(随年长的人上丘陵,一定要面朝长者所看的方向)。

"**登城不指,城上不呼**"(登城不要用手指画、在城上不要呼叫)。

"将适舍,求毋固,将上堂,声必扬"(外出将就宿旅舍,要求不要像平常在家一样。将要上堂,要先出声示意)。

"户外有二屦,言闻则入,言不闻则不入"(如果门口放有两双鞋,则听见室中人说话的声音才进去,听不见室中人说话的声音就不进去)。

"进勿顾"(进到他人家中时不左顾右盼、四处张望)。

"大夫士出入君门,由闑右,不践阈"(大夫、士出入国君的朝门走路时靠右而行,出入时不得践踏门槛)。

"凡与客人者,每门让于客"(凡主人与客人一起进门,每走到门口,主人都要让客人先进)。

随着时代发展,《礼记》中的出行礼仪已不完全适应今天的社会,有的可能已经成为繁文缛节,但当今社会同样存在许多出行方面的礼仪值得记者了解和遵守。

(一) 走路

1. 遵守交通规则

如果每个人都知礼、懂礼、守礼,都能遵守交通规则,那么,不仅"中国式的过马路"问题可能得以解决,人与人之间因交通问题而产生的纠纷也将大大减少,一个城市的交通环境和交通状况也将得到大大改善。更重要的,如果一个人在走路时能够遵守交通规则,这个人无疑会在人们心目中树起文明有礼的良好形象,并最终赢得大家的尊重。

2. 保持道路卫生

走路的时候,要注意保持道路卫生,不边走边丢东西。在现代文明社会,不爱护环境、肆意破坏和污染环境的行为已越来越受到人们的厌恶,也成为影响形象的重要因素。

3. 礼貌待人

在路上碰到他人,要有礼貌,应当点头或微笑示意。遇到路窄时,应侧身相让,或停下来让对方先走。跟道路对面的行人打招呼或交谈,则应走到一旁,不挡在道路中间,影响他人前行。问路时要有礼貌,不能粗鲁无礼。

4. 自觉遵守公共秩序

上下楼梯和乘坐电梯时,特别是乘坐地铁等公共场所的滚动式电梯时应当靠右站立,留出左边的通道方便他人行走。在乘坐电梯,特别是乘坐直行式电梯时与他人之间应当保持适当距离。除非空间小而人多,否则应避免出现人挨人、人挤人的状况。在公共场所排队时,应当自觉到队尾排队,遵守顺序,排队时应与前面的人保持适当的距离。

(二)乘坐交通工具

1. 乘坐轿车

乘坐轿车时应当举止文雅,按顺序上车、下车。此外还应留意乘坐轿车时的座次有别。一般来说,小轿车如果是由主人驾车,则主人旁边的副驾驶位置最为尊贵,应当礼让给较尊贵或较年长的人乘坐。如果是有专任司机驾车,则主人要和客人一同坐后面的座位。此时,副驾驶后的座位最为尊贵,应当礼让给受到尊重和敬仰的人乘坐。上、下车时如果碰到长者或尊者,应当主动为其拉开车门或为之做些防护的动作。这些礼仪虽都是细小之处,但都会体现出践礼者令人印象颇佳的大度、涵养和风度。

2. 乘坐公共交通工具

乘坐地铁、公交、轮船等公共交通工具时要遵守相关规定,文明礼让。尤其在碰到老、弱、病、残、孕乘客时应主动让座。排队要按次序,在规定的位置上车。

3. 乘坐飞机

乘坐飞机时应遵守的乘机礼仪主要包括:

(1)要提前到达机场。因乘坐飞机涉及安检等诸多程序,耗时较多,为不影响乘机或给其他乘客带来麻烦,应提前到达机场,按照要求办理登机手续,并及时登机。

(2)遵守机上安全规定。如系好安全带、飞机飞行时关闭手机等电子产品,以显示应有的教养。

(3)举止文明。尊重机上的工作人员,对机上工作人员态度友好,尊重工作人员的劳动,不使用带有蔑视或人格侮辱性的言语。

(4)讲究卫生。注意保持机上卫生,不随手乱丢垃圾,将垃圾投入指定的装置。

(5)礼让作风。上、下飞机时礼让他人,不抢行或不挡在中间过道影响他人。

4. 乘坐电梯

乘坐电梯时应当先下后上,按先后顺序进入电梯,礼让有序,当电梯关门时,不强行扒门,不强行推人、挤人,在电梯人数超载时,不要强行挤入。如果是与熟人一同乘坐电梯,则应当主动礼让尊者、女士或客人,要为客人控制电梯等。

五、记者的采访礼仪

记者的采访实际上相当于一般社交活动的约会。而所谓约会,就是约定会面。因此,掌握必要的约会礼仪对于记者而言实属必要。约会礼仪一般包括:

(一)预约

拜访他人或进行采访之前,应当提前预约,遇到某些特殊情况,如报道体育比赛或体育明星,记者通常采用的做法是在休息室或通道堵截,碰到谁则采访谁,由于这种方式目前已成为较通行的做法,大家已普遍接受倒也无可厚非。除了这种情况,即使是采访体育明星也同样需要预约。

预约首先要注意约定的时间。在确定时间方面要优先考虑对方的时间方便,不能无视对方的意愿或难处而以记者为中心,遇到紧急情况也应当以商量的方式征得对方的谅解和同意,一旦对方执意谢绝,则不能强人所难,采取硬闯或先斩后奏的方式。一些文娱记者,即通常所说的"狗仔队"在采访明星时常常不顾当事人的反对,而采取偷拍、偷录的方式进行。尽管这些记者可能有某些不得已的难处,通过这种采访方式也能得到某些"猛料",但这种"狗仔式"的采访方式既不合法,也常常招致明星和公众的诟病,严重影响了记者的公众形象。

预约时,记者需要告知采访对象约会的人数、方式等信息,如总共来几位记者,是否录音、录像等,以便让采访对象有心理等方面的准备,免得造成见面时的尴尬。

赴约时则要守时,不早到也不迟到。早到的话,受访者可能尚未做好准备或有别的安排,难免会打乱受访者的节奏,造成一定的尴尬。

迟到则会让受访者着急等待,同样会打乱受访者的节奏,影响其安排,令其产生不悦,进而影响记者形象。

(二) 采访

采访时除了按照事先约定的时间、地点赴约,同时还需注意:

1. 不做邋遢之客

即在约定的时间地点去约会时,不能不对自己的仪容仪表等做任何修饰,邋里邋遢地前去赴约。作为记者,尤其不能穿着拖鞋、裤衩、背心或打着赤膊就去采访,这样不仅有失礼貌,也有损记者的形象,一些特殊的情况则另当别论,如前文提到的记者赤膊采访男大学生宿舍。

2. 不做粗俗之客

采访时,行为举止要得体、文明而有涵养。按照中国人的文化习惯,客人来访,主人会客气地劝告客人不必拘束。尽管如此,如果客人来访时过于随便,行为粗俗,在主人住所随意走动或张望,未经允许随意翻动和放置东西,随意吃喝,也会令主人难以接受,并暴露出客人的粗鲁与无礼。

3. 不做难辞之客

采访时,除了按事先约定的时间准时到达,还要注意遵守事先约定的访问时长,如果访问时间到了则应由记者向主人先提出辞别。实际采访中可能会出现这种情况,即原本约的采访时间为半个小时,结果采访时一直聊了两三个小时,如受访者谈兴极佳、欲罢不能或受访者主动提出延长采访时间则可以接受(也应事先征询或事后致歉),如果是记者有意为之,特别是记者利用受访者碍于礼节、不忍拒绝的心理达到延长采访时间的目的则是不可取的。

4. 不做失礼之客

到访时首先要问候受访者,对其愿意接受采访表达感谢,告别时要再次表达谢意,以体现记者的礼貌。有的记者到访时与受访者手也不握就径直走向沙发坐下开始提问,告别时头也不回,一句表示谢意和惜别的话都没有,这样也会显得记者不懂礼貌,很难在受访者心中留下好印象。

(三) 回访

采访结束绝不意味着与采访对象关系的终结,相反这恰恰可能会成为记者与采访对象正式交往的开始。而要与采访对象继续保持良好的交往关系,约会结束后的定期回访则是必要的,这也是约会礼仪中的一个重要方面。

回访的礼仪大致包括这样几方面:一是回访的方式,二是回访的频率,三是回访的礼节。记者在采访结束之后,在所采制的报道播出或见报之后,应主动给受访者打电话或写信告知,或者在节目(稿件)播(登)出之前告知采访对象节目(稿件)播出(见报)的时间,提醒受访者收看。节目(稿件)播(登)出之后,应当告知受访者记者已复制了节目或复印了报刊并欲寄给受访者等。在某些特定时刻,如过年过节,记者可以给受访者发短信、发微信、发 Email 或打电话问候,这无疑都会增进记者与受访者之间的关系,也能为记者的形象加分。

《新闻记者》(2011 年第 5 期)刊载过一篇文章《记者怎样面对学者——一个学者给记者的六点提示》,讲述了一名社会学研究者在与记者打交道的过程中的酸甜苦辣,文中提到,学者"时常有这样的经历,接受采访或约稿时,记者或编辑很是热情,一旦采访结束了或者稿件发出了,他就跟你没关系了。直到有一天偶尔看到网上的信息,才知道我的劳动在他那里派上了用场,而我自己连一份报纸或刊物也没见到"。由此可以看出,回访实为记者采访礼仪的重要一环。

回访时也需要把握时机。不能采访过去很长时间才想起给受访者打电话,这可能会使受访者陷于想不起来的尴尬境地。回访务必及时,既不能隔得时间太长,也不宜频度过密,不能隔三岔五便回访一次,这亦会让受访者不胜其烦,反倒影响记者在受访者心目中的形象。

六、记者的应酬礼仪

除了具体的采访工作,记者有时也需要参加必要的社交活动或主动参加社交活动以积累人脉资源。换句话说,记者也需要通过应酬来为工作做好先期的准备和积累,这就涉及记者的应酬礼仪。一般来讲,记者的应酬与一般的社交应酬一样也大致分为以下几种情况。

(一) 亲缘关系应酬

即记者跟与自己有某些亲缘关系的社会成员之间的交往。尽管记者与亲友间的关系看起来似乎属于记者的私事,与其工作之间没有太大关系,但如果记者与其亲友或家人之间的关系处理不好,同样会影响到记者的公众形象并对记者所从事的传播活动产生影响。

(二) 地缘关系应酬

美国心理学家费斯廷格经研究发现,人际交往的频繁度和熟识度,更多是空间距离的结果。① 中国也有句老话,叫"远亲不如近邻,近邻不如对门",说的亦是地理空间在社会交往中的作用。尽管人们现在住高楼层,邻里之间很少走动,但因为地理上的接近性,邻里之间总会发生交往,总会存在一定的地缘关系,如果记者跟邻里间的关系很难相处,则很难想象其能有好的社会形象,也很难想象记者能充分利用其这些人脉方面的资源。

(三) 业缘关系应酬

业缘关系是指人们因从事某种职业而与他人形成的一种关系。记者出去采访报道,总要和别人发生某种职业交往上的关系。业缘关系通常也包括学业业缘关系,如师生之间的关系即属此类。职业业缘通常包括两个方面。一是同事之间的关系和应酬。在处理这种应酬时记者应注意尊重上级,关怀下级和同级。尊重上级不是鼓励记者成为领导的奴隶和听话的绵羊,不是鼓励记者拍领导马屁和一味讨好领导,在尊重上级的前提下,记者同样可以坚持自己的个性和创造力。如果记者跟上级的关系过僵,将直接影响记者的职业发展。反之,对领导言听计从、唯唯诺诺的记者也未必会给领导留下好印象。

职业业缘的另一个方面是同行之间的关系,一般而言,同行间既是合作伙伴,又是竞争对手,因此同行间既有密切配合,也存在一定的竞争和共同发展、共同合作的关系。

(四) 友缘关系应酬

在与朋友交往的时候,既要维护友谊,也不能有失礼仪。不管是

---

① 〔美〕帕特森等:《影响力2》,彭静译,中国人民大学出版社2008年版,第187页。

因同学关系结成的朋友,还是在采访中结下的朋友,不管是业缘的、学缘的、友缘的还是亲缘关系的朋友,相处、交往中最重要的也是尊重为先,要尊重对方的个人情感。朋友相处时同样应该真诚地去赞美朋友引以为荣的事情。尤其是当一个人在自己感到特别荣耀的时候,如没有朋友表示任何的赞美与祝贺,往往会比较失落。朋友间交往时还要用谦虚的态度来接受赞美。虽然是朋友,但被朋友夸赞时仍要体现出应有的谦虚。

朋友间应当有来有往,来而不往非礼也。朋友之间也要讲究信任,要注意承诺和信任。人们常说记者的工作就是交朋友的工作,对记者而言,懂得朋友间相处的礼仪更为重要。

朋友间相处需要遵从这样的原则:

1. 真诚与平等

任何时候,真诚都是交往的基础,任何与人交往的手段和技巧都应该建立在真诚的基础之上,这是人际交往的一个基本原则。根据马斯洛的需要理论,人类除了生理需要,还有安全的需要,没有真诚则意味着会让交往对象始终处在一种担心与恐惧之中,会使之产生强烈的不安,从而倾向于拒绝和不配合。中国传统文化历来十分推崇诚信原则,孟子说:"诚者,天之道也,思诚者,人之道也,至诚而不动者,未之有也;不诚,未有能动者也。"平等原则是建立良好人际关系的前提,是人与人之间建立情感的基础,也是人际交往的一项基本原则。交往必须平等,平等才能交往。尽管由于主、客观因素的影响,人与人在年龄、职位、财富以及气质、性格、能力、知识等方面存在差异,但所有人的人格都是平等的,如果交往的双方对情况的控制是不均衡的,一方必须受到另一方的限制,那么这种关系就注定不能深入,注定缺乏深刻的情感联系。缺少了真诚与平等,记者与采访对象间的关系也很难维持。

2. 尊重与信任

每个人都有自尊心,都希望别人的言行不伤及自己的自尊,都渴望得到他人的尊重。只有尊重他人,才能得到他人的尊重。朋友之间更是如此。朋友间的真诚信任最为重要。朋友间的交往避免不了要遇到矛盾,因为每个人都是独特的,每个人的性格和爱好都不尽相同。

与人相处,就要尊重别人的爱好。既然是朋友关系,就不应无端怀疑。如果存在怀疑,任何朋友最后只能分道扬镳。俗话说,朋友之道,贵在真诚。对待朋友,要真诚地为对方着想,勇于牺牲,敢于奉献。"口惠而实不至,怨载于其身,"朋友之间不能言而无信,一定要讲信誉。

3. 宽容与大度

在人际交往中难免会遇到不愉快的事,朋友之间也是如此,一旦朋友间遇到误解和不愉快,要退一步海阔天空。朋友之间的友好相处必须建立在宽容与大度的基础之上。宽容表现为对非原则性问题不斤斤计较,能够以德报怨,能够包容他人的缺点和失误。朋友之间如到了紧要关头,只要宽容、大度,忍让一下,不苛求他人,不固执己见,就可以化干戈为玉帛。学会原谅别人是美德,学会宽容别人是高尚,此言不虚。

4. 沟通与交流

俗话说,话语是打开心灵之锁的钥匙。朋友之间一定要沟通,一定要交流。人际传播方面的研究发现,沟通与交流未必要解释、表明或表达什么。有时候,朋友之间仅仅就是想听听别人的唠叨,或者唠叨给别人听一下。人际关系的本质是一种情感交换。[①] 朋友之间,付出真情的沟通与交流换回的仍是对方的真情,记者以朋友之道对待受访者,受访者同样会以朋友之道对待记者,记者在赢得朋友的同时,自身的形象亦已大为改善。

---

① 刘京林:《大众传播心理学——从现代心理学角度看大众传播》,北京广播学院出版社 1997 年版,第 165 页。

第七章　中国记者的媒介形象变迁
——以《人民日报》的相关报道为例

近年来,有关媒介形象的研究不少,在中国知网上搜索"媒介形象",可找到的相关文献多达970篇,很多学者对农民工、女大学生、工人等群体的媒介形象进行了研究,呈现了某一群体的媒介形象,并分析了媒介形象形成的原因及背后的规律。其中比较有代表性的有《新时期中国典型人物"媒介形象"的变迁与突破》《节目主持人的媒介形象审视》《弱势群体的媒介形象——以"城市畸零人"农民工为例》和《三十年来中国女大学生的形象变迁——以媒介形象变迁为视角》等。这些研究有利于加深公众对于新闻生产活动的认识,看到新闻生产活动背后的规律,也为部分群体改善自身的媒介形象提供了现实依据。

虽然有关媒介形象的研究较多,也有很多学者对同一群体的媒介形象进行了研究,但在已有的研究当中,却鲜有关于当代中国记者的媒介形象研究。记者的媒介形象较之其他群体的媒介形象具有一定的特殊性。美国著名传播学者施拉姆曾指出:"最可能改变一次传播的效果的方法之一,是改变传播对象对传播者的印象。"①因此,就记者及其所从事的新闻传播活动而言,记者的形象十分重要,它直接决定着记者在实际工作中的状态,决定着新闻报道是否具有权威性和可信

---

① 〔美〕威尔伯·施拉姆、威廉·波特:《传播学概论》,陈亮、周立方、李启译,新华出版社1984年版,第225页。

性。有研究显示,公众了解记者主要是通过新闻报道,因而记者的媒介形象是公众心目中记者形象的主要来源,记者的媒介形象很大程度上就是记者在公众心目中的形象。所以,掌握和改善记者的媒介形象对于增强新闻报道的权威性和可信性就具有至关重要的作用。

近几年来,中宣部等部门一直在全国新闻战线组织开展"走基层、转作风、改文风"活动,大量来自中央主流媒体的记者深入基层一线,努力贴近实际、生活、群众,体察人民群众生产生活实际,做出了大量接地气的报道,得到了群众的普遍好评,客观上改善了记者的媒介形象。与此同时,社会上也存在着"有偿新闻""有偿不闻"和"新闻敲诈"的现象,有些无良记者把手中的权力当成自己牟取暴利的筹码,其中的陈永洲案就是一个发人深省的案例。当前中国的记者形象存在较为严重的危机,很多群众不再信任记者,甚至认为记者是利己主义者乃至"蛀虫"。因此,研究记者的媒介形象变迁也可为当前十分迫切的改善记者媒介形象的问题提供参考。

《人民日报》是中国共产党中央委员会的机关报,其所报道的内容在中国的所有媒体中最具权威性和真实性。因此,研究《人民日报》上关于记者的报道,对分析记者媒介形象具有重要的意义。同时,《人民日报》办报持续时间长,具有稳定性,从新中国成立一直到现在都在正常出版,通过检索《人民日报》,可以较全面地考察新中国成立以来中国不同阶段的记者媒介形象变迁及其规律,对于全面掌握记者的媒介形象及其形成规律有重要意义。当然,《人民日报》作为中共中央机关报,具有一定的特殊性,其呈现出的记者相关报道不能代表整体的记者媒介形象,也难以代表中国所有记者的形象,因此,这或许是本研究的不足之处。

研 究 设 计

本研究采用内容分析法,主要针对1949年10月中华人民共和国成立以来《人民日报》上的记者相关报道进行分析。由于从1949年到2013年共有65年的时间,如果从65年的《人民日报》中选取全部样本会造成样本量过大,因而本研究在样本的选取上采用等距抽样法,即从 2013 年往前推,每隔 5 年抽取一年的《人民日报》作为样本,最终抽取 1953 年、1958 年、1963 年、1968 年、1973 年、1978 年、1983 年、1988 年、1993 年、1998 年、2003 年、2008 年、2013 年共 13 个年份全年的《人民日报》作为研究样本的来源。

为获取与研究内容相关的文献,研究者运用人民数据库(含人民日报图文数据库)进行检索。研究者先是在高级检索系统中,在数据范围中选择"人民日报",日期范围选择从某年的 1 月 1 日到 12 月 31 日(如 1953 年 1 月 1 日到 1953 年 12 月 31 日),数据标题和数据正文均输入"记者",选择按日期先后排序,然后进行检索,即获得该年新闻报道中标题和正文均含有"记者"二字的所有文献。

标题和正文均含有"记者"二字的文献显然也不是每篇都与记者的媒介形象有关,接下来研究者需要排除掉那些与本研究无关的文献,即那些虽含有"记者"字眼但并不能反映记者媒介形象的文献。这些被排除掉的文献主要是记者作为报道者存在的,如记者参加记者招待会、记者受到国家领导人的接见、记者对某一问题发表评论等,虽然报道中都含有"记者",但这些文献实际反映的还是记者正常的职业行为,即记者仍属报道者而非被报道者,因此并不反映记者的媒介形象,因而不属于本研究范畴,应该剔除。按照这样的方法,研究者从检索到的全部 2714 篇文献中最终选取 97 篇作为研究样本。其中,1953 年 0 篇,1958 年 4 篇,1963 年 8 篇,1968 年 1 篇,1973 年、1978 年、1983 年均为 0 篇,1988 年 4 篇,1993 年 7 篇,1998 年 4 篇,2003 年 32 篇,2008 年 13 篇,2013 年 24 篇。

在获取研究样本之后,研究者对这些文献进行编码,编码表中包括序号、年份、体裁(消息、通讯、评论、图片、简讯)、字数、内容、性质(正面、中性、负面)、记者所在媒体(通讯社、报纸、杂志、广播、电视、网络等)、记者所处领域(时政、财经、文体、法制、国际等)、高频词等。

数 据 分 析

通过对新闻报道的年份、报道数量、体裁、字数、内容、性质、记者所在的媒体、记者所处的领域、高频词等相关变量进行分析,可以首先得出以下结论：

1. 随着时间的推移，中国记者的媒介形象日渐凸显

表6　1953—2013年《人民日报》上有关记者的新闻报道数量表

年份	1953	1958	1963	1968	1973	1978	1983	1988	1993	1998	2003	2008	2013
篇数	0	4	8	1	0	0	0	4	7	4	32	13	24

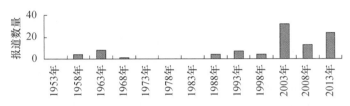

图18　1953—2013年《人民日报》上有关记者的新闻报道数量

从表8、图18可以清晰地看到，《人民日报》上有关记者的新闻报道从新中国成立到20世纪末一直保持在较低的水平，其中最多的一年是1963年，也仅有8篇，1953年、1973年、1978年和1983年这四年均没有出现有关记者的新闻报道。然而，进入21世纪以后，有关记者的新闻报道数量呈现"井喷式"增长，其中2003年此类报道数量高达32篇，超过了20世纪所选取的十年中此类报道数量的总和。由此可见，《人民日报》进入新世纪以来对记者群体的关注呈现增长的趋势，记者的媒介形象越来越多地展现在公众面前。

之所以会出现这样的情况，主要是由于记者的主体意识增强，新闻媒体开始将镜头对准自己人，进行相关报道。1949年10月以后，新闻媒体在很大程度上是党的宣传工具，新闻媒体的使命主要是政治使命，即维护人民民主专政的国家政权和社会主义制度。此外，新中国初期的《人民日报》让人民群众充当宣传报道的主角，突出宣传人民群众中的先进人物与先进事迹。① 因此，新闻媒体和记者本身一般不会成为报道的对象，即使成为报道对象，也往往是作为国家和政府的代表身份出现。如1963年7月28日的新闻《高举马克思列宁主义的旗

---

① 方汉奇、丁淦林、黄瑚、薛飞：《中国新闻传播史》，中国人民大学出版社2002年版，第351页。

帜革命的旗帜和团结的旗帜坚持斗争——首都盛会热烈欢迎被捷无理要求召回的三记者》介绍了首都各界热烈欢迎三位驻捷克记者回国的事件。这篇消息虽然是以记者为报道对象,但其中的记者已不是一个完整意义上的记者,他们受到关注也不是因为他们的新闻业务活动。

改革开放以后,尤其是进入21世纪以来,随着西方新闻专业主义的引入,记者的主体意识逐渐增强,记者开始看到自己独立于政治宣传之外的使命,即报道事实,满足受众的信息需要,于是记者的专业意识不断增强,他们开始将自己的职业视为一个专业性比较强的职业,新闻从业者树立起自觉的身份意识和专业操守。① 从此,报道记者群体本身的新闻也逐渐增多。

除了有关记者的新闻报道数量呈上升趋势,有关记者的新闻报道体裁也逐渐丰富。从1958年到1983年,此类新闻报道的体裁全部为消息或简讯。从1988年开始,通讯、评论、图片新闻等体裁也开始渐渐出现。如1988年4月12日的通讯《活跃起来的中国记者》介绍了中国新闻界出现的可喜的变化:中国记者逐渐变得开朗起来,他们的竞争意识逐渐增强,更加显示出自己的机敏、锐利和自信,努力追求新闻的时效性。1993年6月27日的通讯《本色——记"全国五一劳动奖章"获得者、人民日报驻湖南记者站站长吴兴华》通过一些生动鲜活的事迹,塑造了《人民日报》记者吴兴华廉洁自律、刚正不阿、热爱人民、敬业奉献的高大形象。2003年12月16日的评论《愿记者展现新风采》高度评估了新时期中国记者贴近实际、贴近生活、贴近群众的工作作风,认为他们有强烈的事业心,维护党和人民的利益,坚持正确导向,维护新闻真实,认为他们是非清楚、爱憎分明,在原则问题上毫不含糊,认为他们敏锐、执着,以高度的社会责任感,忘我拼搏。评论虽然指出了个别记者缺乏应有的职业道德,但认为绝大多数记者是好的,我国新闻工作者一定能够展现新的风采,为国家做出更大的贡献。

可见,有关记者的新闻报道的体裁不再仅仅局限于消息,而是逐渐多样化。通讯、评论等新闻体裁与消息相比,能够更加真实、生动、

---

① 云国强、郑寅淑:《构建新闻共同体:当代中国新闻专业主义的发展与影响》,载《重庆理工大学学报(社会科学)》2010年第5期。

全面地展现新闻工作者的形象。新闻工作者的形象不再刻板,而是更加鲜活地展现在公众的面前。

综上所述,《人民日报》上有关记者的新闻报道数量呈现上升趋势,且报道体裁也逐渐丰富。记者的媒介形象不仅越来越多地展现在公众面前,而且变得越来越鲜活、生动。

2. 中国记者的媒介形象开始逐渐打破单一、正面的格局

本章为了研究记者媒介形象的变迁问题,将记者的媒介形象划分为三类:正面形象、中性形象和负面形象(表7)。正面形象即记者维护国家和人民利益、积极参与国家建设并建言献策等方面的良好形象;中性形象即客观反映记者活动的形象,这些活动并不能体现记者道德上的优劣,如记者参加培训或者各种文体活动;负面形象即反映记者做一些违背职业道德甚至是违法乱纪的事的不良形象,如记者捏造事实或敲诈相关企业等。对于记者形象正面、中性、负面的划分依据主要在于这些形象在受众心目中所产生的作用,正面形象能够使受众信任甚至赞美记者,中性形象不能改变受众对记者的看法,负面形象则让受众不信任甚至厌恶记者。

表7 1953—2013年《人民日报》上有关记者的新闻报道的性质分布

年份	正面新闻数	中性新闻数	负面新闻数
1953年	0	0	0
1958年	4	0	0
1963年	8	0	0
1968年	1	0	0
1973年	0	0	0
1978年	0	0	0
1983年	0	0	0
1988年	4	0	0
1993年	5	2	0
1998年	3	1	0
2003年	10	18	4
2008年	2	10	1
2013年	1	9	14

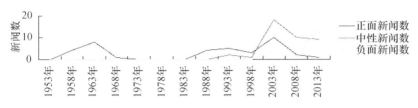

图19 1953—2013年《人民日报》上有关记者的新闻报道的性质分布

新中国成立初期,《人民日报》上的记者形象完全为正面的。在那个时期,记者完全是党和国家的代表,是国家利益和社会正义的化身,因此,记者形象都十分高大。从1958年的《祖国人民和你们在一起 全国和广州市教育工会学联记者协会等团体分别致电慰问香港中华中学师生和被殴记者》到1963年的《周恩来同志接见被捷无理要求召回的三记者》,再到1968年的《在伟大祖国的坚决支持和香港爱国同胞的不断斗争下新华社香港分社记者薛平胜利出狱》,这些新闻报道无不塑造了新闻工作者热爱祖国、热爱人民、坚定支持中国共产党和社会主义事业以及维护祖国统一的高大形象。应该说,这个时期的记者与党和政府是一体的。

中共十一届三中全会以后,新闻舆论监督逐步正常化。① 记者的专业意识和独立性逐渐增强,他们开始意识到自己并不完全是党和政府的宣传工具,也应该通过履行舆论监督职能为人民服务。1988年9月5日的消息《鞍钢欢迎揭短记者 经理自掏50元奖励》介绍了鞍钢总经理李华忠自掏50元奖励写批评稿的《鞍山日报》记者胡长义,鼓励新闻单位对本公司的工作进行舆论监督的事迹。同年12月26日的消息《记者投书南京市公安局长 滥用械具有损人民警察形象》介绍了南京市人民广播电台记者刘怀正投书南京市公安局局长,对个别公安干警在执行公务中滥用械具的问题提出批评的事迹。

无论是记者同党和政府保持高度一致,还是记者积极参与舆论监督,早期的新闻工作者的形象都是正面的。然而,随着时间的推移,中性和负面的新闻逐渐显现甚至占据较大比重。

---

① 方汉奇、丁淦林、黄瑚、薛飞:《中国新闻传播史》,中国人民大学出版社2002年版,第434页。

《人民日报》上有关记者的中性报道以介绍记者的日常活动为主，在这些报道中，记者或出国访问，或交流学习，或积极维权，或参加比赛。1993年10月14日的消息《中国女记者代表团访美》介绍了中国女新闻工作者代表团到美国进行了为期一个月的交流与访问活动并返回北京。2003年12月12日的消息《"三元"杯首都记者保龄球赛举行》介绍了首都各新闻单位近百名编辑、记者参加保龄球比赛的事件。这些新闻报道既没有批评新闻工作者，也没有表扬新闻工作者，而是报道了新闻工作者的一些日常活动。中性的报道让新闻工作者的形象更加贴近群众和日常生活，通过这些报道，公众看到了新闻工作者和大家相同的一面，即记者也要参加各种学习、体育活动，也要维护自己的合法权益等。

在中性报道增加的同时，负面报道也悄然出现。2003年9月27日的消息《11名记者被查处》介绍了11名新闻记者在采访山西繁峙"6·22"特大爆炸事故中因收受当地有关负责人及非法矿主送的现金、金元宝而受到纪检监察部门的查处的受贿事件。2008年2月19日的消息《〈大庆晚报〉就"藏羚羊假照片"公开致歉》介绍了刘为强供职的《大庆晚报》编委会通过互联网发表了公开道歉声明，为发表"藏羚羊假照片"而致歉的事件。2013年10月27日的消息《新快报记者陈永洲涉嫌损害商业信誉罪被依法刑拘》介绍了陈永洲因损害中联重科商业信誉而被刑事拘留的事实，又一次引发了全国人民对记者职业道德问题的关注。总之，此类负面报道主要报道了某些缺乏职业道德的记者为牟取暴利而捏造事实、诽谤他人、敲诈勒索的反面典型，这些报道让人民群众看到了混杂在新闻工作者中的"害群之马"，客观上必然会损害记者群体的媒介形象，但可以起到警示的作用，告诫广大记者坚守职业道德，努力做到真实、客观、公正和全面。

之所以会出现负面报道增多的情况，主要原因是部分记者在市场经济的大潮中迷失了自己，一切向"钱"看，丢掉了职业道德的操守。很多记者将新闻报道作为自己牟取暴利的手段，用发稿权进行敲诈勒索，或捏造假新闻达到不正当目的。

综上所述，随着时间的推移，《人民日报》上的记者形象不再仅仅局限于正面，出现了很多中性和负面报道。中性报道让记者的形象更加贴近生活和人民群众,更加亲切,而负面报道则损害了记者的媒介形象。因而《人民日报》上的记者媒介形象逐渐由正面开始向中性和负面转变。

3. 中国记者的媒介形象日渐丰富,并与现实情况逐渐吻合

表8 1953—2013年《人民日报》上有关记者的新闻报道中记者所处的领域分布

年份	时政	国际	财经	文体	卫生	军事	摄影	科技	无明显	领域数
1953年	0	0	0	0	0	0	0	0	0	0
1958年	4	0	0	0	0	0	0	0	0	1
1963年	0	7	0	0	0	0	0	0	1	1
1968年	1	0	0	0	0	0	0	0	0	1
1973年	0	0	0	0	0	0	0	0	0	0
1978年	0	0	0	0	0	0	0	0	0	0
1983年	0	0	0	0	0	0	0	0	0	0
1988年	1	0	1	0	0	0	0	0	2	2
1993年	3	0	1	1	0	0	0	0	2	3
1998年	0	1	0	0	0	0	0	0	3	1
2003年	2	1	1	4	2	0	0	0	22	5
2008年	1	0	1	2	0	1	0	1	7	5
2013年	0	0	7	1	0	2	0	1	13	4
总数	12	9	11	8	2	3	1	1	50	

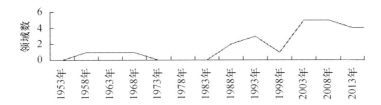

图20 1953—2013年《人民日报》上有关记者的新闻报道中记者所处的领域数

可见,《人民日报》所报道的记者所处的领域越来越丰富,渐渐涵盖了社会生活的方方面面。1958年,《人民日报》上4篇有关记者的报道都是关于时政记者的,这些记者坚决维护国家利益,不畏强暴,同港

英政府进行坚决的斗争,为全国新闻工作者树立了光辉的榜样。1963年的8篇相关报道中有7篇是关于国际记者的,这些驻外记者或是被外国政府无理驱逐,或是被外国政府非法逮捕,或是被外国政府无端攻击。这些记者坚定地捍卫国家的利益,坚持履行新闻工作者的神圣职责,受到祖国人民的尊敬。1968年的一篇有关记者的报道是关于时政记者的,这位记者被港英当局释放,受到祖国同胞的欢迎。1988年此类报道中开始出现财经记者的身影,一位鞍山日报社的记者尖锐地指出鞍钢废、次品上升的问题,并剖析了出现这种问题的原因。1993年,《人民日报》上出现了有关文体记者的报道,《全国体育记者讲习班在京开学》介绍了全国60名学员学习体育新闻业务、体育记者应具备的素质和职业道德等课程,并听取专家介绍新闻改革、世界报刊发展及现状和申办奥运、七运会筹备工作等方面内容的情况。2003年,《人民日报》报道中所呈现的记者广泛分布于时政、国际、财经、文体和卫生等五个领域。其中,关于卫生记者的报道尚属首次。由于2003年"非典"的流行,卫生记者走进公众的视野并成为社会关注的焦点,题为《我国表彰抗"非典"新闻宣传先进集体、记者和作品》的报道介绍了我国优秀新闻工作者在抗击"非典"的战役中敬业奉献、勤勉工作的感人事迹,并号召新闻工作者向他们学习。题为《食品卫生法执法检查:请记者加入》的报道介绍了九届全国人大在监督工作中的一大创新,即请新闻媒体参与执法检查后的整改监督工作。2008年,有关军事记者和摄影记者的报道出现在《人民日报》上,《第一个进入汶川的记者》介绍了新华社解放军分社采编副主任徐壮志在汶川地震发生后,克服重重困难进入灾区并发回报道的模范事迹。2013年,除了有关财经记者陈永洲的报道格外抢眼外,科技记者也首次出现在《人民日报》上。题为《科技记者年会关注改文风》的消息报道了2013中国科技记者年会向全国科技记者发出倡议、切实改进文风、提高科技报道水平的事件。

总之,《人民日报》上呈现的记者所处的领域越来越丰富,逐渐涵盖时政、国际、财经、文体、卫生、军事、摄影和科技等各个领域,中国记者逐渐摆脱了党和政府代言人的单一形象,开始关注国家发展和人民生活中各种各样的实际问题,越来越贴近实际、贴近生活、贴近群众,努力通过自己的报道反映各个方面的事实,发现各个方面的问题并提出相应对策。但总的来看,在各领域记者中,时政记者的形象依然是最多的,这主要与《人民日报》的性质有关,《人民日报》作为中共中央机关报,在选题方面也是主要关注时政新闻,而时政新闻的报道主体是时政记者,因此时政记者形象最多也就是顺理成章的了。在各个领域的记者中,国际和时政记者的形象以正面为主,这主要是因为这些记者往往代表党和政府,积极维护国家权益,关心人民群众的切身利益,积极行使舆论监督权,为国家和社会的发展建言献策,做出了很多贡献。财经记者的形象以负面为主,这主要是因为财经记者笔下的内容往往和企业的经济利益直接相关,于是,他们中的个别人为了帮助某些人或者企业达到一定的商业目的,而滥用自己手中的报道权,报道一些虚假的内容,尤其以陈永洲最为典型。除时政、国际、财经外,其他领域的记者形象以中性为主,这主要是因为文体、卫生、科技等报道领域的意识形态性质较弱,也不和经济利益直接相关,即他们既不代表党和政府,也不代表某些企业或利益集团,因此形象较为中性化。

结论与讨论

通过以上分析,我们可以总结出当前记者媒介形象所存在的问题以及记者在进行必要的形象管理时所应该注意的方面及应该采取的策略。

第一,记者应该逐渐形成形象管理的意识,认识到形象管理对于自身和所在媒体的重要性,把做好形象管理作为一项非常重要的工作,贯彻到工作和生活的方方面面。

形象,即"人们在一定条件下对他人或事物由其内在特点所决定的外在表现的总体印象和评估",[1]在记者所进行的传播活动中直接关

---

① 秦启文、周永康:《形象学导论》,社会科学文献出版社2004年版,第9页。

系和决定着记者在受众群中的受欢迎度以及记者进行传播活动的效果。形象管理,也叫印象管理,"意指人们在相互交往中有意识地控制别人对自己形成各种印象的过程"①。《人民日报》上有关记者的新闻报道数量逐渐增多,且题材越来越丰富,这说明记者不仅是报道者,也越来越多地成为报道对象,成为人们关注的焦点。因此,记者的形象管理越来越重要,好的记者形象管理不仅可以成就一个记者,还可以造就一个有良好声誉和较大影响力的媒体。因此,记者应该逐渐形成形象管理的意识,认识到形象管理对于自身和所在媒体的重要性,在工作中和生活中都要管理好自己的形象。

第二,面对记者负面新闻越来越多的不利形势,记者应该树立忧患意识,遵守职业道德,遵纪守法,尽量避免负面新闻发生在自己身上。新闻媒体也应该加强对于记者的管理和教育。

在工作中,记者应该遵守新闻工作者的职业道德,勤勉工作,努力使自己的报道做到客观、真实、公正、全面,遵纪守法,克服来自社会各界的各种不良诱惑,坚守底线。在生活中,记者要保持健康向上的生活方式,遵守社会主义道德和法律,做社会主义的好公民。

新闻媒体要加强对记者的管理和教育力度,对年轻的记者进行切实有效的职业道德教育,让记者明确完成工作只是一个方面,更重要的是做有职业道德感的记者。新闻媒体要建立对记者的激励和惩罚机制,让遵守职业道德的记者得到奖励,让违反职业道德的记者受到惩罚。

第三,随着报道领域的扩展,新闻媒体要对处在不同领域的记者进行有针对性的教育和管理。

不同的报道领域有不同的特点,不同领域的记者所遵循的职业道德大致相似,但在一些具体的操作和注意事项方面,有一些不同的特点。既然是要把职业道德贯彻到工作中的方方面面,就应该具体问题具体分析,对不同领域的记者提出不同的具体要求。例如,时政记者必须和党中央、国务院保持高度一致;国际记者在报道的过程中要尊

---

① 陆卫明、李红:《人际关系心理学》,西安交通大学出版社2006年版,第102页。

重所在国家的风土人情和民族习惯;财经记者要保持客观公正,拒绝收受来自企业的贿赂;军事记者在采访过程中不能妨碍军事行动,要保守军事机密。只有认真分析自己所在领域的特殊性,记者才能更有针对性地遵守职业道德,避免危害自身和所在媒体形象的问题发生。

第八章 中国记者公众形象现状与构建路径

——基于调查研究的发现与分析

美国著名传播学者施拉姆曾指出:"最可能改变一次传播的效果的方法之一,是改变传播对象对传播者的印象。"①记者,或新闻工作者是大众媒介的传播者,他们在社会公众心目中的印象如何既是决定和改变传播媒介传播效果的重要因素,也是提升和改善大众传播媒介声誉的途径之一。正所谓"从某种意义上讲,新闻记者的形象代表着党和政府的形象,新闻记者的言行是人民使者的言行"②。"只有树立良好的记者形象,党和人民才会信赖记者,社会才会尊重记者,记者才能不辱光荣使命,完成党和人民交与的各项任务。"③

曾几何时,中国记者在社会大众心目中的地位和形象正在悄然发生变化,从曾经令无数人敬重和仰慕的"无冕之王"变成了处境堪怜的"新闻民工"。"防火防盗防记者"一说,更成了公众对于记者形象笼统的表达。中国记者在受众心目中的形象如何?造成中国记者在百姓心目中印象的原因又是什么?记者要提升自己在受众心目中的印象

---

① 〔美〕威尔伯·施拉姆、威廉·波特:《传播学概论》,陈亮、周立方、李启译,新华出版社1984年版,第225页。
② 柯友金、刘会振:《树立记者良好形象》,载《新闻前哨》2004年第12期。
③ 郭菊:《恪守新闻职业道德树立记者良好形象》,载《黑河学刊》2007年第5期。

又该通过什么途径？正是这些问题催生了本次研究，也是本次研究的目的所在。

一、研究方法

本研究采取调查研究方法，具体调查采取线上与线下相结合的方式。在问卷设计好后，由调查者在专业的线上问卷调查平台注册个人账号，并发表问卷进行调查（网址为：http://www.sojump.com/report/2784140.aspx？qc =），调查历时一周共收回问卷108份。考虑到网民在人员结构上并不能覆盖全部社会成员，会将一些年纪较大、收入较低及经济信息欠发达地区的社会成员排除在外，本研究又通过研究组成员个人关系，采取滚雪球方式在线下调查各社会阶层和不同职业的人群，收回调查问卷共139份，并对总计247份问卷进行了统计。

具体而言，本次调查回收的247份问卷所反映出的调查样本情况为：

1. 受访者的性别构成情况。在247份回收问卷中，受访者在性别构成上基本平衡。男性126人，女性121人，男女比例为51：49，基本符合现实社会中的性别比例。

2. 受访者的职业构成情况（图21）。本次调查问卷的职业考察中共设立了机关事业单位人员、企业中高层管理人员以及其他等12个项目，基本覆盖了当下中国社会构成的主要人群。调查结果显示，受访者在职业分布上较为均衡，其中最多者为学生，其次为机关、事业单位人员，专业技术人员等几类，比例最少者为农、林、牧、渔、水利业生产人员和下岗、待业或无业人员，另外有6%不明职业者。

3. 受访者的学历构成情况。统计显示，受过高等教育（包括大专、本科和研究生及以上学历）者占主要部分，其比例为81%，学历较低的比例则占17.4%。这说明本次调查的受访者学历普遍较高，这或许可能无法如实反映低学历者的真实情况，但能从一定程度上保证调查结果的理性。

4. 受访者的收入情况。问卷共设计了月收入3000元以下、3001元到6000元等5个选项。从问卷回收结果来看，受访者主要

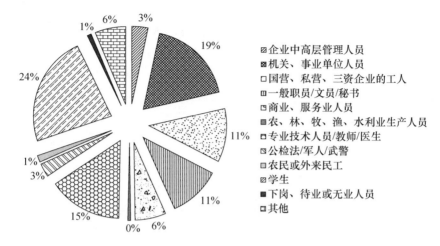

图 21　受访者职业构成

集中在较低收入,其中月收入在 3000 元及以下者超过半数,比例为 61.94%,而月收入在 9000 元以上者则不到 5%。此结果虽可能在某种程度上影响调查的全面性,但低收入人群比例大似乎更能真实地反映出普通民众的意见,也能在一定程度上弥补本调查高学历者多的缺陷。

5. 受访者的居住地情况。由于从事调查研究的研究者居住在城市,也因城市人口密度大从事调查研究较为便利,大多数的受访者主要集中在城市。为了体现本次调查的全面性,使受访者的覆盖面更广,研究者有意通过线下调查接触了部分居住在乡村和小城镇的社会成员。问卷回收情况显示,受访者在居住地的构成上比较均衡,其中城市人口所占比例为 55.5%,农村和乡镇人口则占 44.5%,基本能够全面反映城乡居民的意见。

二、数据分析

（一）公众对记者形象的整体评估

作为一种职业群体,记者在公众心目中的形象到底如何?公众对记者的职业角色做何评估?几年前东方网与《新闻记者》联合调查的结果显示,七成以上网民认可记者公众形象。① 但本次调查的数据显示(图22),公众对于记者形象持一般态度的人数在比例上处于优势,占54.25%,持"说不清楚"这一态度的比例则为16.19%,二者相加为70.44%,超过总人数的三分之二。数据直观地说明,中国记者在公众心目中的形象属于不那么好也不那么坏的一般境地,并没有在很大程度上得到社会公众的认可。

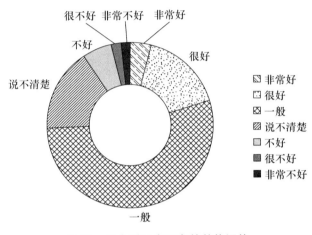

图22 公众对记者形象的整体评估

(二) 公众对记者的职业角色期待

既然公众对记者的印象一般,那么记者在公众心中理想的形象如何,或者说公众对记者形象存在怎样的期待? 调查发现(图23),公众对记者最大的期望包括"记者应该具有很强的专业水平""记者应发挥不可取代的社会功能"和"记者应该是值得信赖的"等。而对记者的社会地位和薪酬待遇,公众的期待则较为"一般"。由此可以看出,公众心目中较为理想的记者应该是那些具有较强专业水平、值得信赖、能在社会生活中发挥重要作用但又不占据社会高位、收入一般的职业群体。这一方面可以看出公众对记者的期望值较高,另一方面也可以从中寻见公众对记者总体印象"一般"的某些理由。

---

① 陈洁:《公众眼中的记者形象——东方网与本刊联合调查简报》,载《新闻记者》2004年第11期。

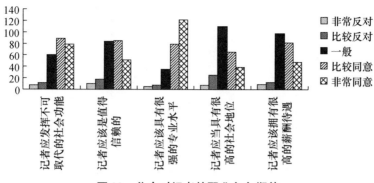

图 23　公众对记者的职业角色期待

(三) 公众对记者现实角色的评估

从公众对记者在社会现实中的角色扮演评估来看,公众的态度与其对记者形象的整体评估可谓一致,均属一般。从调查的结果来看,记者的实际表现与公众的期待既有吻合之处,也还存在差距。吻合之处在于,现实中记者的社会地位和收入与公众的期待较为一致,即既没有相当高的社会地位,也没有得到很高的薪酬,可说是达到了公众的心理预期。而在"履行社会职责""值得信赖"等方面,特别是中国记者的"专业水准"与公众的期待之间则尚有差距(表11),即公众一方面非常期待记者在以上诸方面有良好的表现,另一方面对记者在这些方面的现实表现评估一般。由此可见,中国记者的现实形象,或者中国记者在现实中的表现并不能够完全让公众满意,尚有提升的空间。

(四) 造成记者形象公众预期与现实存在差距的原因

既然记者的表现并未完全达到公众对其形象的预期,是什么原因造成了记者的公众形象在理想与现实之间的差距?调查发现(图24),在所给定的选项中,归因最高的几项依次分别为:相关政策规定的限制、法制不健全、缺乏完善的职业规范体系、个人职业道德缺失、工作压力等。而在记者自身的归因方面,则将记者个人修养置于首位,其次才是记者的专业水平。由此可见,影响记者公众形象的原因既有独立于记者之外的客观因素,也与记者自身素养密不可分。公众更多地将记者形象不理想的原因归结为记者本身之外的客观原因,如社会环境和制度等,认为社会客观条件是制约记者角色扮演的首因,而记者自身的原因则属其次。对照以上调查结果,似乎可以得出这样的结

表 11 公众对记者现实角色的评价

题目/选项	非常反对	比较反对	一般	比较同意	非常同意
现实生活中的记者很好地履行了他们的社会职责	8(3.24%)	38(15.38%)	121(48.99%)	62(25.1%)	18(7.29%)
现实生活中的记者很值得我信赖	11(4.45%)	48(19.43%)	121(48.99%)	51(20.65%)	16(6.48%)
现实生活中的记者都很擅长采访、写稿、制作视频	6(2.43%)	35(14.17%)	100(40.49%)	78(31.58%)	28(11.34%)
现实生活中的记者非常受人尊敬	8(3.24%)	48(19.43%)	125(50.61%)	51(20.65%)	15(6.07%)
现实生活中的记者薪酬待遇很高	20(8.1%)	35(14.17%)	112(45.34%)	68(27.53%)	12(4.86%)

论,即现实中记者的专业水准不能让公众满意固然有记者自身的原因,如记者的个人修养、素质等,但真正影响记者专业水平发挥的却是记者之外的,如政策等方面的客观因素。

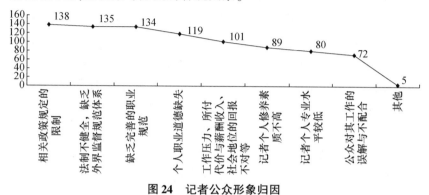

图24 记者公众形象归因

(五) 记者形象的构成要素

既然记者的公众形象未达到理想的状态,那么接下来的问题便是:影响记者形象构建的因素,或构成记者形象的关键因素是什么?调查结果显示(图25),公众普遍认为"关心百姓疾苦""勇于揭露真相""公正、诚实"等皆为重要因素,而在这些重要因素中,比例最高的为"公正、诚实",其余各项依次为"勇于揭露真相""具有很高的道德情操""关心百姓疾苦""具有很高的个人修养、具有很强的专业技能",比例最低者为"具有很强的政治意识"。从中可见,记者的公众形象在一定程度上取决于记者的人格品质。政治意识即在记者的职业活动中保有鲜明的政治立场、体现出明显的价值属性反倒居于较次要的位置。

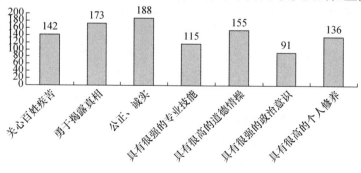

图25 记者形象构成

(六) 影响记者形象的个人关键因素

从前一问题的回答中可以了解到,在记者公众形象的构建中,关键之处在于记者自身的人格和品质素养,记者的专业技能和政治立场则居于其次。而直接影响记者在公众心目中形象的因素又有哪些呢?通过进一步调查发现,公众认为,"形象气质不佳"所产生的影响并不是很大,处在一般水平。尽管记者的态度或热情在记者的形象构建中也比较重要,但真正在记者形象构建中发挥重要作用的是"报道新闻失实""接受钱物吃请""采访不深入、文笔差""政治立场不坚定"等。而在这些重要因素当中,新闻报道失实则处在最为重要的地位(图26)。因此就记者的实际工作而言,实事求是、保持廉洁,以平等友好的态度与人交往等专业品质和行为方式才是真正影响记者形象的关键。

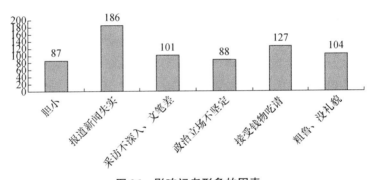

图26 影响记者形象的因素

(七) 公众对记者的了解和接触

作为社会活动家,记者的触角应当触及社会各个角落,换句话说,记者应当与社会公众有着最为密切和直接的接触,但现实情况又如何呢?经由对于记者节的了解一题,可从某程度上测试出受访者对记者了解的深度。有17.81%的受访者表示"知道其存在且知道具体日期",38.87%的受访者表示"知道其存在但不知道具体日期",而其中43.32%的受访者则表示"不知道其存在也不知道具体日期"。尽管对于记者节的了解和熟悉不完全等同于对记者这一角色和职业人群的了解,但调查数据也可说明,公众对记者的了解还是相当有限。

公众对记者群体了解的有限性一方面可通过对记者节的了解和熟悉得到证明,另一方面则通过他们对记者的实际接触来验证。在调查中,当问到"您是否有过和记者直接接触的经历(如被采访、与媒体进行广告合作等)"时,超半数的答案是"没有",其比例为58.7%。这足以说明,公众与记者的直接接触或记者深入到公众中的程度还远远不够,这既可以在某种程度上解释公众为何对记者缺乏了解,也能够在其他方面说明公众可能对记者及其形象存在一定程度的误解。

既然公众缺少与记者群体的直接接触和沟通,那么对于记者形象的认识又是根据什么得出的呢?在本研究所进行的关于"了解、接触记者的主要途径"的调查中(表9),61%的受访者选择"通过其新闻报道了解",也就是说记者所采制的新闻报道成了公众认识和了解记者及记者形象的主要渠道,其他诸如通过"我自己就是一名记者""我的朋友、亲人等是一名记者""通过与其的业务往来了解"等相对直接的方式来了解记者的比例加起来也仅有28.74%。另外,"通过小说、影视作品等了解"的方式也与"通过与记者之间的业务往来了解"的方式等量其观。由此可见,通过间接方式,或新闻作品来了解、认识记者才是主要途径,这能说明公众对记者业务活动的判断是真实和有依据的,但公众对记者的认识和了解还存在一定的局限,这表明记者形象构建还存在极大的拓展空间。

表9 公众了解记者的途径

选项	小计	比例
A.我自己就是一名记者	15	6.07%
B.我的朋友、亲人等是一名记者	39	15.79%
C.通过其新闻报道了解	151	61.13%
D.通过与其的业务往来了解	17	6.88%
E.通过小说、影视作品等了解	17	6.88%
F.其他	8	3.24%
本题有效填写人次	247	

(八)公众存在与记者交往的愿望

公众对记者的认识在某种程度上缺少深度,公众与记者的直接接触不足是由哪些因素所致？是客观条件的限制，抑或记者及公众的主观意愿所造成？调查通过两个假设性的问题来试图发现公众与记者交往方面的意愿。结果表明：当被问及"是否愿意找记者反映问题、寻求帮助"时，61.13%选择了"愿意"。

而当被问及"如果有记者要采访您，您是否愿意接受采访"时，更有74.09%的受访者表示"愿意"，这说明记者的形象在公众心目中并非一无是处，也显示记者并非真的让公众反感或完全丧失信心，公众对记者缺少了解或直接接触的原因并非完全是主观不情愿，而是存在其他方面的原因。

尽管大部分公众对与记者交往表示赞同，但其中选择"不愿意"跟记者交流与合作的比例也不容忽视。这表示仍有部分公众对记者未寄予较多的期望，或记者在某些方面的表现还未能完全达到他们的要求和期待。在对"不愿意"的缘由进行进一步调查时发现，其中选择"记者也无能为力"者最众，再次是"信不过记者"，最后是"记者一般不如实反映问题"和"记者不会真正为老百姓着想"。由此可见，在公众不愿意向记者反映问题或寻求帮助的原因方面，接近半数者将原因归为记者本人之外的客观环境原因，部分则将原因与记者本身的问题联系在一起，这表明公众在对记者形象的期待和判断方面具有超常的理性，也说明公众对实际记者形象存在着不满意的成分。

同样，尽管有74.09%的受访者表示如果有记者需要采访他们时愿意接受采访、积极配合，但仍有25.91%的受访者选择了"不愿意"，这显示部分公众对记者的不信任态度。在随后对其中"不愿意"的缘由进行进一步调查时发现，依比例高低次序为"担心记者歪曲自己的意思或被记者利用""不想被记者打扰""记者的采访不专业""不喜欢记者""记者的工作没多大意义"，说明在那些不愿意接受记者采访的公众当中，半数的人对记者表现出强烈的不信任。同时，公众对记者工作的价值、业务水平和记者的个人交往能力等诸多方面的质疑与不信任，既指出了记者在现实中所存在的问题，也为记者维护和构建自己的职业群体形象指出了一条现实路径。

三、结论与讨论

（一）当下中国记者职业群体的公众形象不容乐观，尚存在许多改进空间

从本次研究调查结果来看，当下中国记者的职业形象确实不容乐观，尽管调查发现公众对记者的职业评估，或者说记者在公众心目中的形象一般，但同时发现公众对记者角色的期待及其现实表现中所存在的差距。一方面，公众对记者形象有着较高的期望；另一方面，公众对记者现实中的表现却并不是很满意。这足以说明，现时中国记者在职业角色扮演方面的表现，或者说当下中国记者的职业形象总体上并不能够让公众满意，还存在着较大的改进空间。

（二）记者的职业形象与记者和媒体的信誉、公信力密不可分

本次研究调查同时发现，施拉姆对于传者形象可以改变传播效果的理论推断确实在一定程度上存在。提及记者形象塑造与维护的必要性，被公众所理解和认可的记者形象维护的理由依次是："可以赢得他人（包括采访对象）的信赖""可以提升记者所写报道的受关注度和传播效果""可以提升记者所在媒体的声誉，扩大媒体的影响"以及"可以赢得他人（包括采访对象）的好感"。从中可以看出，维护和构建自己的职业形象对记者而言不仅是理所当然或义不容辞的一种责任与义务，同时也对促进记者开展工作、提升记者报道作品的传播效果和构建媒体的公信力意义重大。

（三）记者形象的构建受外部和内部因素的制约，既受制于一定的社会外在条件，也与记者自身的职业活动密切相关

本次研究调查发现，在所给定的所有选项中，被选比例最高的几项依次分别为：相关政策规定的限制，法制不健全、缺乏外界监督，缺乏完善的职业规范体系，个人职业道德缺失，工作压力、所付代价与薪酬收入、社会地位的回报不对等等。由此可见，公众更多地将记者表现不令人满意的原因归结为客观原因，尤其是法律、政策、社会监督、工作压力等社会环境和制度方面的原因，而将记者自身的原因视为其次。

(四) 记者的专业品质和职业操守是记者形象建构的核心要素

记者的形象构成或记者的公众形象在形成的过程中会受到哪些因素的影响？本次调查发现，除了外部客观原因，记者的公众形象实际上更多地取决于记者的内在人格品质，而政治意识，即在记者的职业活动中保有和体现鲜明的政治立场，反倒在记者的形象构成中居于比较次要的位置。进一步的调查则发现，就记者的实际工作而言，记者在报道中实事求是、保持廉洁，以平等友好的态度与人交往等专业品质和行为方式才是真正影响记者形象的关键。调查中，公众将记者职业道德放在首位，其次是记者个人的修养素质，最后才是记者的专业水平。由此也可以看出，如果从记者自身努力的方面来提升公众对记者形象的满意度的话，加强记者的职业道德和个人修养应该是最直接和最现实的路径之一，正所谓"职业道德是一个记者个人形象的基础"[①]。

(五) 记者的报道作品是构建记者形象的直接途径

本研究发现，尽管公众对记者的认识渠道多种多样，但记者采制的新闻报道才是公众认识和了解记者及记者形象的主要渠道，其他诸如通过"我自己就是一名记者""我的朋友、亲人等是一名记者""通过与其的业务往来了解"等相对直接的方式来了解记者的比例全部加起来也仅有28.74%，不足三分之一。由此足见，通过新闻作品来了解认识记者是公众真正了解和认识记者的主要途径，这种现实既能说明公众对记者业务活动的判断是真实和有据可依的，也说明作品对于记者公众形象建构的重要性，记者只有向社会奉献出真正有分量的优秀新闻作品，才能最终赢得公众的信任和爱戴。

(六) 新兴媒体的记者形象构建尤为迫切

尽管互联网和手机等新媒体在使用频率上已然超过电视等传统媒体成为公众使用最多的媒介，但公众对新媒体的好感度并没有因为这种使用频率的提高而提高，相反，在公众所给出的好感度最高的媒体的排序中，作为传统媒体的电视和报纸依然占据了榜首的位置，其中电视媒体以平均综合得分4.63的成绩位于好感度最高媒体榜首，其

---

① 宋黔云：《媒体记者社会角色形象的塑造》，载《贵州社会科学》2007年第8期。

次是报纸以3.87的得分居第二,再次是互联网(3.56)、杂志(3.39)和广播(2.98),作为新媒体的手机则以2.57的得分处在榜单的最末端。尽管调查结果与几年前调查的结果稍有出入(报纸40%,电视37%,网络13%,广播10%),①但同样可以看出,在新的媒介环境之下,传统媒体一方面受到了新媒体的影响和挑战,逐渐失去了其原有的霸主地位,但同时传统媒体所积聚起来的声誉和好感在当下的新媒体环境中依然具有不可轻易撼动的地位,依然是传统媒体与新媒体进行竞争的最大优势。

(七)建构良好的记者形象实属必要

记者的公众形象到底有无塑造和维护的必要?从本次调查所反映的情况来看,答案是肯定的。在调查中所列出的必要性程度的不同选项中,被调查者绝大多数都选择了其中的"非常必要",占72.87%,如果再加上选择"必要"一项的20.65%,则公众对于记者维护自己的职业形象、建立良好声誉的必要性的比例则高达93.52%,处于绝对的优势。这一方面说明形象对记者群体而言有着不容置疑的重要性,同时也从一个侧面反映了公众对于记者形象的某种不满意,以及记者群体维护职业形象的必要性和迫切性。毕竟,记者的社会角色形象是媒体品牌效应中的重要因素。随着媒体数量的日益增多,竞争也渐趋激烈,在信息全球化背景下,人们选择什么样的媒体获取信息,说到底其实是一个媒体的影响力在起决定作用,品牌效应则是其中的一个关键词。②

四、研究的不足

尽管本次调查的受访者基本覆盖了所有职业,但由于学生是网民的重要构成之一,及研究人员个人社会关系的局限,使学生受访者的比例相对较高,而农、林、牧、渔、水利业生产人员等职业人员比例较低。这可能在某种程度上对本研究的结果产生一定影响。

---

① 陈洁:《公众眼中的记者形象——东方网与本刊联合调查简报》,载《新闻记者》2004年第11期。
② 宋黔云:《媒体记者社会角色形象的塑造》,载《贵州社会科学》2007年第8期。

附录1 《中国新闻工作者职业道德准则》

(中华全国新闻工作者协会第七届理事会第二次全体会议2009年11月9日修订)

中国新闻事业是中国特色社会主义事业的重要组成部分。新闻工作者要坚持以马克思列宁主义、毛泽东思想、邓小平理论和"三个代表"重要思想为指导,深入贯彻落实科学发展观,高举旗帜、围绕大局、服务人民、改革创新,贴近实际、贴近生活、贴近群众,用马克思主义新闻观指导新闻实践,学习宣传贯彻党的理论、路线、方针、政策,继承和发扬党的新闻工作优良传统,积极传播社会主义核心价值体系,努力践行社会主义荣辱观,恪守新闻职业道德,自觉承担社会责任,敬业奉献、诚实公正、清正廉洁、团结协作、严守法纪,做到政治强、业务精、纪律严、作风正。

第一条 全心全意为人民服务。要忠于党、忠于祖国、忠于人民,把体现党的主张与反映人民心声统一起来,把坚持正确导向与通达社情民意统一起来,把坚持正面宣传为主与加强和改进舆论监督统一起来,发挥党和政府联系人民群众的桥梁纽带作用。

1. 积极宣传党和政府的重大决策部署,及时传播国内外各领域的信息,满足人民群众日益增长的新闻信息需求,保证人民群众的知情权、参与权、表达权、监督权。

2. 牢固树立群众观点,把人民群众作为报道主体和服务对象,多宣传基层群众的先进典型,多挖掘群众身边的具体事例,多反映平凡人物的工作生活,多运用群众的生动语言,使新闻报道为人民群众喜闻乐见。

3. 积极反映人民群众的正确意见和呼声,批评侵害人民利益的现象和行为,依法保护人民群众的正当权益。

第二条　坚持正确舆论导向。要坚持团结稳定鼓劲、正面宣传为主,唱响主旋律,不断巩固和壮大积极健康向上的舆论。

1. 始终坚持以经济建设为中心,服从服务于改革发展稳定大局不动摇,着力推动科学发展、促进社会和谐。

2. 宣传科学理论、传播先进文化、塑造美好心灵、弘扬社会正气,增强社会责任感,坚决抵制格调低俗、有害人们身心健康的内容。

3. 加强和改进舆论监督,着眼于解决问题、推动工作,坚持准确监督、科学监督、依法监督、建设性监督。

4. 采访报道突发事件要坚持导向正确、及时准确、公开透明,全面客观报道事件动态及处置进程,推动事件的妥善处理,维护社会稳定和人心安定。

第三条　坚持新闻真实性原则。要把真实作为新闻的生命,坚持深入调查研究,报道做到真实、准确、全面、客观。

1. 要通过合法途径和方式获取新闻素材,新闻采访要出示有效的新闻记者证。认真核实新闻信息来源,确保新闻要素及情节准确。

2. 报道新闻不夸大不缩小不歪曲事实,不摆布采访报道对象,禁止虚构或制造新闻。刊播新闻报道要署作者的真名。

3. 摘转其他媒体的报道要把好事实关,不刊播违反科学和生活常识的内容。

4. 刊播了失实报道要勇于承担责任,及时更正致歉,消除不良影响。

第四条　发扬优良作风。要树立正确的世界观、人生观、价值观,加强品德修养,提高综合素质,抵制不良风气,接受社会监督。

1. 强化学习意识,养成学习习惯,不断提高政治和业务素质,增强政治意识、大局意识、责任意识,努力成为专家型新闻工作者。

2. 深入基层、贴近群众、体验生活,在深入中了解社情民意,增进与群众的感情。

3. 坚决反对和抵制各种有偿新闻和有偿不闻行为,不利用职业之便谋取不正当利益,不利用新闻报道发泄私愤,不以任何名义索取、接受采访报道对象或利害关系人的财物或其他利益,不向采访报道对象提出工作以外的要求。

4. 尊重新闻同行,反对不正当竞争。尊重他人的著作权益,引用他人的作品要注明出处,反对抄袭和剽窃行为。

5. 严格执行新闻报道与经营活动分开的规定,不以新闻报道形式做任何广告性质的宣传,编辑记者不得从事创收等经营性活动。

第五条 坚持改革创新。要遵循新闻传播规律,提高舆论引导能力,创新观念、创新内容、创新形式、创新方法、创新手段,做到体现时代性、把握规律性、富于创造性。

1. 深入研究不同传播对象的接受习惯和信息需求,主动设置议题,善于因势利导,不断提高舆论引导能力和传播能力。

2. 认真研究传播艺术,利用现代传播手段,采用受众听得懂、易接受的方式,增强新闻报道的亲和力、吸引力、感染力。

3. 善于利用新载体、新技术收集信息、发布新闻,提高时效性,扩大覆盖面。

第六条 遵纪守法。要增强法治观念,遵守宪法和法律法规,遵守党的新闻工作纪律,维护国家利益和安全,保守国家秘密。

1. 严格遵守和正确宣传国家的民族区域自治制度、各民族平等团结和宗教信仰自由政策,维护国家主权和社会稳定。

2. 维护采访报道对象的合法权益,尊重采访报道对象的正当要求,不揭个人隐私,不诽谤他人。

3. 维护未成年人、妇女、老年人和残疾人等特殊人群的合法权益,注意保护其身心健康。

4. 维护司法尊严,依法做好案件报道,不干预依法进行的司法审判活动,在法庭判决前不做定性、定罪的报道和评论。

5. 涉外报道要遵守我国涉外法律、对外政策和我国加入的国际条约。

第七条 促进国际新闻同行的交流与合作。要努力培养世界眼光和国际视野,积极搭建中国与世界交流沟通的桥梁。

1. 在国际交往中维护祖国尊严和国家利益,维护中国新闻工作者的形象。

2. 积极传播中华民族的优秀文化,增进世界各国人民对中华文化的了解。

3. 尊重各国主权、民族传统、宗教信仰和文化多样性,报道各国经济社会发展变化和优秀民族文化。

4. 积极参加有组织开展的与各国媒体和国际(区域)新闻组织的交流合作,增进了解、加深友谊,为推动建设持久和平、共同繁荣的和谐世界多做工作。

附则:对本《准则》,中国记协各级会员单位要结合实际制定相应实施细则,认真组织落实;全国新闻工作者要自觉执行;各级各专业记协要积极宣传和推动,欢迎社会各界监督。

附录2　美国职业新闻记者协会伦理规约[①]

美国职业新闻记者协会(Society of Professional Journalists——SPJ)于1926年正式通过第一个伦理规范,主要借用了美国报纸编辑协会1923年的"新闻规约"。1973年SPJ制订了自己的规范,并在1984年、1987年两次重新做过修订,1996年9月,又做了最近的一次修订。

伦 理 规 约

美国职业新闻记者协会1996年通过

前　　言

职业新闻记者协会的成员相信,公众启蒙是正义的前奏和民主的基础。新闻记者的责任是探究事实真相以及就事件和议题提供公正而全面的报道,进而实现上述目标。来自所有媒体和专业的有良知的记者努力全面而诚实地为公众利益服务。清正廉洁是新闻记者可信度的基石。

---

① http://wenku.baidu.com/view/434626c6b0717fd5370cdc1a.html.

探究与报道事实真相

在采集、报道和解释信息时,新闻记者应该诚实、公正而勇敢。新闻记者应该:

• 根据所有的消息来源来检验信息的准确性,以谨慎行事来避免因疏忽而导致的差错。绝对不允许蓄意的歪曲。

• 努力找到新闻报道对象,向他们提供回应对其不正当行为的指陈的机会。

• 只要有可能就交代消息来源的身份。公众有权就消息来源的可靠性获得尽可能多的信息。

• 在允诺匿名之前,一律要质疑消息来源的动机。说明为获取信息而做出任何承诺的附带条件。信守诺言。

• 防止标题,新闻引子和宣传材料、图片、录像、录音、图表、同期声、引语失实。它们不能背离语境而过于简化或夸大事件。

• 杜绝扭曲新闻图片或录像的内容。为了提高技术清晰度而强化形象是允许的。使用蒙太奇或图片说明需要注明。

• 不得重现或导演新闻事件,以避免误导。如果为了讲述故事而有必要重现,必须加以说明。

• 避免暗中进行的或其他鬼鬼祟祟的信息采集方式,除非传统的公开方法不能产生对公众来说至关重要的信息。对这些方式的运用应当作为报道的一部分加以解释。

• 杜绝抄袭剽窃。

• 大胆地讲述关于人类经验的多样性和重要性的故事,即便这种做法不受欢迎。

• 审视自身的文化价值观,避免将这些价值观强加于人。

• 避免就种族、性别、年龄、宗教、族裔、地理、性取向、残障、体貌或社会地位形成刻板成见。

• 支持观点的公开交流,即便他们发现的观点是相互抵触的。

• 给无发言权者以发言权;官方和非官方的消息来源具有同等效用。

- 区分观点鼓吹与新闻报道。分析与评论应该标明出处,以避免歪曲事实或语境。
- 区分新闻与广告,警惕模糊二者界限的混合物。
- 认识到以下特殊责任:确保公众事物公开处理、政府记录公开审查。

将伤害最小化

有道德的新闻记者将消息来源、报道对象和同事奉为值得尊敬的人。新闻记者应该:

- 对那些可能受到新闻报道负面影响的人表示同情。在对待儿童和无经验的消息来源或报道对象时,具有特殊的敏感性。
- 在寻求和使用那些遭到悲剧或哀痛打击的人的访问记录和照片时谨慎行事。
- 认识到采集和报道信息可能会造成的伤害和不适。追寻新闻不是傲慢无礼的许可证。
- 认识到与公共官员和其他努力寻求权力、影响力或注意力的人相比,私人有更大的权利控制关于自身的信息。只有压倒一切的公共需要才能证明侵犯个人隐私的正当性。
- 表现出良好格调。避免迎合耸人听闻的猎奇癖。
- 在交代青少年犯罪嫌疑人或性犯罪受害者的身份时谨慎从事。
- 在正式发出指控之前,明智地使用犯罪嫌疑人这一称谓。
- 在犯罪嫌疑人的公正审判权与公众的被告知权之间进行平衡。

独 立 行 事

除了公众的知情权以外,新闻记者应不对任何利益负有责任。新闻记者应该:

- 避免利益冲突,无论这种冲突是真实的或是感知的。
- 摆脱各种可能危及诚实或损害可信度的社团或活动。
- 拒绝礼品、优惠、酬金、免费旅行和特殊待遇,回避在社区组织中的第二职业、政治涉入、公职和服务,如果它们危及新闻记者的诚实的话。
- 披露不可避免的冲突。
- 警觉而勇敢地向权势者问责。拒绝偏袒广告商和特殊利益集团,抵制他们影响新闻报道的压力。
- 警惕那些为获得好处或金钱而提供信息的消息来源;避免出价购买新闻。

具有责任心

新闻记者要对他们的读者、听众、观众以及其他人负责。新闻记者应该:
- 澄清与解释新闻报道,与公众就新闻记者的行为展开对话。
- 鼓励公众诉说对新闻媒体的不满。
- 承认错误,并及时改正。
- 揭露新闻记者和新闻媒体不合伦理的行为。
- 既以高标准要求别人,也以同样的高标准要求自己。

Society of Professional Journalists Code of Ethics

Preamble

Members of the Society of Professional Journalists (SPJ) believe that public enlightenment is the forerunner of justice and the foundation of democracy. The duty of the journalist is to further those ends by seeking truth and providing a fair and comprehensive account of events and issues. Conscientious journalists from all media and specialties strive to serve the public with thoroughness and honesty. Professional integrity is the cornerstone of a journalist's credibility. Members of the Society share a dedication to ethical behavior and adopt this code to declare the Society's principles and standards of practice.

Seek Truth and Report It

Journalists should be honest, fair and courageous in gathering, reporting and interpreting information.

Journalists should

Test the accuracy of information from all sources and exercise care to avoid inadvertent error. Deliberate distortion is never permissible.

Diligently seek out subjects of news stories to give them the opportunity to respond to allegations of wrongdoing.

Identify sources whenever feasible. The public is entitled to as much information as possible on sources' reliability.

Always question sources' motives before promising anonymity. Clarify conditions attached to any promise made in exchange for information. Keep promises.

Make certain that headlines, news teases and promotional material, photos, video, audio, graphics, sound bites and quotations do not misrepresent. They should not oversimplify or highlight incidents out of context.

Never distort the content of news photos or video. Image enhancement for technical clarity is always permissible. Label montages and photo illustrations.

Avoid misleading re-enactments or staged news events. If re-enactment is necessary to tell a story, label it.

Avoid undercover or other surreptitious methods of gathering information except when traditional open methods will not yield information vital to the public. Use of such methods should be explained as part of the story.

Never plagiarize.

Tell the story of the diversity and magnitude of the human experience boldly, even when it is unpopular to do so.

Examine their own cultural values and avoid imposing those values on others.

Avoid stereotyping by race, gender, age, religion, ethnicity, geography, sexual orientation, disability, physical appearance or social status.

Support the open exchange of views, even views they find repugnant.

Give voice to the voiceless; official and unofficial sources of information can be equally valid.

Distinguish between advocacy and news reporting. Analysis and commentary should be labeled and not misrepresent fact or context.

Distinguish news from advertising and shun hybrids that blur the lines between the two.

Recognize a special obligation to ensure that the public's business is conducted in the open and that government records are open to inspection.

Minimize Harm

Ethical journalists treat sources, subjects and colleagues as human beings deserving of respect.

Journalists should

Show compassion for those who may be affected adversely by news coverage. Use special sensitivity when dealing with children and inexperienced sources or subjects.

Be sensitive when seeking or using interviews or photographs of those affected by tragedy or grief.

Recognize that gathering and reporting information may cause harm or discomfort. Pursuit of the news is not a license for arrogance.

Recognize that private people have a greater right to control information about themselves than do public officials and others who seek power, influence or attention. Only an overriding public need can justify intrusion into anyone's privacy.

Show good taste. Avoid pandering to lurid curiosity.

Be cautious about identifying juvenile suspects or victims of sex crimes.

Be judicious about naming criminal suspects before the formal filing of charges.

Balance a criminal suspect's fair trial rights with the public's right to be informed.

Act Independently

Journalists should be free of obligation to any interest other than the public's right to know.

Journalists should

Avoid conflicts of interest, real or perceived.

Remain free of associations and activities that may compromise integrity or damage credibility.

Refuse gifts, favors, fees, free travel and special treatment, and shun secondary employment, political involvement, public office and service in community organizations if they compromise journalistic integrity.

Disclose unavoidable conflicts.

Be vigilant and courageous about holding those with power accountable.

Deny favored treatment to advertisers and special interests and resist their pressure to influence news coverage.

Be wary of sources offering information for favors or money; avoid bidding for news.

Be Accountable

Journalists are accountable to their readers, listeners, viewers and each other.

Journalists should

Clarify and explain news coverage and invite dialogue with the public over journalistic conduct.

Encourage the public to voice grievances against the news media.

Admit mistakes and correct them promptly.

Expose unethical practices of journalists and the news media.

Abide by the same high standards to which they hold others.

The SPJ Code of Ethics is voluntarily embraced by thousands of writers, editors and other news professionals. Sigma Delta Chi's first Code of Ethics was borrowed from the American Society of Newspaper Editors in 1926. In 1973, Sigma Delta Chi wrote its own code, which was revised in 1984, 1987 and 1996. The present version of the code was adopted by the 1996 SPJ National Convention, after months of study and debate among the Society's members.

参考文献

著作类

[1] 毕一鸣:《语言与传播——广播电视播音与主持艺术新论》,中国广播电视出版社2005年版。
[2] 蔡帼芬:《明星主持与名牌栏目》,北京广播学院出版社2004年版。
[3] 陈力丹:《新闻理论十讲》,复旦大学出版社2008年版。
[4] 陈力丹等:《中国新闻职业规范蓝本》,人民日报出版社2012年版。
[5] 丁庆新、窦春玲:《人际关系心理学》,清华大学出版社、北京交通大学出版社2008年版。
[6] 丁亚平:《艺术文化学》,文化艺术出版社2005年版。
[7] 窦春河:《领导者要有新形象》,中国经济出版社2007年版。
[8] 方汉奇、丁淦林、黄瑚、薛飞:《中国新闻传播史》,中国人民大学出版社2002年版。
[9] 冯平:《评价论》,东方出版社1995年版。
[10] 高贵武:《主持人评价与管理》,中国传媒大学出版社2014年版。
[11] 高贵武:《解析主持传播》,北京广播学院出版社2004年版。
[12] 高玉祥、王仁欣、刘玉玲:《人际交往心理学》,中国社会科学出版社1990年版。
[13] 顾理平:《新闻侵权与法律责任》,中国广播电视出版社2001年版。
[14] 郭庆光:《传播学教程》,中国人民大学出版社1999年版。
[15] 胡线勤:《采访礼仪论》,人民日报出版社2011年版。
[16] 周光凡:《领导者的形象驾驭能力》,清华大学出版社2008年版。

[17] 黄希庭:《心理学导论》,人民教育出版社 1991 年版。

[18] 胡锐:《企业形象学》,浙江大学出版社 1995 年版。

[19] 胡锐、边一民:《现代礼仪教程》,浙江大学出版社 2013 年版。

[20] 金正昆:《社交礼仪》,北京大学出版社 2005 年版。

[21] 刘建明:《新闻学前沿——新闻学关注的几个焦点》,清华大学出版社 2005 年版。

[22] 李杰群:《非言语交际概论》,北京大学出版社 2002 年版。

[23] 刘湘萍:《形象=影响力——中国职场商务形象修炼法则》,中国纺织出版社 2011 年版。

[24] 李兴山:《现代管理学:观念、过程、方法》,现代出版社 1998 年版。

[25] 陆卫明、李红:《人际关系心理学》,西安交通大学出版社 2006 年版。

[26] 李立:《尴尬与超越:节目主持人卷》,北京广播学院出版社 2000 年版。

[27] 杨天宇:《礼记译注》,上海古籍出版社 2004 年版。

[28] 刘京林:《大众传播心理学——从现代心理学角度看大众传播》,北京广播学院出版社 1997 年版。

[29] 李汉昭:《帕累托 80/20 效率法则》,海潮出版社 2001 年版。

[30] 鲁曙明、洪俊浩:《传播学》,中国人民大学出版社 2007 年版。

[31] 李毅:《视觉传达中的企业形象设计——CIS 的深层揭示》,机械工业出版社 2012 年版。

[32] 李子卿:《知识经济学简明教程》,花城出版社 1999 年版。

[33] 吕建国、孟慧:《职业心理学》,东北财经大学出版社 2000 年版。

[34] 欧阳康:《社会认识论:人类社会自我认识之谜的哲学探索》,云南人民出版社 2002 年版。

[35] 彭林:《礼记·中国古代礼仪文明》,中华书局 2006 年版。

[36] 彭林:《礼乐人生:成就你的君子风范》,中华书局 2006 年版。

[37] 秦启文、周永康:《形象学导论》,社会科学文献出版社 2004 年版。

[38] 秦德君:《领导者公共形象艺术——领导力建设与领导生涯成功策略》,研究出版社 2009 年版。

[39] 钱冠连:《汉语文化语用学》,清华大学出版社 2002 年版。

[40] 冉永平:《语用学:现象与分析》,北京大学出版社 2006 年版。

[41] 沙莲香:《社会心理学》,中国人民大学出版社 1987 年版。

[42] 史东明:《组织创新:效率与竞争力》,清华大学出版社 2007 年版。

[43] 舒咏平、郑伶俐:《品牌传播与管理》,首都经济贸易大学出版社 2008 年版。

[44] 王军主编:《人际交往心理学》,合肥工业大学出版社2011年版。

[45] 王怡红:《人与人的相遇——人际传播论》,人民出版社2003年版。

[46] 冯利:《文化学辞典》,中央民族学院出版社1988年版。

[47] 王海明:《伦理学原理》,北京大学出版社2001年版。

[48] 徐晶:《现代职场形象设计》,中信出版社2007年版。

[49] 兴盛乐:《社交礼仪与形象设计》,企业管理出版社2007年版。

[50] 袁春晓:《管理您的职业形象》,经济管理出版社2010年版。

[51] 佘丽琳:《人际交往心理学》,光明日报出版社1989年版。

[52] 杨魁、李惠民、董雅丽:《第五代管理:现代企业形象管理与策划》,兰州大学出版社2007年版。

[53] 喻国明:《传媒影响力:传媒产业本质与竞争优势》,南方日报出版社2003年版。

[54] 喻国明、靳一:《大众媒介公信力测评研究》,人民出版社2006年版。

[55] 俞虹:《主持人通论》,杭州大学出版社1996年版。

[56] 佘丽琳:《人际交往心理学》,光明日报出版社1989年版。

[57] 严辉武:《CI策划》,中南大学出版社2002年版。

[58] 喻国明:《传媒影响力:传媒产业本质与竞争优势》,南方日报出版社2003年版。

[59] 周靖:《语言交际的艺术》,华文出版社1995年版。

[60] 壮春雨:《形象与言谈》,中国广播电视出版社2002年版。

[61] 赵彦华:《媒介市场评价研究——理论、方法与指标体系》,新华出版社2004年版。

[62] 周冠生:《艺术创造心理学》,重庆出版社1994年版。

[63] 郑兴东:《受众心理与传媒引导》,新华出版社1999年版。

[64] 周光凡:《领导者的形象驾驭能力》,清华大学出版社2008年版。

[65] 张洪忠:《大众媒介公信力理论研究》,人民出版社2006年版。

[66] 赵文明、程堂建:《协调学》,北京图书馆出版社2000年版。

[67] 张征:《新闻采访教程》,中国人民大学出版社2008年版。

[68] 〔美〕芭芭拉·马图索:《美国电视明星》,中国广播电视出版社1987年版。

[69] 〔美〕彼得·德鲁克:《个人的管理》,上海财经大学出版社2003年版。

[70] 〔美〕戴尔·卡耐基:《人性的弱点》,新疆人民出版社1999年版。

[71] 〔美〕凯文·杰克逊:《声誉管理》,新华出版社2006年版。

[72] 〔美〕J.L.弗里德曼:《社会心理学》,黑龙江人民出版社1984年版。

[73]〔美〕乔治·弗雷德里克:《公共行政的精神》,中国人民大学出版社2003年版。

[74]〔美〕约瑟夫·奈:《软实力》,中信出版社2013年版。

[75]〔美〕莱斯莉·A.巴克斯特、唐·O.布雷思韦特:《人际传播:多元视角之下》,上海译文出版社2010年版。

[76]〔美〕罗伯特·西奥迪尼:《影响力》,中国人民大学出版社2010年版。

[77]〔美〕欧文·戈夫曼:《日常生活中的自我表演》,云南人民出版社1988年版。

[78]〔美〕帕特森:《影响力2》,中国人民大学出版社2008年版。

[79]〔美〕桑德拉·黑贝尔斯:《有效沟通(第5版)》,华夏出版社2002年版。

[80]〔美〕施拉姆:《传播学概论》,新华出版社1984年版。

[81]〔美〕斯蒂芬·G.舍曼:《塑造引人注目的个人形象》,上海人民出版社1998年版。

[82]〔美〕托马斯·达文波特、约翰·贝克:《注意力管理》,中信出版社2002年版。

[83]〔英〕弗兰西斯·培根:《培根随笔·论美》,中国华侨出版社2013年版。

[84]〔加〕英格丽·张:《你的形象价值百万——世界形象设计师的忠告(修订版)》,中国青年出版社2008年版。

[85]〔波兰〕彼得·什托姆卡普:《信任——一种社会学理论》,中华书局2005年版。

[86]〔日〕松平靖彦、草柳大藏:《现代日本礼仪》,上海翻译出版公司1988年版。

期刊类

[87]陈洁:《公众眼中的记者形象——东方网与本刊联合调查简报》,《新闻记者》2004年第11期。

[88]陈洁:《出镜记者的形象和修养》,《新闻前哨》2008年第9期。

[89]党毅峰:《论主持人与记者整体形象定位》,《新闻知识》2008年第6期。

[90]房玲:《印象管理综述》,《社会心理科学》2005年第3期。

[91]符永雄、臧如金:《试论主体性原则与客体性原则的性质及其相互关系》,《海南大学学报(社科版)》,1995年第3期。

[92]郭菊:《恪守新闻职业道德树立记者良好形象》《黑河学刊》2007年第5期。

[93]韩凤鹏、刘波:《记者的形象》,《当代电视》2007年第7期。

[94]何潇:《今天,我们怎样做记者》,《新闻前哨》2000年第4期。

[95] 居易:《形象经济与形象经济学》,《苏州城市建设环境保护学院学报》2001年第4期。

[96] 姬建敏:《印象管理与记者的采访之策》,《新闻爱好者》2003年第9期。

[97] 柯友金、刘会振:《树立记者良好形象》,《新闻前哨》2004年第12期。

[98] 李勤:《记者形象与人际交往技巧》,《当代传播》2004年第2期。

[99] 李邵平:《浅谈新闻记者的形象塑造》,《城市党报研究》2003年第6期。

[100] 罗长海:《关于形象五层含义的哲学思考》,《社会科学辑刊》2002年第3期。

[101] 李邵平:《浅谈新闻记者的形象塑造》,《城市党报研究》2003年第6期。

[102] 莫之:《请注意记者的形象》,《新闻记者》2002年第6期。

[103] 宋黔云:《媒体记者社会角色形象的塑造》,《贵州社会科学》2007年第8期。

[104] 田兰富:《试论记者礼仪对采访效应的影响》,《军事记者》2003年第7期。

[105] 童钟鸣:《舆论监督:记者形象维护与损伤规避》,《中国记者》2006年第11期。

[106] 王倩、李要师:《记者,跟百姓再近些——2007年记者公众形象调查分析》,《青年记者》2007年第11期。

[107] 王欣:《坚持不懈抓好新闻职业道德建设——人民日报"加强党中央机关报记者形象建设"活动综述》,《新闻战线》2000年第7期。

[108] 肖崇好:《影响印象管理过程的因素》,《韩山师范学院学报》2012年第2期。

[109] 肖崇好、张义泉、舒晓丽:《印象管理模型的建构》,《惠州学院学报(社会科学版)》2011年第4期。

[110] 解琳:《从心理学视角看"一位学者给记者的提示"》,《新闻传播》2012年第12期。

[111] 云国强、郑寅淑:《构建新闻共同体:当代中国新闻专业主义的发展与影响》,《重庆理工大学学报(社会科学)》2010年第5期。

[112] 于海军:《记者礼仪对采访效应的影响》,《今传媒》2006年第1期。

[113] 雍天荣:《形象管理:一个全新的领域》,《中国商贸》2012年第6期。

[114] 喻国明、吴文汐:《传媒品牌形象管理:内涵与操作要点》,《电视研究》2010年第12期。

[115] 钟克勋:《记者形象之叹》,《新闻记者》2003年第1期。

[116] 展江:《媒介专业操守:能够建立理论框架吗?基于伦理与道德分殊的一种尝试》,《南京社会科学》2010年第1期。

[117] 张爱卿、李文霞、钱振波:《从个体印象管理到组织印象管理》,《心理科学进展》2008年第4期。

[118] 复旦大学传媒与舆情调查中心:《新闻工作是一个很辛苦的职业——上海市民眼中的新闻职业形象调查分析报告》,《新闻记者》2012年第12期。

[119]《构建新闻共同体:当代中国新闻专业主义的发展与影响》,《重庆理工大学学报(社会科学)》2010年第5期。

[120]《公众的眼睛 记者的形象——"公众眼中的记者"调查与分析》,《今传媒》2004年第6期。

网络(媒体)类

[121]《京沪穗三地调查:58.4%的人认为记者属高危职业》,《北京青年报》2004年10月14日。

[122]《重庆记者因报道"中国作协订总统套房"被解聘》,《重庆时报》2010年4月12日。

[123]《第九个记者节到来 您对记者有何期待》,新华网,2008年11月5日。

[124]《调查称七成受访网友认为中国记者形象"负面"》,环球网,2010年11月10日。

[125]《节目主持人:反映机敏 谨言慎行》,《北京青年报》2005年7月7日。

[126]《记者为何劝高考"状元"莫报新闻学》,http://news.nandu.com/html/201406/27/1030278.html.

[127] 李长春:《新闻工作要加大对民生问题引导力度》,人民网,2009年11月9日。

[128] 李毅中:《媒体不是中纪委 不能要求每句话都对》,http://news.xinhuanet.com/politics/2007-02/10/content_5723971.htm.

[129] 马少华:《无法到达的新闻现场——马航失联报道中,中国媒体落后在哪里》,http://dajia.qq.com/blog/338631007998481.

[130] 水均益:《马航事件中,中国媒体与世界的确存在差距》,http://opinion.china.com.cn/opinion_3_97403.html.

[131]《新华社评马航事件:干货全是外媒挖出 中媒发声后却挨批》,http://digi.163.com/14/0409/05/9PC749DP00162OUT.html.

[132] 中广网:《传递民声记录历史 写在第九个记者节》,2008年11月8日。http://baike.baidu.com/link?url=eBVmFy0jkaCmDkmDco3l6LRkwL9EAM-5RbKE8lLoeSE9Q6z1w3LrFwS6VE-r_q9W_qWn4jDyM0FUfR1qZReQCPYnXV-swYQLFFDdxQCbav3gO.

后　　记

　　身为一名教师,最幸福的事儿莫过于听到有人夸赞自己的学生,最不愿意听的恐怕也莫过于有人向你诉说学生的不是。这些年来,当我听惯了人们对学生们聪明、业务好、能力强的夸奖,偶尔听到有人在抱怨学生们不懂如何接打电话、不知如何礼让谦逊的时候,我除了心里隐隐有些不快却也总在反思:学校给予学生的东西是否真的能够帮助他们顺利走向社会?所谓的聪明和业务能力强是否真的能够让他们在未来的职场及社会中立足?感谢先祖们留下的灿烂的中华礼仪文明,感谢《礼记》这样的人类智慧巨著,犹如划过暗夜的流星,让我从中看到了另一种力量,让我愿意怀着崇敬与感恩的心情从中汲取养分并愿意与学生分享,愿意通过自己的努力改变人们对学生的某些看法。而这正是让我萌生要从事记者形象管理研究这样一个念头的初衷。

　　当然,最终促使我做此项研究的还是新闻行业及新闻媒体当前面临的问题和处境。从何时起,此生注定与之有缘、让我一直热爱和引起为豪的新闻业及新闻记者正遭遇着令人揪心的艰难与尴尬。不仅传统新闻媒体的生存发展遇到了严峻挑战,记者行业也正在失去原有的光彩,记者的行为,甚至记者队伍中屡屡出现的丑闻更是将记者一次次推向舆论的风口浪尖。导致新闻媒体与新闻工作者的"地位下降"的固然有来自社会的外部原因,如新媒体的迅猛发展给传统媒体带来了巨大的挑战,也有新闻媒体和新闻工作者的内部原因,如记者对于权力和财富的屈从等,这些都在影响记者的公众形象。对于以公信力、影响力和传播力为终极目标的新闻媒体而言,媒体或记者的公众形象正是构建或削减其公信力、影响力和传播力的关键。因此,在新闻传播界的学者都在热热闹闹地探讨或畅想媒介融合、探寻新媒体发展的时候,我则"不识时务"地选择了记者形象管理这样一个冷门的题目作为自己的研究方向。我深知,在资讯和信息获取变得异常容易的新媒体时代,新闻工作者的形象不仅变得更为重要,而且更需要精心呵护。

形象学或形象管理学是近几年来才真正引起人们关注的领域,虽说相关研究尚属年轻,但因为其所涉及的交叉学科,特别是营销、管理、人际互动、社会心理等学科自身都有着异常丰富的研究成果,可谓博大精深,再加上我又妄想将形象管理与社交礼仪,特别是中国古代礼仪的精华结合起来,这样的研究于我而言自是力不从心。由于水平有限,现在我能呈现出来的充其量只能算是一点皮毛,其中必然存在着大量的谬误和浅陋之处。在这本书即将付梓之际,我只有怀着惴惴不安的心情恳请方家批评指正,不使谬种流传,也真心希望本书的出版能够起到一点点抛砖引玉的作用。

最后要感谢所有为本书的出版付出辛苦劳动的社会贤达和亲朋好友,是他们的思想智慧和热心相助让我最终有勇气拿出这个尚不成熟的"丑孩子"。

感谢那些完全凭着兴趣和热情来选修我"记者形象管理"课程的学生,我往往在第一次上课的时候会首先向他们"又在人生路上迈出了正确的一步"表示祝贺。我知道这样说多少显得有些不知天高地厚,但我坚信,一旦形象制胜的理念在他们年轻的心里生根发芽,无论于他们自己,还是于他们将要从事的新闻工作,乃至于整个社会都将带来崭新的变化。感谢他们用选课的行为给予我的鼓励,让我有勇气将这样的研究进行下去,感谢他们"逼"着我去读《礼记》而毫无怨言,也感谢他们在课上、课下与我的交流,他们认真写就的一篇篇《礼记》读书笔记,让我又有了一次次丰富和调整自己的思考的机会。

感谢学生们在为我整理录音、收集资料和校对文字错误方面所付出的辛苦努力,在这里一定要写下他们的名字以表达我最真诚的谢意,他们是邝西曦、景丹阳、刘娟、李姝含、连哲、杜双、唐千雅、滕泽人、赵媛媛和孙雯骥。

感谢中国人民大学明德学者计划对本书的慷慨资助。

感谢本书的责任编辑胡利国先生为本书所付出的辛苦,感谢北京大学出版社的周丽锦女士,感谢她为了支持这样一本冷门的学术著作的出版而付出的努力。

所有这一切,我都将铭记在心,并时刻激励我再次出发。

2017年3月于北京寓所